Ferdinand Regelsberger

Die Vorverhandlungen bei Verträgen

Angebot, Annahme, Traktate, Punktation nebst der Lehre von der Versteigerung

Ferdinand Regelsberger

Die Vorverhandlungen bei Verträgen
Angebot, Annahme, Traktate, Punktation nebst der Lehre von der Versteigerung

ISBN/EAN: 9783743605961

Hergestellt in Europa, USA, Kanada, Australien, Japan

Cover: Foto ©Suzi / pixelio.de

Weitere Bücher finden Sie auf **www.hansebooks.com**

Civilrechtliche Erörterungen

von

Dr. Ferdinand Regelsberger,

Professor der Rechte an der Hochschule Zürich.

—

Erstes Heft.

Die Vorverhandlungen bei Verträgen, Angebot, Annahme, Traktate, Punktation nebst der Lehre von der Versteigerung und von der Auslobung.

Weimar,

Hermann Böhlau.

1868.

Die

Vorverhandlungen bei Verträgen.

Angebot, Annahme, Traktate,
Punktation nebst der Lehre von der Versteigerung
und von der Auslobung.

Eine gemeinrechtliche Untersuchung
unter Berücksichtigung der neuern deutschen Gesetzgebungen
insbesondere des allgemeinen deutschen Handelsgesetzbuchs

von

Dr. Ferdinand Regelsberger,

Professor der Rechte an der Hochschule Zürich.

Weimar,

Hermann Böhlau.

1868.

Non ex regula jus sumatur sed ex jure,
quod est, regula fiat.

Vorwort.

Dem aufmerksamen Leser der nachstehenden Abhandlung wird nicht entgehen, daß der Verfasser im Mittelpunkt eines regen Verkehrs lebt, welcher auch die Rechtsprechung zuweilen auf harte Proben stellt und dem Juristen so manche Räthsel zur Lösung vorlegt. An solchen Stätten gibt sich am Deutlichsten kund, daß und wie die Wissenschaft der Praxis unter die Arme zu greifen habe. Der Kanton Zürich erfreut sich einer in Form wie Inhalt vorzüglichen Kodifikation des Privatrechts, und doch, zwar für den Einsichtigen nicht auffallend, findet sich der praktische Jurist nicht selten von jeder Entscheidung in seinem Gesetzbuch verlassen und auf die Ergänzung aus andern Quellen verwiesen. Und welche sind diese? Obwohl noch nicht sehr lange Zeit verstrichen ist, daß in den Gerichten dieses Landes das römische Recht den Einen unbekannt, von den Andern verpönt war, findet man jetzt kein Arges, aus diesem unerschöpflichen Born den Rechtsstoff zu bereichern. So würdigt thatsächlich ein nüchternes gegen fremde Einflüsse eher mißtrauisches auf seine Unabhängigkeit in jeder Hinsicht eifersüchtiges Volk die Bedeutung dieses Rechts für die Rechtsanwendung. Allerdings herrscht keine sklavische Unterordnung unter den Buchstaben des corpus juris; es sind die Prinzipien, es ist der Geist des römischen Rechts, von welchen sich die Rechtsprechung beleben und bestimmen läßt, und man ist hier unbefangen genug eine Fortbewegung der Rechtsentwicklung über die von jenem Recht gezogenen Schranken anzuerkennen und das Leben nicht gewaltsam in überlebte Formen zu bannen. Nun ist freilich die Grenzlinie zwischen dem Geltenden und Veralteten nicht so offen liegend und die Ausscheidung wirklicher neuer Rechtsbildung von

blosen Ansätzen dazu oder Trugbildern nicht so leicht als das Bedürfniß dafür unabweisbar. Hierin eröffnet sich der wissenschaftlichen Forschung ein Arbeitsfeld, an Umfang und Ergiebigkeit gleich
bedeutend, dessen Bebauung ebenso sehr der unmittelbaren Rechtsanwendung als der Gesetzgebung zu gute kommt, so weit sie nicht
— was kaum zu bedauern — die letztere überhaupt ersetzt. Hierin
quillt zugleich die ewige Jugendkraft der Rechtswissenschaft, denn
bei der Beweglichkeit des Lebens und der steten Entwicklung des
Verkehrs gibt es für jene Arbeit keinen Abschluß.

Ich bin weit entfernt von der Meinung, daß die angedeutete
Aufgabe bisher noch nicht erkannt oder nicht richtig in Angriff genommen worden sei. Auch in dieser Richtung ist uns der Alt-
meister der heutigen civilistischen Wissenschaft mit leuchtendem Beispiel vorangegangen und sind ihm Andere mit Glück gefolgt. Ich
wünschte nur, daß unter diesem Gesichtspunkte meine Arbeit ge-
würdigt werde und daß man in ihr als Grundzug erkenne: Achtung
vor dem römischen Recht, aber auch Anerkennung eines Fortschritts
in der Rechtsentwicklung, Bewahrung und Verwerthung des von der
Vorzeit gesammelten Schatzes, soweit er noch brauchbar, aber auch
offenes Auge und Empfänglichkeit für die Erzeugnisse der Neuzeit.

Wo die Pfade so verschränkt und ihre Spuren oft so un-
scheinbar sind, wie auf dem von mir betretenen Gebiete, da ist die
Gefahr nicht ferne, von der rechten Bahn ab auf Irrwege zu gerathen. Bin ich in diesen Fehler verfallen, so werde ich nur dankbar
sein, wenn Kundige mich entschieden und rechtzeitig darauf hin-
weisen; denn all unser Streben und all unser Ehrgeiz kann nur
dahin gerichtet sein, die Wahrheit aus Licht zu bringen und ihr die
Herrschaft zu sichern.

Zürich in den Herbstferien 1867.

Ferdinand Regelsberger.

Inhalt.

Einleitung.

VIII Inhalt.

Einleitung.

§. 1.

Von der Willenserklärung in Verträgen.

Savigny, System des römischen Rechts Bd. III. §. 140 (1840).

Scheurl, Beiträge zur Bearbeitung des römischen Rechts Bd. I. Abh. 12 (1853).

Derselbe, in Jhering's Jahrbüchern für die Dogmatik des römischen und deutschen Privatrechts Bd. II. Abh. 5 (1858).

Bekker, in seinem und Muther's Jahrbuch des gemeinen deutschen Rechts Bd. II. Abh. 11 (1858). Bd. III. Abh. 4. Nr. 1 und Abh. 11 (1859).

Serafini, Phil. Prof. in Pavia, der Telegraf in seiner Beziehung zum bürgerlichen und Handelsrechte. Uebersetzt aus dem Italienischen von Roncali (Original 1862, Uebersetzung 1865), namentlich §§. 17—24.

Serafini hat die an diesem Ort niedergelegten Ansichten weiter ausgeführt in einer frühern Schrift: Scritti germanici Dissertazione I. Della conclusione dei contratti fra assenti. 1862, welche mir aus Mangel genügender Kenntniß der italienischen Sprache nicht zugänglich war.

Obligationen entstehen nicht blos aus Verträgen, so wenig als aus Verträgen blos Obligationen entstehen. Doch bildet der Vertrag die häufigste Form, in welcher Obligationen ins Leben treten. Er wird in dieser Anwendung obligatorischer oder Schuld-Vertrag genannt, nicht recht bezeichnend, da die Begründung von Obligationen nicht seine einzige Verwerthung auf dem Gebiete des Obligationenrechts ist. Man stellt ihm den befreienden oder liberatorischen Vertrag gegenüber, welcher zur Aufhebung von Obligationen dient, und hat für eine dritte Art, welche die bloße Aenderung bestehender obligatorischer Verhältnisse bezweckt, über= haupt keine technische Bezeichnung.

Die Schuldverträge unterstehen ihrer Natur nach den allge= meinen Vertragsgrundsätzen. Ein Vertrag ist aber — so lautet die herrschende Begriffsbestimmung — die gegenseitige überein= stimmende Willenserklärung mehrerer Personen in Beziehung auf ein dadurch zu begründendes abzuändernndes oder aufzuhebendes Rechtsverhältniß.

Es mag vorerst dahingestellt bleiben, ob diese Begriffsbe= stimmung erschöpfend ist; soviel ersehen wir, daß sich der Vertrag aus Willenserklärungen aufbaut. Wir werden daher, um zum Wesen des Vertrags vorzudringen, uns einer genaueren Unter= suchung über die rechtliche Beschaffenheit der Willenserklärungen in Verträgen nicht entschlagen dürfen.

Da ist denn vor Allem unzweifelhaft, daß diejenigen Er= fordernisse, welche aus dem Wesen der Willenserklärungen über= haupt folgen, auch die Gültigkeit der Willenserklärungen in Ver= trägen bedingen. Aber daß diese noch besondere Merkmale an sich tragen, ist bisher weniger verkannt als nicht vollkommen an= erkannt worden. —

Gemeinsam ist den rechtlichen Willenserklärungen

1) das Vorhandensein eines auf einen bestimmten rechtlichen Zweck gerichteten ernstlichen Willensentschlusses in einem hand= lungsfähigen Subject und Erkennbarmachung des Entschlusses in einer positiven oder negativen Handlung.

So weit auch das Recht hie und da in der Annahme des Willens gieng, nirgends hat es dem bloßen Vorhaben als Vor= stadium des Entschlusses rechtliche Bedeutung beigelegt, selbst wenn dasselbe geäußert sein sollte. Die Inofficiositätsquerel z. B. geht auf jeden Erben des verletzten Pflichttheilsberechtigten über, wenn nur dieser auf irgend eine Weise den Willen zu erkennen gegeben hat, das Testament anzufechten (L. 6. §. 2. L. 7. L. 8 pr. de inoff. testam. 5, 2. C. 5 cod. tit. 3, 28, in welch letzteren Stelle propositum den Entschluß im Gegensatz zur Ausführung bezeichnet). Ferner: zur Aufhebung eines Vermächtnisses genügt die irgend wie ersichtliche Willensänderung des Erblassers (L. 3. §. 11. L. 13. L. 15. L. 22 de adim. legat. 34, 4 C. 27 de fideicomm. 6, 42). Allein die Aeußerung des Erblassers, er habe gute Lust das Testament umzustoßen oder das Vermächtniß aufzuheben, reicht weder zur Uebertragung der Querel noch zur Entkräftung eines Vermächtnisses hin. —

2) Andrerseits hat der vollkommen fertige Entschluß für sich kein rechtliches Dasein, er muß aus dem Innern des Gedankenbereichs in die Außenwelt befördert, er muß geäußert sein, nicht blos „um der Erweislichkeit willen", (wie Dahn, Zeitschr. für das gesammte Handelsr. IX. S. 508 meint), denn das Vorhandensein des Entschlusses im Geiste des Wollenden, „die Vollendung der Willensbewegung" könnte z. B. durch Zuschiebung des Haupteides auch ohne Aeußerung bewiesen werden — sondern zur Vollendung des Willensaktes, welcher vorher so wenig rechtliche Existenz hat als das Gewohnheitsrecht vor seiner Fixirung in den Handlungen der Menschen (Erkenntniß des Obertrib. in Berlin vom 11. Mai 1865 in Zeitschr. für Handelsr. X. S. 138 f.) Die Aeußerung kann darum nur durch das wollende Subject selbst geschehen. Der Körper, in welchem das geistige Wesen des Willens in die Erscheinung tritt, heißt im Allgemeinen die Erklärung. Worte, mündliche und schriftliche sind ihre regelmäßige aber nicht einzige Form, und nicht einmal auf positive Handlungen ist sie beschränkt. —

3) Endlich muß die Erklärung vollendet sein, es gibt keinen Versuch zu einem Rechtsgeschäfte. —

Das sind durchweg bekannte, fast triviale Sätze. Es sollte an sie nur in Kürze erinnert werden, weil wir im Verlauf unserer Erörterung mannigfachen Gebrauch davon machen werden.

Indem wir uns zu den besonderen Eigenschaften der Willenserklärungen in Verträgen wenden, betreten wir ein weniger unbestrittenes Gebiet. Darum wird es gerechtfertigt sein, wenn ihnen eine einläßlichere Betrachtung gewidmet wird.

§. 2.
Von den Willenserklärungen in Verträgen. — Fortsetzung.

1) In Verträgen hat nur diejenige Willenserklärung ver-

pflichtende Kraft, welche dem andern Vertragstheil oder seinem Stellvertreter gegenüber abgegeben wird.

Wenn ich im Kreise von Bekannten den Entschluß ausspreche, das von A gemachte Angebot dieses bestimmten Inhalts anzunehmen, oder in dem Brief an einen Freund bemerke, daß ich das Haus des X um 10000 Franken zu kaufen entschlossen bin, wenn ich auf einen Angebotbrief das Wort „Angenommen" schreibe: so sind alle diese Aeußerungen nicht geeignet mich zu verbinden. Es entsteht daraus kein Vertrag und kein Angebot zu einem Vertrag, selbst wenn der andere Theil davon Kenntniß erlangt. Warum nicht? Weil für die Gültigkeit einer Vertragserklärung die Absicht des Erklärenden wesentlich ist, sich dadurch zu binden und seinerseits das Vertragsverhältniß zu begründen, und weil diese Absicht nur dann mit Sicherheit zu erkennen und folglich nur dann rechtlich vorhanden ist, wenn die Erklärung gerade im Verhältniß zur anderen Vertragsperson gemacht wird. Eine Aeußerung an Dritte bekundet nur ein bloses Vorhaben, ein Thun-Wollen, welches weder Versprechen noch Annahme eines solchen ist (Allgem. Landrecht für die preußischen Staaten Thl. I. Tit. V. §. 3).

Wie aber, wenn der Erklärende gegen den dritten Unbetheiligten ausdrücklich bemerkt, daß er sich damit dem andern Vertragstheil gegenüber gebunden haben wolle? Soll das überall eine Bedeutung haben, so muß es als eine Beauftragung des Angeredeten, die Erklärung an den eigentlichen Vertragsgegner zu übermitteln, aufgefaßt werden können. Dann aber liegt auch die Richtung der Erklärung auf den Letzteren unverkennbar vor.

Dabei ist jedoch vor dem Mißverständniß zu warnen, als ob die Erklärung, weil in der Richtung und im Verhältnisse zum Vertragsgegner auch an eine bestimmte oder gar an eine dem Erklärenden bekannte Person abgegeben werden müsse. Das sind zwei verschiedene von einander unabhängige Dinge. In dem Auswerfen von Geld unter die Menge liegt ein Vertragsangebot, obwohl der Spendende eine bestimmte Person überall nicht im Auge hat. Dasselbe gilt von der Auslobung (worüber Genaueres unten im Anhang 2). Wer einen Schuldschein auf den Inhaber schafft und ausgibt, erklärt sich damit jedem künftigen rechtmäßigen Erwerber gegenüber verpflichtet und wird es auch, ohne daß er

Bewußtsein von dessen Person hat; ebenso der Aussteller, der Acceptant eines Ordrewechsels, der Ordreindossant. Die Unkenntniß der Individualität desjenigen, welchem man sich verpflichten will, schließt die Absicht nicht aus, sich ihm, wer es auch sei, gebunden zu haben (Endemann, Handelsr. §. 83, Note 29 und 30). Für den umgekehrten Fall, den animus obligandi im activen Sinn ist die Entbehrlichkeit der Richtung auf ein bestimmtes Individuum schon im römischen Recht bei der actio negotiorum gestorum contraria anerkannt (L. 14. §. 1. L. 29 pr. comm. div. 10, 9. L. 6. §. 1. L. 6. §. 8 neg. gest. 3, 5). Allerdings handelt es sich dabei nicht um eine Vertragserklärung.

Es kann hier nicht die ganze Tragweite des aufgestellten Merkmals zur Darstellung gebracht werden. Doch sei es verstattet, einzelne wichtige Anwendungen hervorzuheben.

Eine Erklärung gilt in der Richtung gegen eine Person abgegeben, wenn sie der Erklärende in der Absicht geäußert hat, daß sie nunmehr zur Kenntniß derselben komme. Bei mündlichen Erklärungen unter Anwesenden unterliegt die erforderliche Beschaffenheit keinem Zweifel. Ist die mündliche Erklärung auf einen Abwesenden gerichtet, so muß sie in der Meinung erfolgen, einen der Angeredeten mit der Uebermittlung an den Adressaten zu beauftragen. Was die schriftlichen Erklärungen anlangt, so liegt die gedachte Richtung nicht schon in dem Schreiben der Worte ausgesprochen sondern in dem Abgeben des Geschriebnen an den Vertragsgegner. Wenn ein Offertbrief, den ich vollkommen geschrieben und gesiegelt auf meinem Pulte liegen ließ, um mir vorerst noch den Antrag zu überlegen, ohne mein Wissen in den Postschalter geworfen und dem Adressaten zugestellt wird, so kann mir daraus, Beweis vorausgesetzt, keinerlei Verbindlichkeit erwachsen.

Eine andere Anwendung ist folgende. Eine Wechselerklärung (Ausstellung, Accept, Indossament) empfängt ihre verpflichtende Kraft nicht schon durch das Setzen der erforderlichen Worte auf das Papier sondern erst durch die Uebergabe der Urkunde an den Gläubiger oder dessen Stellvertreter. Der Aussteller, welcher vor der Behändigung den Wechsel vernichtet, der Acceptant, welcher vor der Rückgabe der Urkunde seine Annahmeerklärung, der Indossant, welcher vor der Begebung des Wechsels das Indossament ausstreicht: sie begehen keine Vertragsverletzung, denn sie haben ihre Willenserklärung noch nicht dem Gläubiger gegenüber ab-gegeben. Wenn dem Aussteller eines Wechsels die Urkunde vor der Begebung, dem Erzeuger von Inhaberpapieren Exemplare vor dem Ausgeben entwendet und in Umlauf gesetzt werden, so werden wenigstens sie daraus nicht verpflichtet. Erst in der Begebung spricht sich ihr Wille aus, die damit verknüpften Verbindlichkeiten zu übernehmen (Thöl, Wechselrecht §§. 192, 216, 228, 252, 261 u. a. Goldschmidt in seiner Zeitschr. Bd. VIII. S. 316, S. 330. Hartmann im Centralorgan für das deutsche Handels- und Wechselrecht. Neue Folge Bd. III. S. 23 fg.).

Damit stimmt freilich schlecht eine neuerdings mit viel Leb-haftigkeit vertretene Theorie, wonach bei Wechseln, Inhaberpapieren u. s. w. der verpflichtende Akt in das Schreiben der Urkunde verlegt und für dieses schon der Character eines Rechtsgeschäfts in Anspruch genommen wird. Jeder Erwerb des Papiers durch den designirten Gläubiger, auch der ohne und gegen den Willen des Ausstellers erfolgende genüge zur Begründung des Rechts gegen den Letzteren, indem „der Aussteller, so lange er den Wechsel in seinen Händen hat, gleichsam als sein eigner Gläubiger er-scheint" (Kuntze, Wechselr. §§. 12, 14, 17; Zeitschr. für Handelsr. VI. S. 15, 20 u. a. a. O.). Diese Anschauung, welche im All-gemeinen wenig Freunde aber viele Gegner gefunden hat, scheint doch selbst auf einen so nüchternen Beobachter wie Windscheid Eindruck gemacht zu haben. Auch er zweifelt an der Vertrags-natur der Inhaber- und Ordrepapierforderungen (vgl. dessen Pan-dekten §. 304 Note 10 und §. 364 a. E.). Ohne auf diese Streitfrage genauer einzutreten, was zu weit von unserem Thema abführen würde, sei gegen einen Einwand Windscheid's be-merkt. Der Widerruf des Ausstellers oder Acceptanten eines Ordrewechsels, des Ausstellers eines Ordreindossaments oder eines Inhaberpapiers vermag nach einmaliger Aushändigung der Urkunde allerdings die Entstehung des Vertragsverhältnisses zwischen ihm und einem weiteren Erwerber des Wechsels oder Papiers nicht zu hindern. Aber der Grund liegt in der Form, in welchem sein Angebot zum Vertrag mit jedem neu Eintretenden ausgesprochen

ist. Gegenüber dem Inhalt der Urkunde und ihrer streng obligatorischen Wirkung sind blos mündliche Erklärungen kraftlos.

An einem andern Ort (in Holzschuher's Theorie und
Casuistik Bd. III. S. 312 der 3. Aufl.) bemerkt Kuntze, daß
bei der Vertragseingehung durch Zeichnen z. B. von Aktien ein
Unterschied im Verpflichtungsmoment bestehe, je nachdem ein allgemeiner Subscriptionsbogen vorgelegt oder jedem Aufgeforderten
ein besonderes Formular zugesendet werde; dort trete die Verpflichtung mit dem Setzen des Namens auf die Liste, hier erst
mit der Rückgabe des vollzogenen Formulars an den Proponenten
oder dessen Stellvertreter ein. Dieser Unterschied ist mehr
thatsächlicher als rechtlicher Art und hat am wenigsten seinen Grund
darin, daß dort der Einladende Eigenthümer des Papiers bleibt,
hier aber das Eigenthum am Einzelformular dem Adressaten über-
antwortet wird. Denn das Letztere mag bezweifelt werden und ist gewiß beim Vorhandensein eines ausdrücklichen gegentheiligen Vor-
behalts nicht der Fall. Gleichwohl könnte die Entscheidung darum
nicht anders ausfallen und der Empfänger des Formulars, welcher
vor der Rückgabe desselben seine Betheiligungserklärung ausstreicht,
höchstens wegen Eigenthumsbeschädigung ins Recht gefaßt, niemals aus dem Beitritt belangt werden. Maßgebend ist vielmehr
der Moment, in welchem der Aufgeforderte seine Erklärung dem
Proponenten gegenüber abgegeben hat, und dieser Moment knüpft
sich in jenem ersten Fall an das Weglegen der Feder nach ge-
schehener Unterschrift, hier an die Ueberlieferung des ausgefüllten
Formulars an den Einladenden.

Unser Erforderniß zeigt sich auch beim Vertragsschluß durch
Stellvertreter. Für die Verpflichtung des Principals entscheidet
lediglich die ausdrückliche oder stillschweigende Erklärung des Stellvertreters gegenüber dem dritten Kontrahenten, auf wessen Namen
er abschließe; jede anderweitige Erklärung ist unerheblich (Thöl,
Handelsr. §. 20, Note 8).

Zum Schluß noch ein Paar Beispiele aus der Praxis.

Wenn Jemand eine ihm gelieferte Maschine einem Dritten
gegenüber lobt, so liegt darin keine Billigungserklärung, welche
ihn dem Lieferanten gegenüber bände (Urtheil des OAG. in
Dresden in Goldschmidts, Zeitschr. IX. S. 378, Nr. 67).

Der Beschluß einer Gesellschaft oder eines Vereins über ein

gestelltes Angebot und selbst die Mittheilung desselben an den Korrespondenten oder Geschäftsführer der Gesellschaft entbehrt der verbindlichen Kraft gegenüber dem Antragsteller. Es kann sich der Letztere nicht auf Annahme berufen, wenn der Beschluß auf anderem Wege zu seiner Kenntniß kommt als durch die Zufertigung von Seite des Korrespondenten oder Geschäftsführers. Bis zu dieser Uebermittlung an den Anbietenden unterliegt auch der Beschluß der willkürlichen Abänderung durch die Gesellschaft oder den Verein (Jhering, Civilrechtsfälle Nr. XXXI). —

§. 2 a.
Von der Willenserklärung in Verträgen. — Fortsetzung.

Das Vorstehende mag genügen, um die Geltung und Bedeutung unseres Grundsatzes außer Zweifel zu stellen. Es fehlt ihm aber auch an guter innerer Begründung nicht. Erst in dem Moment, wo der Vertragslustige seine Erklärung demjenigen gegenüber abgibt, mit welchem er in ein Rechtsverhältniß zu treten beabsichtigt, tritt der ganze Ernst des Geschäfts vor seine Seele, hier erst stellt sich wenn irgend einmal die volle Sammlung der Gedanken ein, und erst das Erzeugniß davon kann als der ernstliche wirkliche und vollendete Wille geachtet werden.

Gleichwohl hat unser Erforderniß erst neuerdings einen entschiedenen Gegner gefunden. Windscheid (Aktio S. 209 fg. Pandekten §. 309 Nr. 2. §. 316 Note 17. §. 338 Note 7) erblickt darin eine vom heutigen Recht verlassene römische Anschauung. „Nach heutigem Recht braucht der Schuldnerwille nicht dem Gläubiger gegenüber erklärt zu werden; Beweis: die Auslobung, die Schuldübernahme und der Bürgschaftswille dem Schuldner gegenüber erklärt".

Es ist schwer zu glauben, daß ein positives Recht ohne gewaltsamen gesetzgeberischen Eingriff über einen Satz hinwegkommen wird, welcher ganz und gar nicht willkürlich sondern dem innersten Wesen des Vertrags entnommen ist. Die früher angeführten Beispiele mögen lehren, wohin ein Recht kommt, welches unser Erforderniß preisgibt. Nun sind auch die von Windscheid angezogenen Belege nicht geeignet, uns vom Gegentheil zu überzeugen. Für die Auslobung ist die Erklärung oben

gegeben, und was die beiden andern Fälle anlangt, so läßt sich
mit unserm Grundsatz die Annahme wohl vereinigen, daß durch
den Beitritt des Gläubigers zu dem Vertrag zwischen dem
Schuldner und dem Dritten (Schuldübernehmer, Bürgen) ein
obligatorisches Verhältniß zwischen diesem Dritten und dem
Gläubiger entstehe. Die Verpflichtungserklärung, welche der
Dritte dem Schuldner gegenüber abgegeben hat, äußert jene
weitergehende Wirkung nur dann, wenn sich dadurch der Erstere
sofort dem Gläubiger selbst gebunden haben will und nicht etwa
wenn er nur ein selbständiges den Schuldner entlastendes oder
die Bürgschaft erzeugendes Abkommen mit dem Gläubiger ver=
spricht. Zu jenem Fall hat aber gewiß die Unterstellung nichts
Gezwungenes, daß der Dritte den Schuldner zur Ueberbringung
seiner Erklärung an den Gläubiger ermächtigt. Freilich muß
man nach dieser Auffassung die Möglichkeit des Widerrufs bis
zur Ausrichtung der Botschaft und Annahme des Angebots durch
den Gläubiger zugeben. Allein ein solcher wird dem Dritten
wenig fruchten, da er in Folge seiner Uebereinkunft mit dem
Schuldner zur Eingehung des Schuldübernahme= oder Bürg=
schaftsvertrags rechtlich gezwungen werden kann.

Wir haben bisher nur die ausdrücklichen Willenserklärungen
ins Auge gefaßt. Machen nicht die stillschweigenden eine Aus=
nahme von unserm Erforderniß?

Ich kann nicht einmal das zugeben. Der Unterschied be=
schränkt sich darauf, daß vermöge der besondern Beschaffenheit
der stillschweigenden Erklärungen das in Rede stehende Merkmal
nicht überall mit gleicher Schärfe heraustritt. Es ist übrigens
dieser Punkt nicht ohne praktische Bedeutung und verdient eine
genauere Betrachtung als ihm bisher zu Theil geworden ist.
Dabei darf nur nicht übersehen werden, daß wir ausschließlich
Willenserklärungen bei Verträgen vor Augen haben.

Die sog. stillschweigenden Willenserklärungen erfolgen ent=
weder durch Worte oder durch sonstige positive Handlungen oder
durch Schweigen oder durch eine andere Unterlassungshandlung.

a) Eine stillschweigende Vertragserklärung durch Worte
kann sich nur an eine ausdrückliche Erklärung in Vertrags=
verhältnissen knüpfen und nur demjenigen gegenüber wirken, an

welchen die letztere gerichtet ist. Der Beweis dieses Satzes kann nur an der Hand praktischer Beispiele geführt werden. Ich füge deßhalb das Quellenmaterial, soweit ich es sammeln konnte, voll= ständig an und bitte den Leser hieran die Richtigkeit meiner Be= hauptung zu prüfen.

> L. 51 pr. loc. 19, 2. L. 12. §. 4 qui pot. in pign.
> 20, 4. L. 4. §. 1. L. 8. §. 15. L. 9. §. 1. L. 11.
> L. 12 pr. quib. mod. pign. 20, 6. C. 2. C. 4 de
> remiss. pign. 8, 26.

Doch erheischt die Anwendung dieses Grundsatzes einige Behutsamkeit. Es kann z. B. die Einwilligung eines Pfand= gläubigers in den Verkauf oder die Weiterverpfändung des Pfandobjects, welche zunächst nur dem Käufer oder dem neuen Pfandgläubiger gegenüber abgegeben wurde, zugleich gerichtet sein an den Verpfänder oder den gegenwärtigen Pfandeigen= thümer und deren Rechtsnachfolger (z. B. nachstehende Pfand= gläubiger), wie es in ähnlicher Weise oben für die Schuldüber= nahme behauptet wurde. Es bleibt dieß quaestio facti und man darf hier der umfassendern Auslegung nicht zu leicht Raum geben, wie aus C. 21 ad SC. Vell. 4, 29 hervorgeht und L. 4. §. 2 quib. mod. pign. 20, 6 an einem verwandten Fall zeigt. Man vgl. auch L. 31 (*Mommsen* L. 30) pr. neg. gest. 3, 5: der Auftrag zur Aufnahme eines Darlehns wird nicht zugleich als Kreditmandat aufgefaßt, dem Gläubiger (qui litteras secutus contraxit) nur actio neg. gest. ad exemplum institoriae actionis, nicht actio mandati contraria gegeben.

b) In einigen Fällen, wo die stillschweigende Erklärung in einer sonstigen positiven Handlung liegt, tritt die Richtung auf den Vertragsgegner deutlich heraus. Beispiele sind enthalten in:

> L. 57 pr. de pact. 2, 14. L. 2. §. 6 de doli m. exc.
> 44, 4. C. 4 de non num. pec. 4, 30. C. 5 de usur.
> 4, 32. C. 7 de rem. pign. 8, 26.

Weniger bestimmt bei der stillschweigenden Fortsetzung der Pacht oder Miethe (L. 13. §. ult. L. 14 loc. 19, 2. C. 16 eod. tit. 4, 65) und des Precarium (L. 4. §. 4 de precar. 43, 26). Und doch haben die Handlungen des Miethers u. s. w. nur in= sofern rechtliche Bedeutung, als sich in ihnen gerade dem Ver= miether gegenüber der Wille ausspricht, das Verhältniß fort=

zusetzen. Wird z. B. der Miether eines Hauses, welcher einen
Theil desselben in Aftermiethe gibt und zwar ausdrücklich über
seine vertragsmäßige Miethzeit hinaus, hiedurch seinem Ver=
miether verpflichtet? Kann dieser darauf hin die Behauptung
gründen, daß die Miethe stillschweigend auf eine der vorigen
gleiche Zeitdauer erneuert worden sei (si in scriptis certum
tempus conductioni comprehensum est)?

c) Am Wenigsten scheint in dem rein negativen Verhalten
des Schweigens die Richtung gegen eine bestimmte Person nach=
gewiesen werden zu können. Und doch ist es so, insofern als
die positive Handlung, welche nothwendig ist, um die entgegen=
gesetzte rechtliche Wirkung hervorzubringen (Verwahrung, Vor=
behalt), diese bestimmte Richtung haben muß; es genügt nicht
die Protestation gegen irgend Jemand. Darum ist es gerecht=
fertigt zu sagen, daß das Schweigen in Vertragsverhältnissen
eine schlüssige Handlung nur dann bildet, wenn es gerade dem
Vertragsgegner gegenüber beobachtet wird.

L. 6. §. 2. L. 18. L. 53 mand. 17, 1. L. 60. §. 6
loc. 19, 2. L. 12 de evict. 21, 2. L. 38. §. 1 de
donat. i. v. e. u. 24, 1.

Ich stelle nicht hierher L. 12. L. 16 ad SC. Mac. 14, 6;
denn der jussus patris filio credi ist ein einseitiges Rechts=
geschäft, dessen Wirkung nicht von der Annahme auf irgend einer
Seite abhängt. Es wird also durch das Stillschweigen nicht ein
vertragsmäßiges Recht erworben, nicht eine tacita conventio be=
gründet, sondern nur eine replica doli gegen die exceptio SC
Mac. Aehnlich verhält es sich mit C. 1 de remiss. pign. 8, 26.

d) Von dem Schweigen im Sinne des Nichtredens bei
Handlungen Andrer lassen sich diejenigen Unterlassungshandlun=
gen unterscheiden, welche in der Nichtgeltendmachung eines
Rechts bestehen.

L. 17. §. 1 usur. 22, 1. L. 26 probat. 22, 3.

Sie müssen nun gerade im Verhältnisse zu demjenigen be=
gangen sein, welcher dadurch eine Befreiung erlangen soll.

§. 3.
Von der Willenserklärung in Verträgen. — Fortsetzung.

2) Eine Willenserklärung, welche zur Entstehung eines

(begründenden oder auflösenden) Vertrags dienen soll, äußert
verbindliche Kraft nur dann, wenn, und von dem Zeit=
punkt an, wo sie dem andern Vertragstheil zur Kennt=
niß gelangt ist.

Nicht bei allen Rechtsgeschäften ist die Wirkung der Willens=
erklärung durch die Kenntniß desjenigen bedingt, zu dessen
Gunsten sie erfolgt, nicht bei den Pollicitationen, nicht bei der
testamentarischen Erbeinsetzung. Wir haben also den Grund des
fraglichen Erfordernisses, wenn es überhaupt besteht, in der be=
sondern Natur des Vertrags zu suchen. Damit verhält es sich so.

Der Vertrag entsteht durch das bewußte Zusammenwirken
zweier oder mehrerer Personen, er ist nicht die bloße Summe
zweier übereinstimmender Willenserklärungen. Wenn A dem B
schriftlich 50 Centner Zucker zu 60 anbietet und gleichzeitig B
an A einen Bestellbrief auf eine gleiche Quantität zu demselben
Preis abgehen läßt, so ist der Vertrag — das gibt wohl Jeder=
mann zu — nicht schon in dem Augenblick vorhanden, wo die
Briefe geschrieben oder der Post übergeben sind, und kommt
überhaupt nicht zu Stande, wenn beide Briefe nicht an ihre
Adresse gelangen. — Ein anderes Beispiel. Zwei Personen, ein
Deutscher und ein Franzose, von denen Keiner der Sprache des
Andern vollkommen mächtig ist, treten in Unterhandlungen über
ein Kaufgeschäft. Der Franzose (Verkäufer) verlangt für die
Sache trente; der kauflustige Deutsche versteht aber darunter
vierzig und bietet dagegen dreißig, was der Franzose wieder mit
dreizehn verwechselt. Damit gehen sie auseinander. Liegt nun
zwischen ihnen ein wirklicher Kaufvertrag vor? Kann der Ver=
käufer auf das Vertragsinteresse verurtheilt werden, wenn er
hinterher und sei es selbst nach Aufklärung über das obwaltende
Mißverständniß die Sache anderweit veräußert? Oder wird man
ihm nicht das Recht zuerkennen, dem sich nach Kenntniß seines
Irrthums meldenden Deutschen zu erklären, daß er nun nicht
mehr geneigt sei, die Waare für trente loszuschlagen? — Ich
kann mich nicht enthalten, ein geistvolles Beispiel, welches *Merlin*
(Repertoire: Vente) gibt, mit dessen eignen Worten anzuführen
(ich citire nach Citat):

Je me trouve en présence d'un sourd qui me dit:
„Voulez-vous m'acheter cette chose moyennant tel

prix?" Je lui réponds: „Je le veux bien." Mais il ne
m'entend pas; il me déclare ne pas m'avoir entendu
et me prie de lui mettre par écrit la réponse qu'il
juge d'après le mouvement de mes lèvres lui avoir
été faite par moi. Alors je prends la plume et je lui
trace ces mots: „Je vous ai dit que je le voulais
bien; mais toutes réflexions faites votre proposition
ne me convient pas." — Cet homme pourrait-il pré-
tendre que par la réponse que je conviens lui avoir
faite de vive voix, je me suis irrevocablement lié envers
lui? non certainement, et s'il me poursuit, le juge
le déboutera sans hésiter.

Ob solche Fälle häufig oder selten sind, bleibt hier gleichgültig, wo es sich, so zu sagen, um die Erforschung der psycho-
logischen Natur des Vertrags handelt. (Dieß gegen Keller
Pand. S. 443).

Was fehlt nun in den angeführten Beispielen zur Entstehung des Vertrags? Der Wille ist beiderseits erklärt, es ist
dieß geschehen in der Richtung gegen den andern Theil, die Erklärungen stimmen überein. Käme es, wie so vielfach behauptet
wird, nur auf das Vorhandensein des Consensus im Sinne des
Zusammentreffens zweier erklärter Willen an (Willenseinigung —
Scheurl): in den drei Fällen hätten wir einen vollendeten Vertrag vor uns. Was fehlt, das ist eben die Kenntniß — in
den zwei ersten Fällen jedes, im dritten Fall eines Theils
von der Uebereinstimmung des andern. Also haftet eine
Vertragserklärung nur dann, wenn sie in der Weise, wie sie gegeben wurde, in das Bewußtsein desjenigen, an welchen sie gerichtet ist, Eingang gefunden, gewissermaßen darin Anker gefaßt
hat. Das Sprechen und Schreiben hat als Mittel zur Kundgebung eines Vertragswillens für sich noch keine Wirkung, erst
das Vernehmen des Gesprochenen, erst das Lesen des Geschriebenen durch den andern Vertragstheil. Stellt sich dem Ein-
dringen der Erklärung in das Bewußtsein des Adressaten ein
Hinderniß entgegen, hört der Angeredete das Gesagte nicht (wegen Taubheit, Unaufmerksamkeit, Abwesenheit, oder weil er sich
in einem Zustand des mangelnden Vernunftgebrauchs, Schlaf,
Ohnmacht, Trunkenheit, Zorn befindet); geht der die Erklärung

enthaltende Brief verloren, bevor er an seine Adresse gelangt; stirbt der Bote vor Mittheilung seines Auftrags u. s. w.: so bleibt die Willenserklärung unvollendet und darum wirkungslos.

Der in Vorstehendem aus dem Wesen der Vertragserklärung gefolgerte Satz findet in den Quellen des römischen Rechts volle Bestätigung.

Zu L. 1 pr. V. O. 45, 1 (Ulp.), werden Taube und Abwesende hinsichtlich der Unfähigkeit zur Stipulation gleichgestellt und als Grund angeführt:

> quoniam exaudire invicem (sc. stipulator et promissor) debent.

Uebereinstimmend L. 1 §. 15 O. e. A. 44, 7 (Gai.) nur mit ausführlicherer Begründung:

> quoniam, etiamsi loqui possit (sc. surdus) sive promittat, verba stipulantis exaudire debet, sive stipuletur, debet exaudire verba promittentis.

Bei Ulp. XX, 13 wird dem Tauben die Fähigkeit zum Mancipationstestament abgesprochen:

> quoniam verba familiae emtoris exaudire non potest.

Wenn zur Entstehung des Kontrakts das objective Zusammentreffen der beiden Willenserklärungen genügen würde, so wäre in der That nicht abzusehen, warum der Taube nicht einmal als Stipulator in der Verbalobligation sollte auftreten können. Dagegen hat der Ausschluß guten Grund, wenn das Bewußtsein des Fragenden von der Zustimmung des Gefragten dabei ein wesentliches Moment bildet. Man hat sich zwar zur Beseitigung jenes Bedenkens hinter die Formalnatur der angeführten Geschäfte geflüchtet. Aber dann muß auch der Umstand aufgezeigt werden, welcher gerade dem Formalakt diese Eigenthümlichkeit aufdrückt. Was bisher in dieser Richtung vorgebracht wurde (Scheurl), hat soviel ich sehe seine genügende Widerlegung gefunden (Bekker). Dieser Erklärung wird vollends der Boden entzogen durch den Grund, welcher für die Fähigkeit der Tauben zu allen mündliche Rede nicht erfordernden Kontrakten angeführt wird:

quia potest (sc. surdus) intelligere et consentire.
L. 48 O. e. A. 41, 7 (Paul.).

Das heißt doch: nur die im Bewußtsein der Ueber=
einstimmung des andern Theils ausgesprochene Zusage ist von
Wirkung. Dieß Bewußtsein kann in einem des Gehörs Be=
raubten bei der Stipulation nicht entstehen, weil hier der Aus=
tausch der Erklärungen lediglich durch das gesprochene Wort
vermittelt wird.

In diesem Zusammenhang findet auch der Ausspruch der
L. 1. §. 1 V. O. 45, 1 (Ulp.) seine natürliche Erklärung; wir
brauchen uns nicht auf die Formalnatur der Stipulation zurück=
zuziehen, um gerechtfertigt zu finden, daß eine Stipulation un=
gültig bleibt, wenn der Gefragte in Abwesenheit des Fragstellers
die zustimmende Antwort gibt.

Einige Schriftsteller (Puchta Pand. §. 251. c. Scheurl)
haben sich zur Rechtfertigung der gegentheiligen Ansicht auf
L. 4 pr. de manum. vind. 40, 2 (Jul.) berufen. Ich kann die
Beweiskraft dieser Stelle nicht anerkennen. In derselben han=
delt es sich nicht um die Erklärung in Beziehung auf ein Ver=
tragsverhältniß sondern „um die rechtliche Wirksamkeit einer
einseitigen Handlung, welche durch die Zustimmung eines Ab=
wesenden bedingt ist." Daß die Aenderung des Willens hier
und dort nicht gleichmäßig wirkt, wird durch andere Quellen=
zeugnisse außer Zweifel gesetzt. Man betrachte einerseits L. 40.
L. 47. L. 48. A. v. O. II. 29, 2, und andrerseits L. 12. SC.
Mac. 14, 6. L. 12. §. 2 solut. 46, 3. Die von Thöl (H. R.
§. 57 Note 14) angezogene Entscheidung der L. 7 de divort.
24, 2 ist augenscheinlich vom favor matrimonii diktirt (vgl.
L. 3 cod.).

Eine Stelle endlich, welche aus den verschiedenen Lagern in
Bezug genommen wird, bietet für unsere Frage überhaupt keine
Ausbeute. Es ist L. 17. §. 1 pro socio 17, 2 aus Paul. libr.
VI. ad Sabinum:

Si absenti renunciata societas sit, quoad is scierit,
quod is adquisivit, qui renunciavit, in commune redigi
debet, detrimentum autem solius ejus esse, qui re-
nuntiaverit; sed quod absens adquisivit, ad solum eum
pertinere, detrimentum ab eo factum commune esse.

Der Jurist betrachtet die Wirkung einer einseitigen Auf-
kündigungserklärung in einem Gesellschaftsverhältnisse. Wie man
auch die Entscheidung betrachten mag, immer führt sie auf eine
Zweckmäßigkeitserwägung und nicht auf reine juristische Folgerichtigkeit zurück. Denn nimmt man an, die Kündigung erlange
ihre Vollendung schon mit der Absendung der Erklärung, so kann
von diesem Moment an überhaupt ein Gesellschaftsgeschäft nicht
mehr abgeschlossen werden; was also ein Gesellschafter nachher
noch vornimmt, sollte der Wirkung für die übrigen entbehren.
Geht man aber von der entgegengesetzten Anschauung aus, so
führt die Konsequenz dahin, alle Geschäfte für Gesellschaftsgeschäfte
zu erklären, welche von der Kündigung bis zur Kenntnißnahme
derselben durch den Adressaten von einem Gesellschafter zum Abschluß gebracht wurden, mithin Berechtigung und Verpflichtung
daraus auf Alle zu erstrecken. Im Widerspruch damit entscheidet
aber die Stelle, daß der kündigende Gesellschafter zwar alle Nachtheile und Lasten tragen solle, welche bei Annahme der Fortdauer
der Gesellschaft bis zur Ankunft der Nachricht beim Adressaten
für ihn entspringen, dagegen der Vortheile aus den spätern
Geschäften (Mitberechtigung aus den Geschäften des andern
Gesellschafters, Mitverpflichtung des Letztern aus den Geschäften
des Kündigenden) sofort verlustig gehen. Mit einem Wort:
socium a se non se a socio liberat. Man kann also aus dieser
Stelle weder mit den Einen folgern, daß nach der Meinung des
Juristen die Gesellschaft fortdaure, bis der andere Gesellschafter
die Kündigung erfährt, noch mit den Andern, daß Paulus das
Gesellschaftsverhältniß sofort mit der Abgabe der Kündigungs-
erklärung endigen lasse. —

Wenn das Wissen des andern Vertragstheils um die Willenskundgebung des Erklärenden eine Bedingung für die Wirksamkeit
der Erklärung ist, welche aus dem Wesen der Vertragserklärungen
überhaupt und nicht aus einer besondern Erscheinungsform derselben folgt, so muß dieses Erforderniß auch für die stillschweigenden Willenserklärungen gelten. In der That liefert eine
Prüfung der in den Quellen enthaltenen Beispiele theils eine
Bestätigung dieses Satzes theils wenigstens keinen Anhalt gegen
seine Richtigkeit. Man darf nur nicht diejenigen Fälle ein-

mischen, wo die schlüssige Handlung nicht zur Entstehung eines Vertrags (tacita conventio) gehört. Hieraus folgt nun. So lange die stillschweigende Willenserklärung nicht zur Kenntniß des andern Vertragstheils gekommen ist, kann sie durch entgegengesetzte ausdrückliche Erklärung noch entkräftet werden. Ferner: die stillschweigende Einwilligung in eine Geschäftsführung begründet das Mandatsverhältniß erst von dem Zeitpunkt an, wo sie dem Geschäftsführer zum Bewußtsein gekommen ist, wenn auch der Geschäftsherr schon vorher nach den Verpflichtungen eines Auftraggebers behaftet werden mag nach Analogie der Wirkung nachträglicher ausdrücklicher Genehmigung. (Nam utique mandatum non est — Scaevola in L. 9 neg. gest. 3, 5 — sed et si quis ratum habuerit. quod gestum est, obstringitur [velut?] mandati actione — Ulp. in L. 60. R. J. 50, 17. Hiezu Vangerow Pand. Bd. III. §. 664. Anm. Nr. III.)

§. 4.
Von der Willenserklärung in Verträgen. — Schluß.

3) Daß eine Erklärung für sich ohne den entsprechenden Willen der rechtlichen Bedeutung entbehrt, ist ein Satz, welcher mit Nothwendigkeit aus dem Verhältniß von Wille und Erklärung zu folgen scheint. Das Wort ist nur der Leib, der Wille (Gedanke) die Seele der Erklärung, jenes nur das Mittel, um diesen zur Wahrnehmung zu bringen. In der That wird sich auch kein Recht der Anerkennung jenes Satzes als Regel entziehen können. Aber seine Geltung kann ebenso wenig eine unbeschränkte sein; es tritt der reinen Rechtskonsequenz die Forderung des praktischen Lebens entgegen, daß der Erklärende zuweilen bei seinen Worten behaftet werde, obwohl sie nicht der Ausdruck seines wirklichen Willens sind und wie wenn sie es wären. Diese Forderung erhebt sich gerade in Vertragsverhältnissen; hier verlangt die Sicherheit des Verkehrs, daß jeder Theil auf die vom Gegner gebrauchten Worte bauen könne, daß er in seiner Erwartung nicht getäuscht werde durch den Nachweis eines andern Willens als derjenige ist, welcher von ihm verständiger Weise aus der Aeußerung entnommen werden durfte.

Das positive Recht hat dieser Forderung in mehrfacher

Beziehung Rechnung getragen. Vor Allem in der Verwerfung der sog. Mentalreservation. Im Recht hat der Satz noch keine Anerkennung gefunden, daß die Worte da seien, um die Gedanken zu verbergen. In Vertragsverhältnissen muß Jeder als Inhalt seiner Erklärung den Sinn gelten lassen, zu dessen Annahme er den andern Theil absichtlich veranlaßt hat. Wer sich darauf beruft, daß er wissentlich etwas Anderes erklärt, als er gewollt, wird damit nicht gehört, insofern dem Vertragsgegner dieser abweichende Wille nicht erkennbar sein konnte; er wird nicht damit gehört, selbst wenn er aus andern Thatsachen die Wahrheit seiner Behauptung in überzeugender Weise darzuthun vermöchte. Denn bei der Auslegung von Willenserklärungen wird davon ausgegangen, daß der Handelnde der Person gegenüber, gegen welche er handelnd aufgetreten ist, als redlicher Mann verfahren sei. Das gilt als praesumtio juris et de jure, nicht zu Gunsten, wohl aber zum Nachtheil des Erklärenden, die Redlichkeit wird insoweit fingirt und zwar nicht blos bei den eigentlichen Vertragsparteien sondern bei allen Personen, welche in privater Eigenschaft bei der Errichtung eines Vertrags rechtlich mitwirken, z. B. beim Vormund und bei einem dritten Berechtigten, um dessen Zustimmung es sich handelt (L. 26. §. 2 de pign. et hyp. 20, 1 L. 43. § 1 de admin. et peric. tut. 26, 7). In diesem Verständniß findet auch L. 13 de donat. 39, 5 eine Erklärung, wonach die Stelle alles Auffallende verliert und der scheinbare Widerspruch mit L. 37. § 6. A. R. D. 41, 1 verschwindet; vgl. Arndts P. §. 140. Anm. 4).

Indeß macht das Recht Aufrichtigkeit nur gegenüber denjenigen Personen zur Pflicht, mit welchen man in Vertragsverhältnissen in Verkehr tritt. Simulirte Verträge unterliegen daher einer andern Beurtheilung. Ferner entziehen sich die Willenserklärungen in einseitigen Rechtsgeschäften jenem Grundsatze (arg. L. 6. §. 7. A. v. O. II. 29, 2: eum, qui metu verborum vel aliquo timore coactus fallens adierit hereditatem, sive liber sit, heredem non fieri placet, sive servus sit, dominum heredem non facere). —

Insofern man mit dem Ausdruck Mentalreservation den Begriff eigennütziger Unredlichkeit zu verbinden pflegt, geht der aufgestellte Satz über diesen Fall absichtlicher Nichtübereinstimmung zwischen Wille und Erklärung hinaus. Auch derjenige will rechtlich nicht, wer nicht ernstlich will; darauf beruht die Einrede des Scherzes. Sie findet aber keine Berücksichtigung, wenn der Mangel ernstlicher Absicht dem andern Theil trotz Anwendung der erforderlichen Aufmerksamkeit nicht ersichtlich war. Ein Studiosus der Medizin, welcher bei einer Bücherversteigerung auf ein Exemplar des Glück'schen Pandektencommentars aus Scherz 30 Thaler bietet, kann sich gegen die Verpflichtung hieraus nicht mit der Einrede des Scherzes decken. —

Nachgiebiger ist das Recht in Berücksichtigung des Irrthums. Die unabsichtliche Nichtübereinstimmung zwischen Wille und Erklärung schließt die Gültigkeit eines Vertrags aus, auch wenn der andere Theil bei Beobachtung jeder billiger Weise zu gewärtigenden Vorsicht den Irrthum seines Gegners nicht wahrzunehmen vermochte. Nur steht auch hier grobe Fahrlässigkeit der rechtswidrigen Absicht gleich, und wenn z. B. Jemand mit dem Sprachgebrauch einer Gegend bekannt einen Ausdruck etwa eine Quantitätsbezeichnung in einem andern als dem ortsüblichen Sinn gebraucht, so muß er dieß dem Gegner zu erkennen geben, widrigenfalls seine Berufung darauf nicht gehört wird (Jhering in seinen Jahrbüchern IV. S. 79). Das ist freilich weit entfernt, allgemein anerkannt zu sein. Achtbare Stimmen haben sich gegen das Erforderniß der Entschuldbarkeit in dieser Anwendung erklärt (Savigny System Bd. III. S. 264, Wächter Würtemb. Privatr. II. §. 102 Note 2 u. A.). Scheinbar mit vollem Recht, da „die Nichtigkeit eines Geschäfts beim wesentlichen Irrthum nicht etwas zum Vortheile des Irrenden Eingeführtes, das er daher durch culpa verwirken könnte, sondern eine nothwendige Konsequenz des Erfordernisses des Willens und der Vereinbarung ist, welches beim wesentlichen Irrthum fehlt.“ Aber es wurde schon oben erwähnt, daß die aus reiner juristischer Logik sich ergebende Folgerung aufgewogen und überboten wird durch die Rücksicht auf die Sicherheit des Verkehrs, an welche die Anforderung der gewöhnlichsten Aufmerksamkeit gewiß nur ein mäßiges Zugeständniß ist. Fehlt jenes Erforderniß nicht auch bei der Mentalreservation und der scherzweisen Aeußerung? Wenn ferner angeführt wird, daß „in einem solchen Falle durch das Geschäft nicht zur Aufmerksamkeit verpflichtet

2 *

werden kann, da ja gar fein Rechtsgeschäft besteht," so ist dieß theils petitio principii theils nicht richtig. Denn dadurch schon, daß Jemand in kontraktliche Unterhandlungen eintritt, wird er zur Beobachtung von Sorgfalt verpflichtet; dieß geht aus Jhering's a. a. O. gepflogenen Untersuchungen hervor, man mag über seine Konstruktion denken wie man will. Die Stellung, welche beim Vorhandensein eines sog. wesentlichen Irrthums das Zustandekommen des Vertrags schlechthin leugnen (L. 18. §. 1. R. C. 12. 1. L. 9 pr. C. E. 18. 1 L. 137. §. 1. V. O. 45, 1 u. a.), haben nur die regelmäßige Beschaffenheit des Irrthums im Auge, denn nur selten wird der Vorwurf unverzeihlicher und darum unglaubhafter Nachlässigkeit begründet sein. Es fehlt indeß unserer Behauptung gar nicht an quellenmäßiger Unterlage. Will man auch L. 15. §. 1. C. E. 18, 1 nicht gelten lassen, so wird doch gegen L. 43. §. 1 und L. 11 pr. eod. nichts zu erinnern sein. Die geltend gemachte Beschränkung drängt sich übrigens im einzelnen praktischen Fall dem Rechtsgefühl mit unwiderstehlicher Macht auf (vgl. z. B. Seuffert's Archiv XVIII. 227). Freilich bietet die Frage, was ist unentschuldbarer Irrthum, dem richterlichen Ermessen einen weiten Spielraum und wird nicht ohne Rücksicht auf die besondere Lage des Falls, namentlich auf das in Mitte liegende Interesse der Parteien gelöst werden dürfen (z. B. L. 83. §. 1. V. O. 45, 1). —

Diese Betrachtungen, welche sich z. B. durch Eintreten auf die Voraussetzungen bei Willenserklärungen (hierüber Windscheid, Lehre von der Voraussetzung S. 82 fg.) unschwer vermehren ließen, führen auf nachstehenden Satz:

Jeder, der in Vertragsverhältnissen eine Willenserklärung abgibt, wird bei demjenigen Sinn <u>behaftet,</u> in welchem sie der andere Theil nach den gesammten zur Zeit des Vertragsabschlusses ihm bekannten oder als bekannt vorauszusetzenden Umständen verstanden hat oder <u>verstehen mußte.</u> Ein andrer Wille wird, abgesehen von einem nicht als grobe Nachlässigkeit sich darstellenden Irrthum, nicht berücksichtigt, selbst wenn er aus andern Thatsachen zweifellos sein sollte.

Das Uebergewicht, welches hier der Erklärung gegenüber dem Willen oder wenn man lieber will dem erklärten Willen gegen= über dem wirklichen zugesprochen wird, ist eine Eigenthümlichkeit der Willenserklärungen in Verträgen (nach Windscheid a. a. O.: der Willenserklärungen unter Lebenden überhaupt). Zwar stehen auch die einseitigen Rechtsgeschäfte und namentlich die einseitigen letztwilligen Verfügungen unter dem Grundsatz, daß nur das, was als gewollt erkannt werden kann, wirklich gewollt ist. Aber die Erkenntnißmittel beschränken sich bei diesen Willenser= klärungen nicht darauf, was demjenigen, auf welchen die Erklä= rung Beziehung hat, in einem bestimmten Zeitpunkt zugänglich war; es würde dieß in manchen Fällen schon wegen der Mehrheit der Beziehungen zu erheblichen wo nicht unlösbaren Schwierig= keiten führen, z. B. beim Vermächtniß, wo dem Erblasser Ver= mächtnißnehmer und Vermächtnißträger gegenüberstehen.

Daß hier eine verschiedene Behandlung eintreten muß, fühlt sich leichter heraus als sich der Grund davon ausdrücken läßt. Was Windscheid a. a. O. hierüber vorbringt, befriedigt mich nicht; ich möchte den Schlüssel in Folgendem finden.

Einseitige Rechtsgeschäfte erhalten Dasein und Inhalt durch Einen Willen, bei Verträgen müssen aber zwei Willen zusammen= wirken. Dort gibt der Erklärende seine Willensäußerung gar nicht unmittelbar in der Richtung gegen eine bestimmte Person ab, und selbst da, wo der Erwerb aus einseitigen Rechtsgeschäften vom freien Willen des Bedachten abhängt, sagt der Zuwendende nicht, das und das sind die Bedingungen, unter welchen ich dir den Erwerb anbiete. Hier dagegen ladet der Erklärende eine andere Person unmittelbar ein, mit ihm auf die in der Erklärung bezeichnete Grundlage in ein Rechtsverhältniß zu treten, er sucht ihn sofort zu binden. Das aber bedingt eine gewisse Gewähr, daß diese Grundlage so ist, wie sie der andere Theil aus der Erklärung vernünftiger Weise verstehen konnte. —

Maßgebend für die Auslegung der Willenserklärungen in Verträgen sind aber nicht blos die ausdrücklichen Mittheilungen, sondern auch alle sonstigen Umstände, welche dem andern Theil vielleicht ganz zufällig bekannt sind. Denn die Behaftung des Erklärenden bei dem Sinn, welchen seine Aeußerung für sich ent= nehmen läßt, beruht auf einer Rücksicht gegen die andere Vertrags=

partei, auf dem Schutz gegen die Nachtheile aus einer durch den Erklärenden veranlaßten Täuschung. Und nicht blos das ihm wirklich Bekannte kommt in Betracht sondern auch das Nichtge= wußte, dessen Kenntniß bei ihm billiger Weise vorausgesetzt werden durfte; es nützt Niemand, daß er nicht wußte, was ein verständiger Mensch in seinen Verhältnissen gewußt haben würde. So stellt auch das deutsche Handelsgesetzbuch in vielen Fällen ausdrücklich das Wissenmüssen dem Wissen gleich (Art. 25, Abs. 3. Art. 46, Abs. 3. Art. 115. 347, Abs. 2 u. a.)

Für die Beurtheilung dieses Wissens und Wissensollens ist der Zeitpunkt entscheidend, in welchem der Entschluß zum Eintritt in das Rechtsverhältniß endgültig und äußerlich wahrnehmbar wird. Was demjenigen, an welchen die Erklärung gerichtet ist, erst hinterher zur Kenntniß gelangt, kann für diesen Zweck nicht in Berücksichtigung fallen.

Es ist daher durchaus nicht unbedingt die Auffassung ent= scheidend, welche die andere Partei von einer Erklärung hat. Man verlangt von jedem, welcher freiwillig in Rechtsverhältnisse tritt, daß er die Fassungskraft und die Vorsicht eines verständigen und überlegten Mannes besitze, und nimmt ihm die Folgen der Thor= heit oder Nachlässigkeit in der Auslegung der gegnerischen Er= klärung nicht ab (Ignorantiam ... accipiendam ... non de= perditi et nimium securi hominis L. 3. §. 1 de jur. et fact. ignor. 22, 6; dazu L. 6. §. 2. §. 5 eod.). Um nur eine An= wendung zu erwähnen, so ist ein Ausdruck, welcher eine örtlich verschiedene Bedeutung hat, im Zweifel nach dem Sprachgebrauch des Orts zu verstehen, von welchem aus das Angebot gemacht wurde, weil angenommen werden darf, daß der Anbietende sich dieses Sprachgebrauchs bedient habe. (Wächter: Ueber Aus= legung der unter Abwesenden geschlossenen Verträge, im civil. Archiv Bd. XIX. Abh. 5). Das mußte sich auch der Anerbotene bei der Annahme zum Bewußtsein bringen. Wenn ein Wiener Instrumentenhändler in seinem Preisverzeichnisse die Preise schlechthin in Gulden ansetzt, so ist das für jeden Verständigen deutlich genug. Wollte Jemand, der auf den Preiscourant hin einen Vertrag abgeschlossen hat, behaupten und selbst beweisen, er habe süddeutsche Währung darunter verstanden, so wird er damit nicht gehört und nicht etwa Nichtigkeit des Vertrags angenommen. —

Der aufgestellte Satz begründet aber zugleich eine gewisse Selbständigkeit der einmal abgegebenen Erklärung gegenüber dem Willen, dessen Ausdruck sie ursprünglich ist. Die Willensänderung für sich raubt der Erklärung die Geltung nicht, selbst so lange diese noch der einseitigen Verfügung des Erklärenden unterliegt. Erst wenn jene geäußert und dem andern Theil zur Kenntniß gebracht ist, fällt diese als kraftlos dahin (L. 12 ad SC. Mac. 14, 6. L. 15. mand. 17, 1. L. 12. §. 2. L. 34. §. 3. solut. 46, 3; dazu *Leyser* Med. ad Pand. spec. C. LXXX. med. 4). Unter den angegebenen Voraussetzungen kann aber eine aus= drückliche Erklärung auch durch eine stillschweigende entkräftet werden, wofern nur der Vertrag ein formloser ist (L. 60. §. 6 locat. 19, 2, wo propositum habuit einen öffentlichen Anschlag bedeutet wie in L. 11. §. 3 de instit. act. 14, 3. Die Basiliken haben *προέγραψε*, die Scholien *πρόγραμμα προτέθεικα*).

§. 5.

Von der Vollendung des Vertragsabschlusses.

Außer den an Spitze des §. 1 angeführten Schriftstellern sind hierüber zu vergleichen

Wening=Ingenheim im Archiv für civilistische Praxis Bd. II. Abh. 25 (1819).

Hasse F. C. im Rheinischen Museum für Jurisprudenz Bd. II S. 371—382 (1828).

Thöl, Handelsrecht Bd. I. §§. 57 und 57ᵃ (1841 und 1862).

Stubenrauch in der Allgemeinen Österreichischen Gerichts= zeitung, Jahrgang XI. Nr. 130 und 131 (1860).

Delamarre et *Le Poitvin*, traité théorique et pratique de droit commercial (Nouvelle édition 1861). Tom. I. n° 99—111.

Hahn, Commentar zum allgemeinen deutschen Handelsgesetz= buch Bd. II. S. 142—163.

Wenige Punkte sind seit dem Wiedererwachen der Jurisprudenz bis auf den heutigen Tag so bestritten wie die Frage, ob ein Vertrag schon mit der Annahme des Angebots durch den Aner=

botenen*) zum Abschluß gelange oder erst mit der Kenntniß des Anbietenden von der Annahme. Der Bequemlichkeit halber will ich künftig die erstere Ansicht, welche die bloße Aeußerung der Einwilligung für genügend hält, die Aeußerungstheorie, die zweite, welche Vernehmen der Aeußerung durch den Anbietenden verlangt, Vernehmungstheorie nennen, Ausdrücke, welche mir besser zusagen als die von Dahn (Zeitschr. für Handelsr. Bd. IX. S. 503) vorgeschlagenen Deklarations= und Rescissions= theorie (letzteres Wort müßte doch wohl in Rescitionstheorie ver= wandelt werden).

Nach den Ausführungen in den vorausgehenden Paragraphen ist die Frage im Sinn der zweiten Alternative zu entscheiden und demnach der Satz aufzustellen:

> Ein Vertrag ist erst vollendet, wenn jeder Theil sich der Uebereinstimmung des andern bewußt geworden ist.

Die Erweckung dieses Bewußtseins bildet einen Bestandtheil des Geschäfts und kann daher bei Formalverträgen nur durch die für die Willenserklärung vorgeschriebene Mittheilungsform vermittelt werden. Diese strenge Folgerung zieht auch das rö= mische Recht bei den Stipulationen, denn nur daraus läßt sich die Unfähigkeit des Tauben zum Stipulator und die Nothwen= digkeit der Anwesenheit des Stipulator bei der Antwort des Pro= mittenten erklären (L. 1 pr. §. 1. V. O. 45. 1). Das neuere Recht ist hierin milder; es läßt sogar Literalkontrakte durch Schreibunkundige und Blinde wenn auch unter besondern Förm= lichkeiten ausfertigen (Deutsche Wechselordnung Art. 94 mit Borchardt, die a. d. W.O. 4. Aufl. Zusatz 12). Um so viel weniger kann es der Annahme von Wechselerklärungen durch solche Personen ein Hinderniß entgegenstellen wollen.

Wird der Vertrag durch einen Stellvertreter geschlossen, so kommt es für die Vollendung nur auf das Bewußtsein des Stell=

---

*) Unserer Sprache fehlt ein Hauptwort zur Bezeichnung desjenigen, an welchen ein Angebot gerichtet ist. Indem ich nach dem Vorgang An= derer das Wort Anerbotener wähle, bin ich mir der sprachlichen Unge= nanigkeit wohl bewußt: aber ich weiß kein besseres und kann namentlich nicht finden, daß das Fremdwort Oblat in irgend einer Hinsicht den Vor= zug verdiene.

vertreters und nicht auf das des Vertretenen an. Nur darf mit dem Stellvertreter der bloße Bote nicht verwechselt werden.

Die von uns gewählte Entscheidung der Eingangs erwähnten Streitfrage folgt aus dem früher begründeten Satze, daß die zur Entstehung eines Vertrags bestimmte Erklärung erst dann Wirkung äußert, wenn sie demjenigen, an welchen sie gerichtet ist, zur Kenntniß gelangt (§. 3). Das gilt für das Angebot wie die Annahme, für Verträge unter anwesenden wie unter abwesenden Personen. Bote Brief telegraphische Depesche, deren sich die Abwesenden zur Willenskundgebung bedienen, sind nur Ersatz= mittel der mündlichen Erklärung, und die Zeit, während welcher Brief oder Bote sich unterwegs befinden, nur die Verlängerung des Zeitraums, welchen der Schall des gesprochenen Worts bis zum Ohr des Angeredeten braucht. Die thatsächliche Verschieden= heit in den Mitteln der Mittheilung kann keinen Unterschied in den rechtlichen Grundsätzen über die Vertragsvollendung bewirken. So wenig die mündliche vom Angesprochenen nicht vernommene Annahmeerklärung zur Entstehung des Vertrags dienlich ist, so wenig kommt ein unter Abwesenden unterhandelter Vertrag durch die Kundgebung der Annahme an den Boten oder durch die Verabfassung oder Absendung des Zusagebriefs oder auch durch dessen Eintreffen beim Anerbotenen zur Vollendung. Erst an die Benachrichtigung des Anbietenden durch den Boten oder durch das Lesen des Briefs knüpft sich der Abschluß.

Es folgt unsere Entscheidung ferner aus dem Wesen des Vertrags, dessen Grundlage der consensus ist. Consensus er= fordert mehr als die objective Uebereinstimmung zweier Willen (man gedenke der im §. 3 angeführten Beispiele), er ist die be= wußte Willenseinigung. Es genügt nicht, daß A will, was B will, und B, was A; jeder muß dasselbe wollen, weil es der Andere will. Mit andern Worten: der Vertrag entsteht erst aus der Wechselbeziehung des Bewußtseins. —

Sofort treten uns zwei Einwürfe entgegen, welche gewisser= maßen nach verschiedenen Richtungen streben.

Nach eurer Ansicht — sagen die Einen — ist die Folge unabweisbar, daß die Annahme des Anerbotenen erst wieder der Genehmigung durch den Antragsteller bedürfe. Dieß ist auch die Meinung mancher älteren Juristen, z. B. von *Daries*, Iust.

jurispr. univ. §. 415: Pacta requirunt 1⁰. promissionem 2⁰. acceptationem 3⁰. consensum promittentis in promittentis acceptationem. Man sieht sofort, daß man sich mit dieser Ansicht in einen endlosen Kreislauf verwickelt. Sie ist indeß nichts weniger als eine Folgerung aus unserer Ansicht. Bewußtsein vom Willen eines Andern ist nicht Genehmigung desselben; indem wir rücksichtlich der Annahmeerklärung in der Person des Antragenden jenes fordern, gestehen wir ihm das Recht zu dieser keineswegs zu. Wir brauchen uns daher nicht auf den m. E. falschen Satz zurückziehen: praecedens rogatio vim habere acceptationis intelligitur.

Zugegeben — wenden Andere ein — der consensus bestehe in der bewußten Willensübereinstimmung: folgt daraus, daß der Vertrag erst durch das Wissen des Anbietenden um die Einwilligung in seinen Antrag vollkommen werde? In jedem Angebot liegt der Wille, mit dem Anerbotenen in ein Vertragsverhältniß zu treten; es hat mithin der Antragsteller jetzt schon das Bewußtsein von der Willensübereinstimmung, wenn auch vorerst als etwas Zukünftiges und blos Mögliches. Mit der Annahme ist daher das gegenseitige Bewußtsein vorhanden (Scheurl).

Allein soweit Möglichkeit von Wirklichkeit absteht, ist das Bewußtsein, welches mit der Abgabe des Angebots entsteht, verschieden von demjenigen, das durch die Gewißheit von der Annahme begründet wird. Fragen wir, warum die Vertragsvollendung durch das gegenseitige Bewußtsein der Parteien bedingt ist, so ist wohl der Grund kein anderer, als daß erst dadurch der Wille die Festigkeit gewinnt, welche zur Erzeugung der bindenden Wirkung erforderlich ist. Diese Bestimmtheit, diese Befestigung vermag dem Willen nur das Bewußtsein von der wirklichen Einwilligung des andern Theils zu verleihen, die Unsicherheit über den Erfolg des Angebots läßt solchen Willen nicht aufkommen.

Indeß liegt in dem bekämpften Einwurf einige Wahrheit, welche uns zu einer Einschränkung unserer Behauptung nöthigt und vielleicht zur Verständigung mit den Gegnern die erwünschte Brücke bildet.

Es wird unten (§. 16) ausgeführt werden, daß die Annahme des Angebots in manchen Fällen stillschweigend erfolgt, sei es wegen seines Inhalts (Schenkung, Totalversprechen, un-

entgeltliche Leihe u. f. w.), sei es wegen des besonderen Verhält=
nisses, in welchem hinsichtlich des anerbotenen Geschäfts beide
Parteien zu einander stehen (Kommissionsverbindung). Wie ver=
hält sich hiezu unsere Theorie?

Die älteren Naturrechtslehrer antworten hierauf so: Promissio vel ita concipitur: Volo ut valeat, si acceptetur; et
statim valet post acceptationem, licet promittens ignoret ac-
ceptatam fuisse; vel ita: Volo ut valeat, si acceptatum intel-
lexero; et nihil juvat acceptatio, nisi indicata fuerit promit-
tenti. Quod si vero ex verbis non appareat de mente promittentis, ex negotii natura praesumendum, utrum sensum
ob oculos habuerit promissor; ita ut si promissio sit liberalis,
prior sensus adfuisse credatur (*Rudloff* de acceptatione Altdorffi 1676 p. 37 und die dort citirten *Grotius* und *Pufendorf*).

Diese Erklärung verrückt die Grundlage der ganzen Lehre.
Ist nämlich die Nothwendigkeit des gegenseitigen Bewußtseins
eine aus dem Wesen des Vertrags folgende Forderung, so steht
sie über der Willkür der Parteien. Ein Natursatz kann nicht
bald gelten bald nicht gelten, je nachdem es der Absicht der Par=
teien entspricht.

Ohne eine Ausnahme vom aufgestellten Erforderniß anzu=
erkennen, kann man sich mit jener Thatsache in zweifacher Weise
auseinandersetzen. Entweder man nimmt an, das Stillschweigen
des Anerbotenen vertrete die Stelle der ausdrücklichen Erklärung;
durch die Unterlassung ausdrücklicher Ablehnung werde in dem
Antragenden das Bewußtsein von der Annahme erweckt. Oder
man geht davon aus, daß in diesen Fällen das Angebot unter
der bestimmten Voraussetzung der Annahme abgegeben werde.
Danach entsteht in dem Moment, wo das Angebot nach dem regelmäßigen Gang der Dinge an den Anerbotenen gelangt, in dem
Antragsteller das Bewußtsein der Genehmigung, und wenn nur
der Erstere dieser Erwartung entspricht, so liegt auch sofort das
gegenseitige Bewußtsein von der Willenseinigung vor. Diese
zweite Erklärung erkennt also, was oben als Regel verworfen
wurde, in diesen Fällen wegen ihrer eigenthümlichen Beschaffenheit
als richtig an.

Beide Auffassungen kommen im praktischen Ergebniß nicht
ganz überein. Die erste verlegt den Zeitpunkt der Vertragsent=

stehung in den Moment, wo übungsgemäß eine ablehnende Antwort hätte eintreffen müssen, die zweite knüpft ihn schon an die
Annahme durch den Anerbotenen. Aus inneren und äußeren
Gründen schließe ich mich der letzteren an. Sie ist psychologisch
richtiger, stimmt mit der wirklichen Uebung im Leben, wonach
z. B. ein Schenkungsangebot unter Abwesenden schon mit der Annahme als unwiderruflich gilt und findet eine Anerkennung in
einer Stelle der Quellen, in der L. 2. §. 6 de donat. 39. 5:

> Sed si quis donaturus mihi pecuniam dederit alicui,
> ut ad me perferret, et ante mortuus erit, quam ad
> me perferat, non fieri pecuniam dominii mei constat
> (*Julian*).

Wir haben keinen Grund, dem „alicui" eine andere Eigenschaft beizumessen als die eines Boten. Ist das richtig, so beweist die Stelle unsern Satz; denn die Uebergabe des Gelds an
den Anerbotenen ist dem Juristen der entscheidende Wendepunkt.
Faßt man freilich die Mittelsperson als Stellvertreter, so fällt
die Beweiskraft dahin.

Mit dieser Auseinandersetzung erledigt sich auch der Einwand, daß das Erforderniß des gegenseitigen Bewußtseins nicht
für die Realkontrakte gelte. In den meisten Fällen wird der
Antrag zu einem Realkontrakt so beschaffen sein, daß das Erforderniß einer ausdrücklichen Annahmeerklärung wegfällt. Ich darf
voraussetzen, daß mein Freund das ihm zum Lesen zugesandte
Buch nicht zurückweist, daß der Gläubiger das ihm zur Sicherheit
angebotene Pfand annimmt. Wenn ich aber bei dem letztern
Angebot die Bedingung stelle, daß ein anderes vielleicht werth-
volleres Unterpfand freigegeben werde, so bin ich zu solcher Erwartung nicht berechtigt; dann kommt auch der Vertrag erst zu
Stande, wenn ich die Einwilligung des Gläubigers erfahre, und
es hat wenigstens meinem Gefühle nichts Widerstreitendes, daß
der Gläubiger befugt sein soll, seinen Genehmigungsbrief durch
ein überholendes Telegramm zu entkräften.

Manche Anhänger unserer Ansicht führen als zweite Beschränkung die Fälle an, wo das Anerbieten die ausdrückliche oder
stillschweigende Ermächtigung enthält, sofort demselben gemäß zu
handeln. Ein Beispiel in L. ult. §. 1. O. c. A. 44. 7:

> Seia . . . Lucio Titio salutem. Si in eodem animo

et eadem affectione circa me es, qui semper fuisti, ex
continenti acceptis litteris meis distracta re tua veni;
hoc (al. hic) tibi quamdiu vivam praestabo annos
decem; scio enim quod valde me ames.

Gewiß wäre es schreiende Ungerechtigkeit gewesen, wenn Seia
durch einen Widerruf, welcher erst nach dem Verkauf der
Güter des L. Titius eintraf, ihr Versprechen hätte entkräften
können. Auch würde in vielen Fällen der Auftrag seinen Zweck
verfehlen, wenn mit der Ausführung erst noch gewartet werden
müßte, z. B. bei dem Auftrag zum Ankauf von Waaren, welche
starken Kursschwankungen unterliegen.

Aber bedürfen wir um jene Unbilligkeit und diesen Mangel
abzuwenden der Annahme, daß der Vertrag schon mit der Genehmigung durch den Adressaten vollkommen werde? Man über-
sehe nicht, daß damit auch dem Letzteren der Rücktritt von der
einmal erklärten Einwilligung versagt wird, eine Folge, welche
sich für viele Fälle als große Härte darstellt. Das praktische
Bedürfniß erheischt nur, daß vom Moment, wo der Antrag dem
Anerbotenen zugekommen ist, der Antragende gebunden sei.
Und das ist auch die wirkliche Gestalt des juristischen Verhältnisses: bei Angeboten, welche zur sofortigen Ausführung des beabsichtigten Vertrags ermächtigen, ist ein Widerruf des Anbietenden vom Empfang des Angebots durch den Anerbotenen an
ausgeschlossen. Wie solcher Ausschluß juristisch zu erklären ist,
wie lange er dauert, diese Fragen werden passender an späterem
Ort beantwortet (vgl. §§. 12—14). Hier genügte zu zeigen, daß
eine Ausnahme von unserem Grundsatz nicht vorliegt. —

Dagegen können wir die Anerkennung einer solchen nicht
abweisen bei den Wechsel-, Ordre- und Inhaberpapierverträgen.
Das kann aber kaum ein Bedenken an der Richtigkeit unsrer Ansicht erwecken; denn diese Rechtsgeschäfte nehmen auch nach der
anderen Grundanschauung von der Vertragsvollendung eine Son-
derstellung im Gebiete des Vertragswesens ein, so sehr daß, wie
wir sahen, ihnen sogar das Bürgerrecht dortselbst bestritten wird.
(Vgl. auch Bluntschli Commentar zum privatrechtl. Gesetzbuch
des Kantons Zürich zu §. 904 Anm. 2.)

Innerhalb der Ansicht, daß der Vertrag erst vollendet werde, wenn die Erklärung der Annahme zur Kenntniß des Antragenden gelangt, kann man zweifelhaft sein, ob nicht die Wirkungen des zu Stande gekommenen Vertrags vom Zeitpunkt der Annahme, bestimmter der Abgabe der Annahmeerklärung behufs Absendung zu datiren seien. Nach dieser Auffassung würde eine Rückziehung der Vertragsvollendung eintreten analog der im römischen Recht bei der emtio rei speratae angenommenen (L. 8 pr. C. E. 18. 1). Die Frage ist nicht ganz ohne praktische Bedeutung. Man müßte z. B. bei einem Kaufabschluß unter Abwesenden die Gefahr der zufälligen Verschlechterung während der Zeit zwischen der Annahme und deren Kenntniß von Seite des Antragstellers dem Käufer zuweisen (arg. L. 8 pr. de peric. et comm. 18, 6); ferner den Altersvorzug eines brieflich bestellten Vertragspfands nach dem Zeitpunkt bestimmen, in dem der Verpfänder den Antrag des Gläubigers bejahend beantwortet hat u. s. w. Auch für die Frage, ob der Vertrag durch den vor der Vollendung eintretenden Tod des Annehmenden vereitelt werde, könnte man vielleicht diese Ansicht verwerthen, wie denn damit auch eine eigenthümliche Bestimmung über den Ort des Vertragsabschlusses im preußischen Entwurf eines Handelsgesetzbuchs (Art. 239, Abs. 1) in Verbindung gebracht wurde.

Innere Rechtsgründe stehen dieser Meinung nicht zur Seite. Die rückwirkende Kraft der erfüllten Bedingung kann ihr keinen Stützpunkt verleihen; denn von allem Andern abgesehen bildet das Eingelangen der Nachricht beim Antragsteller keine wahre Bedingung sondern ein gesetzliches Erforderniß für das Dasein des Vertrags. Kommen nun auch Beispiele für die Rückziehung der sog. conditio juris vor, wie die Bestimmung für die emtio rei speratae zeigt, so sind wir doch nicht berechtigt, diese vereinzelten Entscheidungen zur Regel zu erweitern. Als solche wird vielmehr immer der Satz anzusehen sein, daß die Wirkungen eines Geschäfts erst von dem Zeitpunkt datiren, da alle Voraussetzungen zu seiner Existenz eingetreten sind.

Denkbar wäre es, daß sich jene Auffassung im Verkehr als Gewohnheitsrecht herausgebildet hätte, und es würde einer solchen Annahme zur wesentlichen Unterstützung dienen, wenn gewichtige Gründe der Zweckmäßigkeit für die Rückziehung der Wirkung der

Vertragsvollendung sprächen. Aber auch diese fehlen, so weit ich das praktische Leben übersehen kann. Bei der Vollkommenheit der heutigen Verkehrsmittel haben es die Parteien in der Hand, den Zeitraum zwischen der Annahmeerklärung und der Vertrags=vollendung auf ein Geringes zurückzuführen, man verlangt oder giebt Antwort „per Draht". Vom gemeinrechtlichen Standpunkt aus finde ich den Satz von der rückwirkenden Kraft der Vertrags=vollendung nicht begründet. Wie es sich damit nach preußischem Recht und nach dem deutschen Handelsgesetzbuch verhalte, wird unten gezeigt werden.

§. 6.

Von der Vollendung des Vertragsabschlusses. — Fortsetzung.

Wir haben im Bisherigen die an die Spitze des vorigen Paragraphen gestellte Frage lediglich nach prinzipiellen Gesichts=punkten aus dem Wesen des Vertrags und seiner Bestandtheile zu lösen gesucht. Wie stellt sich die Beantwortung vom Stand=punkt des Verkehrslebens und des praktischen Bedürfnisses?

Da möchte für unsere Ansicht gewichtig in die Wagschale fallen, daß sich aus ihr der Zeitpunkt der Vertragsvollendung mit Sicherheit ergiebt, während er nach der gegentheiligen Mei=nung schwer festzustellen ist. Zeuge sind die verschiedenen An=sichten, welche darüber im andern Lager bestehen.

Man ist einverstanden, daß der Entschluß zur Annahme des Vertragsvorschlags geäußert sein muß. Man giebt ferner ziem=lich allgemein zu, daß die Erklärung der Annahme gerade gegen den Anbietenden abgegeben sein müsse (vgl. oben §. 2). Sollte nun genügen, daß der Anerbotene einem Angestellten den Auftrag gegeben hat, den Annahmebrief auszufertigen? Oder daß dieser geschrieben ist? Macht sich der Anerbotene eines Vertragsbruchs schuldig, wenn er den geschriebenen und gesiegelten Brief vielleicht auf dem Wege zur Post vernichtet und statt dessen eine ablehnende Antwort absendet? Auch die Uebergabe des Briefs an die Post oder den Boten bildet rechtlich keinen entscheidenden Wendepunkt. Noch immer ist der Brief der Verfügung des Anerbotenen unterworfen, er kann ihn zurückfordern, selbst noch am Ort der Adresse, so lange die Behändigung an den Adressaten noch nicht stattgefunden hat,

Identitätsbeweis natürlich vorausgesetzt. Soll aber ein Unter=
schied bestehen, ob die Mittheilung schriftlich geschieht oder mündlich
einem Boten bestellt wird? Ob dieß ein eigner Bote des An=
erbotenen oder der Bote des Antragstellers ist? Die Meinung,
welche die letztere Frage bejaht (z. B. Scheurl bei Jhering,
S. 258), beruht, wenn ich nicht irre, auf einer Verwechslung
zwischen Boten und Stellvertreter, zwischen thatsächlicher und ju=
ristischer Mitwirkung bei Rechtsgeschäften. Selbst wenn der
Bote, welcher den Antrag überbracht hat, zur Entgegennahme
der Antwort vom Anbietenden beauftragt sein sollte, ist er nur
Werkzeug für die Uebermittlung der Willenserklärung; die Er=
klärung an ihn steht rechtlich so wenig wie thatsächlich einer un=
mittelbaren Erklärung an den Antragsteller gleich. Kurz auf der
abschüssigen Bahn von der Fassung des Annahmeentschlusses bis
zu dessen Vernehmung durch den Anbietenden ist ein Ruhepunkt
erst an diesem Ende.

Als weiteres praktisches Bedenken kommt in Betracht, daß
die Aeußerungstheorie dem Anerbotenen die Möglichkeit abschneidet,
seine Einwilligungserklärung durch einen dieselbe über= oder ein=
holenden Widerruf zurückzunehmen. Wozu eine solche durch kein
berechtigtes Interesse gebotene Fessel des Verkehrs? Der prak=
tische Geschäftsmann wird sich mit dieser juristischen Anschauung
schwer befreunden.

Ich darf indeß eine Schwierigkeit nicht verschweigen, welche
mit der Vernehmungstheorie verbunden ist. Es wird damit dem
Antragsteller eine gewisse Willkür über die Vollendung des Ver=
trags eingeräumt, er kann sich vor dem Boten verschließen, er
kann den Brief des Anerbotenen uneröffnet liegen lassen.

Darüber ist zu bemerken: Die Hinausschiebung der Ver=
tragsvollendung wird in den meisten Fällen nur im Interesse
des Annehmenden sein, der dadurch Zeit zur Einbringung eines
allenfallsigen Widerrufs gewinnt, während umgekehrt der Antrag=
steller daraus keinen Vortheil zieht, zumal wenn er durch sein
Angebot schon gebunden ist (§. 13). Damit soll freilich für jene
Willkür nicht jede Gefahr in Abrede gestellt werden; es kann z. B.
der Antragsteller, welcher in dem Geschäfte die Rolle des Käufers
haben würde, durch die Verzögerung der Vertragsvollendung
dem Verkäufer auf längere Zeit die Gefahr bezüglich des in=

dividuellen Kaufgegenstandes überbürden. Gibt es dagegen keine Hilfe?

Bekker (II. S. 402. 413) verweist den geschädigten Vertragstheil auf die actio doli (arg. L. 34 de dolo malo 4, 3. L. 16. §. 1 praescr. verb. 19, 5). Das Unzureichende dieses Schutzes springt sofort in die Augen, weniger wegen der beschränkten Vererblichkeit dieser Klage, was Windscheid (P. §. 307 Note 2) allein betont, als aus folgenden zwei Gründen. Vor Allem muß dabei der geschädigte Vertragstheil den Beweis übernehmen, daß sein Gegner arglistig gehandelt. Dann wird mit diesem Rechtsmittel der Annehmende gegen die Folgen einer blosen Nachlässigkeit des Anbietenden überhaupt nicht gedeckt, geschweige denn gegen den Nachtheil aus einem in der Person des Letztern liegenden Zufall z. B. wenn sich dessen Kenntnißnahme durch Krankheit oder Abwesenheit verzögert. Und doch fordert der Verkehr eine Sicherung des Annehmenden nach allen diesen Richtungen.

Weit befriedigender schon ist die Lösung, welche Jhering (Jahrb. für Dogmatik Bd. IV. Abh. 1) bietet. Er leitet den Schutz des Annehmenden her aus einer Haftung des Anbietenden für die Folgen der Vertragseinleitung, soweit sie in seiner Person ihren Grund haben. Damit ist der richtige Weg angedeutet. Indem aber Jhering diese Haftung auf eine Verschuldung sog. culpa in contrahendo zurückführt, wird auch seine Rechtshilfe unzureichend, selbst wenn man den Verschuldungsbegriff auf die Streckmaschine bringt, mittelst deren Jhering allerdings Ueberraschendes leistet. Hiebei soll dem Verfasser nicht im Mindesten das Verdienst geschmälert sein, die Frage zuerst umfassend gestellt und mit ebenso viel Scharfsinn als Gründlichkeit untersucht zu haben.

Eine wahre Befriedigung sowohl des juristischen Gewissens als des Verkehrsbedürfnisses bietet nur die Unterstellung eines stillschweigenden Garantievertrags, welcher sich an die Stellung des Angebots und dessen Empfang durch den Anerbotenen knüpft (Windscheid a. a. O.). Inhalt desselben bildet die Verpflichtung des Anbietenden zum Schadenersatz für den Fall, daß die durch den Vertragsantrag in dem Anerbotenen wohlbegründete Aussicht auf das Zustandekommen des Vertrags durch einen in der Person des Antragstellers eintretenden verschuldeten oder nichtverschuldeten Umstand vereitelt wird. Damit soll der Anerbotene aber nur gedeckt werden gegen den Nachtheil, welcher ihm durch das Einlassen auf die Vertragsunterhandlungen und das Rechnen auf die Entstehung des Vertrags zugegangen ist, und auch dagegen nur soweit als er die Zerschlagung des Geschäfts nicht voraussehen konnte; den Widerruf des Angebots z. B. muß er als Möglichkeit sofort in Berechnung ziehen. M. a. W. der Anerbotene soll erhalten, was er haben würde, falls in ihm die gerechtfertigte Erwartung auf das Zustandekommen des Vertrags nicht erweckt worden wäre (Jhering: negatives Vertragsinteresse), nicht aber was er haben würde, wenn der Vertrag zu Stande gekommen wäre (positives Vertragsinteresse).

Ist diese Unterstellung nicht zu gewagt? Ich meine, was redliche und umsichtige Vertragstheile ausdrücklich verabreden, das darf anderwärts als stillschweigende Uebereinkunft angenommen werden. Das deutsche H.G.B. entgeht dieser Schwierigkeit, indem es auf Kosten der juristischen Folgerichtigkeit das bloße Eingelangen der zustimmenden Antwort beim Anbietenden zur Vertragsvollendung genügen läßt; die Ausdrücke „Eingang, Eintreffen, Ankommen, Zugehen" (Art. 319. 320) sind wörtlich zu verstehen (Hahn, Commentar zu Art. 319, §. 11. Art. 320, §. 2). —

Was wir der Vernehmungstheorie bisher als Vorzug angerechnet haben, daß sie dem Anerbotenen die Möglichkeit des Widerrufs seiner Erklärung eröffnet, darin hat man umgekehrt gerade eine sehr bedenkliche Folge derselben gefunden, eine Gefahr für den Antragsteller. Damit, sagt man, wird der schlechten Spekulation des einen Theils auf Kosten des andern Thür und Thor geöffnet. Jeder, dem ein Antrag gemacht ist, wird natürlich bei Geltung eines solchen Rechtssatzes immer sofort mit gewöhnlicher Beförderungsgelegenheit eine Annahmeerklärung absenden, um nach Gestalt der Umstände es dabei zu belassen oder in zwölfter Stunde telegraphisch den Widerruf zu erklären (Thöl Handelsr. I. §. 57 Note v. S. 372 der 4. Aufl. Die Polemik des Verfassers ist zunächst gegen die von unsrer Ansicht etwas abweichenden Grundsätze des deutschen H.G.B. gerichtet, trifft aber in diesem Punkt auch uns).

Ich halte diesen Vorwurf für unbegründet. Allerdings kommt der Anerbotene in eine günstigere Lage, er kann den gefaßten Entschluß noch ändern, was ihm die gegentheilige Ansicht verschließt. Darin liegt aber keine positive Schädigung des Anbietenden, da ein rechtzeitiger Widerruf ihn nicht schlimmer stellt, als wenn von Anfang die Ablehnung erfolgt wäre. Daß sich der Anerbotene nicht sofort gegen den Vorschlag entschieden hat, ist Zufall. Warum soll dieser gerade dem Anbietenden zu gute kommen? Ist es doch gerade so wie wenn Jemand bei unmittelbarer mündlicher Mittheilung im Sprechen seinen Entschluß ändert. Erst mit dem Moment, wo der Antragsteller die Entscheidung des Anerbotenen erfahren hat, ändert sich die Sachlage; von jetzt an wird jener mit Rücksicht auf die geschehene Annahme oder Ablehnung seine Verfügungen treffen; einen Widerruf, welcher erst nach diesem Zeitpunkt eintrifft, wirken zu lassen, das enthielte eine Benachtheiligung des Anbietenden.

Es scheint mir ferner gegen die Bedenken Thöl's Folgendes geltend gemacht werden zu können. Wer auf ein Angebot hin einen Zusagebrief der Post übergibt in der Absicht, sich gegebenen Falls noch in entgegengesetzter Richtung zu entschließen, der hat im Grunde vorerst eine Erklärung ohne den entsprechenden Willen abgegeben. Erst dann, wenn er sich im letzten Moment für die Annahme entscheidet, verbindet sich sein Wille mit der Erklärung. In andern Fall bleibt sie nackte Erklärung, deren Inhaltlosigkeit nur durch ausdrücklichen Widerruf außer Zweifel gestellt werden muß (Vgl. oben §. 4). Ich kann nicht absehen, daß solches Verfahren für den Verkehr gefährlich ist, da der Anerbotene bis zu diesem Zeitpunkt mit der Antwort hätte zuwarten können und da sich der Anbietende durch ein einfaches Mittel gegen diese „schlechte Spekulation" schützen kann, er verlangt Antwort „per Draht"*).

§. 7.

Von der Vollendung des Vertragsabschlusses. — Fortsetzung.

Was die Quellen des römischen Rechts über die gegenwärtige Frage enthalten, ist bereits erwähnt. (S. 14 fg.). Weitere Entscheidungen finden sich darüber nicht, obwohl bei einer Reihe

---

*) Nachdem das Obenstehende bereits geschrieben war, erhielt ich Kenntniß von der ähnlichen Widerlegung Thöl's durch Hahn, Commentar zu Art. 320 §. 5.

von Verträgen der Abschluß unter Abwesenden zulässig war
(Gai. III. 238. L. 2 pr. pact. 2, 14. L. 14. §. 3. L. 24.
L. 27 pecun. const. 13, 5. L. 1. §. 1 mand. 17, 1. L. 4 pr.
pro soc. 17. 2. L. 1. §. 2. C. F. 18, 1. L. 2. §. 2. O. e. A.
44. 7. C. 9 si quis alteri 4. 50). Freilich beruft man sich
dies= und jenseits auf eine Anzahl von Stellen, deren Beweis=
kraft aber bei genauerer Betrachtung dahinfällt.

Um nur der wichtigern zu gedenken, so stellt Haſſe auf
L. 1 de pact. 2, 14 ab, in welcher das Weſen des Vertrags
im Allgemeinen umſchrieben wird. Da ist aber nur ſo viel
richtig, daß die hier gegebene Begriffsbeſtimmung mit Haſſe's
Anſicht wohl vereinbar iſt, mit der entgegengeſetzten aber nicht
minder.

Für die letztere findet Jhering (in ſeinen Jahrb. IV.
S. 86 und 91 Note 94) einen beſonders ſchlagenden Beleg in
L. ult. commun. praed. 8, 1. Wie mir ſcheint, nicht mit
beſſerem Grund, was in Folgendem bewieſen werden ſoll. Die
Stelle lautet:

Paulus libro I. Manualium. — Receptum est, ut plures
domini, et non pariter cedentes, servitutes imponant
vel acquirant, ut tamen ex novissimo actu etiam
superiores confirmentur perindeque sit, atque si eodem
tempore omnes cessissent. Et ideo si is, qui primus
cessit, vel defunctus sit vel alio genere vel alio modo
partem suam alienaverit (1), post deinde socius ces-
serit, nihil agetur: quum enim postremus cedat, non
retro acquiri servitus videtur, sed perinde habetur
atque si, quum postremus cedat, omnes cessissent:
igitur sursus hic actus pendebit, donec novus socius
cedat. Idem juris est, et si uni ex dominis cedatur,
deinde in persona socii aliquid horum acciderit. Ergo
et ex diverso si ei, qui non cessit, aliquid tale eorum
contigerit, ex integro omnes cedere debebunt: tantum
enim tempus eis remissum est, quo dare facere possunt (2) vel diversis temporibus possint: et ideo non
potest uni vel unus cedere (3). Idemque dicendum
est, et si alter cedat, alter leget servitutes; nam si
omnes socii legent servitutes et pariter eorum adea-

> tur hereditas, potest dici utile esse legatum; si diversis temporibus, inutiliter dies legati cedit; nec enim sicut viventium ita et defunctorum actus suspendi receptum est.

Vor Allem eine Bemerkung über den Text. So wie er handschriftlich überliefert ist, unterliegt er an mehreren Stellen wesentlichen Bedenken. Hierauf beziehen sich die eingefügten Ziffern.

1) Die Worte vel alio genere — alienaverit schließen sich nicht logisch an das vorausgehende defunctus sit an; der Tod ist kein genus alienationis. Dann liegt in den Worten alio genere vel alio modo eine schwülstige Tautologie. Der Text wird klar, sobald wir die letztangeführten Worte streichen; ich halte sie für ein eingeschlichenes Glossem. Dagegen wird nicht geholfen, wenn man mit Haloander blos vel alio genere streicht, oder mit Mommsen (in seiner Digestenausgabe) so ergänzt: vel alio genere in bona ejus successum sit vel alio modo partem suam alienaverit.

2) Nach possunt scheint ein ut ausgefallen zu sein, was gar nicht sehr auffallend (unt = ut). Mit dieser Ergänzung erhält nicht blos der Conjunctiv possint seine Erklärung, sondern die Stelle gewinnt auch an logischem Gefüge. Dagegen kann ich dem Vorschlag Mommsen's, statt quo dare facere possunt vel zu lesen quod dare facere possunt ut — nicht beitreten.

3) Auch der Satz et ideo . . . cedere ist verstümmelt. Er wird vollkommen, sobald man hinter uni ein cedi einfügt. So auch Mommsen. Oder sollte Paulus geschrieben haben: et ideo non potest uni vel unus cedi vel cedere? —

Paulus, welcher im ersten Buch der Manualien sich vorwiegend mit der Servitutenlehre beschäftigte (vgl. Fragm. Vat. §§. 46—50. L. 27 quib. mod. ususfr. 7, 4. L. 39. S. P. U. 8, 2. L. 38. S. P. R. 8, 3. L. 26 de stipul. serv. 45, 3), handelt in unsrer Stelle von der Servitutbestellung durch in jure cessio und zwar in dem Fall, da das dienende oder herrschende Grundstück im Miteigenthum steht. Ein Miteigenthümer kann für sich an der gemeinsamen Sache weder eine Grunddienstbarkeit noch einen Usus bestellen; wenigstens entspringt daraus keine dingliche Wirkung wegen der Untheilbarkeit der Servituten

(L. 2 de servit. S. 1. L. 34 pr. S. P. R. S. 3). Wahrschein=
lich mußten nach älterem Recht sämmtliche Miteigenthümer die
in jure cessio in einem Akte vornehmen. Erst durch die spätere
minder formalistische Jurisprudenz gelangte die Möglichkeit ge=
trennter Bestellung zur Anerkennung. Auf diese Entwicklung
weisen die Anfangsworte receptum est hin. Zur Zeit des
jüngeren Celsus hatte sich die mildere Ansicht schon unbezweifelte
Geltung verschafft (L. 11 S. P. R. S. 3). Die alte Anschauung
wirkte aber insofern nach, daß man fingirte, sämmtliche Ces=
sionsakte hätten in Einem Zeitpunkt stattgefunden und zwar
zu der Zeit, als der letzte Miteigenthümer die in jure cessio
vollzog (perinde habetur atque si quum postremus cedat, omnes
cessissent; man vgl. damit L. 11 cit. und L. 6 §. 2 comm.
praed., welche letztere Stelle aber die Begründung einer Servitut
durch Vorbehalt bei der Uebereignung im Auge hat.) Für solche
Fiction fehlt indeß der Boden, wenn nicht bei allen Cedenten
die zur Bestellung erforderlichen Voraussetzungen noch zur Zeit
des letzten Cessionsakts vorhanden sind, sei es, daß die subjective
(Willensfähigkeit) oder objective Vorbedingung (Eigenthum am
betreffenden Grundstück L. 1. §. 1. L. 5 pr. i. f. L. 8 comm.
praed.) weggefallen ist.

Aus diesem Grund sagt Paulus, die Erkräftigung der
älteren Cessionsakte werde vereitelt, wenn zur Zeit der letzten
Cessionshandlung ein bisheriger Miteigenthümer durch Tod oder
Veräußerung seines Eigenthumsantheils die Befähigung verloren
hat (et ideo si is qui primus cessit rlq.). Die fiktive Einheit
des Bestellungsakts wird so streng festgehalten, daß die früheren
Cessionsakte auch dann kraftlos werden, wenn ein Miteigen=
thümer wegfällt, welcher noch nicht cedirt hat (ergo et ex di=
verso rlq.). Man scheint sich sämmtliche Miteigenthümer als
eine Gemeinschaft gedacht zu haben, welche durch den Wechsel
eines Mitglieds eine andere wird; danach mußten dann die
früheren Cessionsakte als von anderen Berechtigten ausgegangen
betrachtet werden, eine freilich — wenn meine Vermuthung über=
haupt richtig ist — höchst subtile Auffassung.

Wie es sich damit auch verhalten mag, unverkennbar ist
die ganze Entscheidung von einer gewissen Formstrenge beherrscht,
der Formalakt (legis actio) spielt dabei eine maßgebende Rolle.

Schon darum scheint es nicht unbedenklich, hieraus auf den formlosen Vertragsabschluß eine Folgerung zu ziehen. Aber auch abgesehen davon würde die Stelle im Jhering'schen Sinn nur dann beweisend sein, wenn sie besagte, daß ein Miteigen=thümer, welcher den Cessionsakt vorgenommen hat, durch jede irgendwie wenn nur der Cession sämmtlicher Mitglieder voraus=gehende Willensänderung die Entstehung der Servitut hindern könne. Die mittelbare willkürliche Vereitlung durch die Antheils=veräußerung mit der unmittelbaren durch Widerruf auf eine Linie zu stellen, ist schon an sich gewagt, wird aber vollends be=denklich durch den Schluß der L. 11 S. P. R. cit.:

> Benignius tamen dicetur et antequam novissimus cesserit, eos qui antea cesserunt, vetare uti cesso jure non posse.

Endlich darf auch nicht übersehen werden, daß ein Unter=schied ist zwischen dem Verhältnisse mehrerer Miteigenthümer, welche Eine Partei bilden, und dem Verhältniß des Antrag=stellers zum Anerbotenen.

§. 8.
Von der Vollendung des Vertragsabschlusses. — Schluß.

Zur Vervollständigung unserer Untersuchung müssen wir unseren Blick noch auf die gemeinrechtliche Praxis und Literatur sowie auf die neuere Gesetzgebung richten. Niemand wird hier eine erschöpfende Darstellung erwarten; man wird gerechtfertigt finden, wenn jeder der drei Factoren in seinen wichtigsten Er=scheinungen vorgeführt wird.

A. Die Praxis

ist in unsrer Frage so gespalten wie die Theorie, so daß man nicht wagen darf, von einer herrschenden Ansicht zu sprechen. Nach den Mittheilungen in Seuffert's Archiv für oberst=richterliche Entscheidungen haben sich ausgesprochen

1) Für die Aeußerungstheorie: O.A.G. in Rostock (VII. 16) Oberhofgericht in Mannheim (XVI. 203). Das Erkenntniß des Kassations= und Revisionshofs in Berlin vom 29. März 1834 (Arch. II. 160) entscheidet nicht über den Zeitpunkt sondern den Ort des

Vertragsabschlusses. Ein Schluß von dem Einen auf das Andere
ist aber nicht so ganz sicher, wie die Art. 237—239 des preußischen Entwurfs eines Handelsgesetzbuchs zeigen. Gewiß aber
darf man nicht hieher stellen eine Entscheidung des O.A.G. in
Lübeck (XIV. 15), wo die Aeusserungstheorie nur als die dem
abgewiesenen Theil günstigste Ansicht zu Grunde gelegt wird,
um die volle Grundlosigkeit seines Anspruchs darzuthun.

2) Für die Vernehmungstheorie: Obertribunal in Stuttgart
(I. 194. VIII. 24) O.A.G. in Kassel (III. 19) O.A.G. in Lübeck
(III. 310. V. 116).

B. Literatur.

In einem vielverbreiteten Handbuch, in Thöl's Handelsrecht Bd. I. §. 57 Note 13 der 4. Aufl. findet sich in über-
sichtlicher Gruppirung eine reiche Literaturangabe, welche für die
italienische und französische Literatur eine Ergänzung findet bei
Serafini a. a. O. §. 19. Hiezu nur eine Nachlese.

Thöl theilt zweckmäßig die Schriftsteller über unsern Gegenstand in drei Gruppen, indem neben den bisher von uns berück-
sichtigten Hauptgegensätzen der Aeusserungs- und Vernehmungstheorie noch eine Mittelmeinung Vertretung gefunden hat, welche
füglich die gemischte Theorie genannt werden kann.

1) Für die Aeusserungstheorie führt Thöl 11 Schriftsteller
an, darunter Savigny. Auf denselben beruft sich Bekker für
die entgegengesetzte Ansicht. In der That ist nicht so ganz unzweifelhaft, auf welcher Seite Savigny steht. Im System
Bd. III. S. 308 heißt es:

> „Sie (die vertragschließenden Theile) müssen sich die-
> ser Uebereinstimmung bewußt geworden sein,
> das heißt der Wille muß gegenseitig erklärt worden sein,
> da der blos gefaßte aber heimlich gehaltene Beschluß
> nicht als Bestandtheil eines Vertrags gelten kann."

Aehnlich in Vermischten Schriften Bd. I. S. 206:

> „Das Wesen der Verträge besteht in einem überein-
> stimmenden Wollen, dessen Uebereinstimmung
> gegenseitig zum Bewußtsein gekommen ist."

Dagegen findet sich im System Bd. VIII. S. 235 f. nachstehende Aeusserung:

„Der Vertrag (ist) da geschlossen, wo der erste Brief empfangen und von dem Empfänger die zustimmende Antwort abgesendet wird; denn an diesem Ort ist es zu einer übereinstimmenden Willenserklärung gekommen."

Dabei wird Bezug genommen auf Schriftsteller, welche den Vertrag mit der Erklärung der Annahme vollendet ansehen. Eine ähnliche Aeusserung ebendaselbst S. 257. Hat Savigny seine Ansicht geändert? Oder schwebte ihm eine Unterscheidung vor ähnlich wie sie jetzt das deutsche Handelsgesetz getroffen hat?

Den Anhängern der Aeusserungstheorie reihen sich noch an:

Holzschuher, Theorie und Kasuistik Bd. III. §. 236 und bei= stimmend, jedoch nur aus Zweckmäßigkeitsgründen, der Heraus= geber der 3. Auflage dieses Werks

Kuntze (a. a. O. S. 309—311).

Sintenis, gemeines praktisches Civilrecht Bd. II. §. 96 Note 14.

Serafini a. a. O. namentlich §. 20.

Kent, Commentaries on American law 5th edit. II. p. 477 u. 6.

2) Für die Vernehmungstheorie zählt Thöl 7 Schriftsteller auf, welchen noch beizugesellen sind:

Arndts, Pandekten §. 231. Anm. 3.

Brinkmann, Lehrbuch des Handelsrechts §. 24 bei Note 32.

Kuntze, Inhaberpapiere §. 81.

Bekker a. a. O.

Würth (Generalprocurator in Gent), Discours de rentrée. Gand 1862 p. 23 sq. (ich citire nach dem folgenden Schrift= steller, da mir der Discours nicht zugänglich war).

Mittermaier im civil. Archiv Bd. 46 S. 13.

Dahn in Bluntschli's deutschem Privatrecht §. 149. In neuester Zeit (Zeitschr. für Handelsr. IX. Abh. 6) hat Dahn eine Schwenkung nach der andern Seite gemacht, so daß er jetzt der folgenden dritten Gruppe zugezählt werden muß.

3) Die gemischte Theorie vertheidigen von neuern Schrift= stellern:

Keller, Pandekten §. 223. S. 443 der 1. Aufl., welcher überhaupt keine durchgreifende Regel für unsere Frage anerkennen sondern die Beschaffenheit des einzelnen Falls ent= scheiden lassen will, und in eigenthümlicher Weise

Windscheid, Pand. §. 305 307, §. 321 a. E.
Nach ihm soll der Vertrag zur Vollendung gelangen, sobald der
Antrag vom Anerbotenen angenommen ist, gleichviel ob der-
selbe vom künftigen Gläubiger ausgeht (die Erklärung des
Gläubigerwillens enthält) oder vom künftigen Schuldner (die
Erklärung des Schuldnerwillens enthält). Nur wird der Anstoß
desjenigen, welcher Gläubiger werden soll, im Zweifel als bloße
Anfrage, nicht als Antrag aufzufassen sein, so daß allerdings behufs Entstehung des Vertrags die Zustimmung des Angefragten
dem Anfragenden zur Kenntniß kommen muß, weil die Zustimmung erst das Angebot und ihre Vernehmung durch den andern
Theil die Vorbedingung für die Annahme enthält. Nun gibt
es Vertragsvorschläge, welche auch zugleich auf Berechtigung und
Verpflichtung des Anbietenden gerichtet sind — sie bilden, wie
wir hinzufügen dürfen, die überwiegende Mehrzahl. Nach der
regelmäßigen Gestalt eines solchen Antrags enthält die zustimmende Antwort des Adressaten theils Annahme theils Angebot,
Annahme des Verpflichtungsangebots des Anstoßgebers, Angebot
einer eignen Verpflichtung des Antwortenden. Darum ist sofort
mit der zustimmenden Antwort der Anstoßgeber gebunden, der
Antwortende aber erst, wenn jener die Antwort erfahren hat;
es entsteht m. a. W. ein sog. hinkender Vertrag. Wenn jedoch
ausnahmsweise der Vertragsvorschlag ebenso die Erklärung des
Gläubigerwillens wie des Schuldnerwillens enthält, dann wird
der Vertrag mit der Annahmeerklärung vollkommen.

Ich bedauere, daß ich die Hoffnung des Verfassers, durch
seine Unterscheidung die Lehre zu einem befriedigenden Abschluß
zu bringen, meines Theils zerstören muß. Es ist eine willkürliche Annahme, daß der Anstoß des künftigen Gläubigers regelmäßig nur den Character einer Anfrage habe. Diese Auffassung
muß namentlich für die römische Stipulation entschieden bestritten
werden; denn hienach fiele der eine Theil der Formalität, die
Frage, außerhalb des Vertragsschlusses und dagegen würde ein
Bestandtheil des letzteren, die Annahme, formlos sein. Nicht
minder unhaltbar scheint mir die Windscheid'sche Auffassung
in Anwendung auf die Vorschläge zum Abschluß eines auf beider-
seitige Verpflichtung gerichteten Vertrags. Sollte in der That
bei solchen Vorschlägen eine verschiedene Bedeutung der beiden

Bestandtheile der regelmäßigen Absicht ihrer Urheber entsprechen, sollten sie zwar von dem entschiedenen Schuldner= nicht aber Gläubigerwillen erfüllt sein? Windscheid sucht durch diesen unannehmbaren Ausweg einem Bedürfniß des Verkehrs entgegenzukommen, welches die Aeußerungstheorie unbefriedigt läßt. Wir werden sehen, daß dieser Zweck auf eine einfachere juristisch weit mehr zusagende und der Verkehrsauffassung entsprechendere Weise zu erreichen ist (vgl. §. 13), und wollen an diesem Ort nur noch bemerken, daß das deutsche Handelsgesetzbuch die Windscheid'sche Unterscheidung nichts weniger als sanktionirt hat (vgl. unten Lit. C. Ziff. 5).

Stubenrauch, allgemeine österreichische Gerichtszeitung Jahrg. 1860 Nr. 130 und 131

gibt eine bloße Berichterstattung über die Abhandlungen von Scheurl und Bekker ohne Begründung einer eigenen Ansicht.

C. Neuere Gesetzgebung.

1) Das allgemeine Landrecht für die preußischen Staaten scheint auf den ersten Blick die Aeußerungstheorie zu enthalten. Die §§. 79 und 80 Tit. 5 Thl. I. bestimmen:

> Durch die Annahme eines gültigen Versprechens wird der Vertrag geschlossen.

> Der Augenblick, in welchem die Annahme gehörig erklärt worden, bestimmt also auch den Zeitpunkt des geschlossenen Vertrags.

Allein diese Vorschriften haben nur den gewöhnlichen Fall im Auge d. h. den Vertragsschluß unter Anwesenden. Aus den §§. 97—105 geht hervor, daß Verträge unter Abwesenden nicht schon durch die Absendung der Annahmeerklärung sondern erst durch das Eingelangen derselben beim Anbietenden vollendet werden. Unzweideutig ist §. 105. Nachdem im Voraufgehenden dem Antragsteller die Verpflichtung auferlegt ist, einen Rücktritt vom Antrag dem Anerbotenen ausdrücklich zu erklären, wenn innerhalb der festgesetzten Frist eine Antwort auf das Angebot nicht eingetroffen ist, heißt es im §. 105:

> Hat er dieses unterlassen, und es findet sich in der Folge, daß der Andere seine Annahme wirklich zu rechter Zeit erklärt habe, so muß er demselben

für den Schaden, welcher aus den zur Erfül=
lung des Vertrags gemachten Anstalten in der
Zwischenzeit erwachsen ist, gerecht werden.

Es wird also trotz rechtzeitiger Erklärung der Annahme der Ver=
trag als vereitelt angesehen. Damit steht §. 102 nicht in Widerspruch:

In allen Fällen, wo nicht ein Andres ausdrücklich be=
stimmt ist, wird dafür gehalten, daß die Annahme in
dem Zeitpunkt geschehen sei, wo der Annehmende Alles
gethan hatte, was von seiner Seite zur Bekanntmachung
seiner Erklärung an den Antragenden erforderlich war.

Dieser §. bestimmt nicht die Voraussetzungen, unter welchen
ein Vertrag als vollendet anzusehen ist, sondern nur eine Rück=
ziehung der Wirkungen des vollendeten Vertrags (vgl. §. 5 a. E.).
Dieß ist auch die Meinung von Bornemann, systemat. Dar=
stellung des preußischen Civilrechts Bd. II. §. 140 Ziff. 4 und
Koch, Recht der Forderungen nach gemeinem und preußischem
Recht Bd. II. §. 73. III.

Auf demselben Standpunkt steht

2) das allgemeine österreichische bürgerliche Gesetzbuch.
Nach §. 862 ist ein unter Abwesenden gemachtes Versprechen er=
loschen, wenn nicht binnen der zur zweimaligen Beantwortung
erforderlichen Frist die Annahme erfolgt und dem Anbieten=
den bekannt gemacht worden ist. Hiezu bemerkt Stuben=
rauch (Kommentar zum allg. bürgerl. Gesetzb. Bd. III. S. 9),
es komme überall nur auf das Einlangen der Antwort, nicht
auf die Kenntnißnahme derselben von Seite des Promittenten
(Anbietenden) an, unter Bezugnahme auf §. 1311: „Der bloße
Zufall trifft denjenigen, in dessen Person oder Vermögen er sich
ereignet". Wie dagegen Stubenrauch später (in der allg.
österr. Gerichtszeitung a. a. O.) sich der Ansicht zuneigen konnte,
daß das bürgerl. G.B. die Annahme als den entscheidenden Zeit=
punkt betrachte, kann ich nicht einsehen.

3) In der bestimmtesten Fassung enthält die Vernehmungs=
theorie das privatrechtliche Gesetzbuch für den Kanton Zürich
(vom J. 1855).

§. 904. In der Regel wirkt die Erklärung (in Ver=
trägen) erst dann rechtsverbindlich, wenn dieselbe dem
andern Kontrahenten mitgetheilt worden ist.

§. 906: Wird die Unterhandlung nicht von den gegenwärtigen Parteien oder ihren Vertretern, sondern durch
Briefe oder Boten geführt, so kommt in der Regel der
Vertrag erst in dem Moment zum Abschluß, in welchem
die Annahme des Antrags dem Antragsteller zur Kenntniß
gebracht worden, z. B. der zustimmende Brief an die
Adresse gelangt ist.

4) Das bürgerliche Gesetzbuch für das Königreich Sachsen
schreibt §. 815 vor:

Willenserklärungen an Abwesende sind als geschehen zu
betrachten, wenn sie an den Abwesenden gelangt
sind.

5) Ob auch das deutsche Handelsgesetzbuch unter die
Gesetzgebungen gestellt werden darf, welche die Vernehmungs-
theorie zur Geltung gebracht haben, ist bestritten. Nach Art. 320
Abs. 2 soll

die Annahme (eines Vertragsvorschlags) für nicht geschehen zu erachten sein, wenn der Widerruf noch vor
der Erklärung der Annahme oder zu gleicher Zeit mit
derselben bei dem Antragsteller eingegangen ist.

Dazu verfügt aber Art. 321:

Ist ein unter Abwesenden verhandelter Vertrag zu Stande
gekommen, so gilt der Zeitpunkt, in welchem die Erklärung der Annahme behufs der Absendung abgegeben ist,
als der Zeitpunkt des Abschlusses des Vertrags.

Diese Bestimmungen lassen eine verschiedene Auffassung des
Gesammtverhältnisses zu.

a) Der Vertrag wird zwar erst vollendet, wenn die Nachricht
von der Annahme dem Antragsteller zugekommen ist, aber die
Wirkungen des zu Stande gekommenen Vertrags werden auf den
Zeitpunkt der Absendung der Annahmeerklärung zurückbezogen.
Danach würde das H.G.B. der Vernehmungstheorie beipflichten
mit der oben (§. 5 a. E.) erwähnten vom allgemeinen Stand-
punkte abgelehnten Einschränkung.

b) Der Vertrag gilt mit der Erklärung der Annahme behufs
Absendung geschlossen, wird aber wieder gelöst, wenn entweder
die Annahmeerklärung innerhalb der Zeit der Gebundenheit des
Antragstellers nicht ankommt und von diesem der Rücktritt er-

klärt wird, oder wenn ein Widerruf der Annahme mindestens gleichzeitig mit dieser beim Antragenden einlangt. Der aus der Abgabe der Annahmeerklärung hervorgehende Vertrag würde sich hienach als ein auf gesetzlicher Resolutivbedingung ruhender darstellen.

Im Schoße der Nürnberger Konferenzen hat

c) noch eine dritte Meinung Vertreter gefunden, welche den Gesichtspunkt der aufschiebenden und auflösenden Bedingung vereinigend das rechtzeitige Eintreffen der Annahmeerklärung als Suspensivbedingung fassen, der Annahmeerklärung aber die Resolutivbedingung unterstellen will, daß ein Widerruf vor Ankunft der Nachricht von der Annahme nicht eingehe.

Daß die letztere Auffassung unannehmbar ist, da ein Haus nicht zugleich stehen und nicht stehen kann, bedarf keiner weiteren Begründung. Bleiben sonach nur die beiden ersten Erklärungen. Hievon empfiehlt sich die zweite ungleich weniger. Die Thatsachen, unter welchen das Geschäft als vereitelt gelten soll, gehören nach der ganzen Fassung des Gesetzes zu den Elementen und zwar zu den negativen Elementen der Vertragsbegründung. Man vgl. die Worte in Art. 319 Abs. 2:

„so besteht der Vertrag nicht"; in Art. 321:

„Ist ein unter Abwesenden verhandelter Vertrag zu Stande gekommen".

Die Möglichkeit des Widerrufs erklärt sich hienach von selbst.

Wir können nach dem Angeführten nicht zweifelhaft sein, welche Zurechtlegung wir für die richtige zu halten haben. Zwar hat sich die Auffassung ad b des Beifalls der Mehrheit in der Konferenz zu erfreuen gehabt (Protokolle S. 577 und 1362). Das kann uns aber nicht irre machen. Die rechtliche Konstruction bildet keinen Bestandtheil des Gesetzes, weil keinen Gegenstand der Gesetzgebung. Mit der hier vertretenen Auffassung stimmen überein Thöl, Handelsr. §. 57 a. S. 371 der 4. Aufl. und Hahn, Kommentar zu Art. 321 §. 1.

Neben diesen Gesetzbüchern kommen drei Gesetzesentwürfe in Betracht, nämlich

6) der Entwurf eines Gesetzbuchs für das Königreich Bayern. Im Art. 7 des II. Theils heißt es:

Die Willenseinigung der Parteien ... (muß) zur beiderseitigen Kenntniß gelangt (sein).

Die Art. 12—14 enthalten einige Beschränkungen dieser Regel im Sinn unsrer obigen Ausführungen.

7) Der Entwurf eines schweizerischen Handelsrechts bestimmt Art. 208:

> Wird die Unterhandlung nicht von gegenwärtigen Parteien oder ihren Vertretern sondern unter Entfernten geführt, so kommt der Vertrag erst in dem Moment zum Abschluß, in welchem die Annahme des Antrags dem Antragsteller zur Kenntniß gebracht, z. B. der zustimmende Brief an die Adresse gelangt ist.

8) Der Entwurf eines für die deutschen Bundesstaaten gemeinsamen Gesetzes über Schuldverhältnisse hat in unsrer Frage ganz und gar die Vorschriften des deutschen Handelsgesetzbuchs angenommen. Vgl. die Art. 44—49.

Endlich mag noch erwähnt werden, daß das Handelsgesetzbuch für Buenos-Aires vom 6. Oktober 1859 im Art. 204 die Vernehmungstheorie entgegen dem sonst nachgebildeten spanischen und portugiesischen Handelsrecht vollständig aufgenommen hat. (Vgl. Dr. Franz Mittermaier in Zeitschr. für Handelsr. VI. S. 127).

Bei solcher seltnen Uebereinstimmung der neuern Gesetzgebung ist wohl kein Zweifel, worauf das praktische Bedürfniß hinführt. Wenn gleichwohl die Rechtsprechung noch schwankend ist, so ist dieß ein Beleg, welche Macht auch eine falsche Theorie zu üben vermag.

———

Der abgeschlossene Schuldvertrag ist das Ergebniß einer Mehrheit von Handlungen, deren Zahl sich verschieden stellen kann. Wesentlich sind davon nur Angebot und Annahme. Zwischen sie können sich Verhandlungen über das Angebot schieben, die sog. Unterhandlungen oder Traktate. Wird endlich deren Ergebniß vorläufig aufgezeichnet, so liegen sog. Punktationen vor.

Von diesen Abschnitten in der Entstehung des Schuldvertrags soll jetzt im Einzelnen gehandelt werden.

———

I. Angebot und Annahme.

Thöl, Handelsrecht Bd. I. §§. 57 und 57 a.
Bekker in seinem Jahrbuch Bd. II. S. 355 fg.
Koch, Recht der Forderungen nach gemeinem und preußischem
   Recht Bd. II. §§. 71—74.

A. Angebot.

§. 9.

Begriff und Erfordernisse.

Den ersten Schritt zum Vertrag bildet der Vorschlag des
einen Theils zur Eingehung desselben, Angebot, Antrag, Propo=
sition, Offerte. Erst diese Handlung hat rechtliche Bedeutung;
vorgängige Anfragen und Besprechungen sind rechtlich betrachtet
noch nicht einmal ein Schritt zum Vertragsabschluß.

Der Antrag zu einem einseitigen Schuldvertrag kann eben=
sowohl von demjenigen ausgehen, welcher dadurch berechtigt wer=
den soll, als von dem künftigen Verpflichteten. Das Letztere bildet
heutzutage den regelmäßigen Fall, die Bezeichnung Angebot paßt
streng genommen nur hierauf. Daß aber auch die Aufforderung
zu einem Versprechen, wenn sie nur sonst alle wesentlichen Er=
fordernisse vereinigt, einen wirklichen Antrag enthält, ergibt sich
daraus, daß die Zusage des Angefragten den Vertrag zur Voll=
endung bringt. Beispiele: die römische Stipulatio (vgl. S. 42 u.),
die meisten Aufforderungen zum Abschluß einer einseitigen Obli=
gatio mit möglicher Gegenseitigkeit (Leih=, Hinterlegungs=, Auf=
tragsvertrag), der Wechselacceptationsvertrag u. s. w. Man vgl.
auch das preußische Landrecht Thl. 1. Tit. 5 §. 82:

> Wenn das, was der eine Theil fordert oder verlangt,
> von dem Andern bewilligt worden, so bedarf es von
> Seite des Ersteren keiner besonderen Annahme.

Man hat dieß aus einer in der Anfrage stillschweigend enthaltenen eventuellen Annahme der Zusage erklärt, z. B. *Hugo Grotius* de jure belli ac pacis Lib. II. cap. XI. §. 14: Praecedens
rogatio vim habere acceptationis intelligitur. Das ist willkürlich. Ebenso wenig kann als Regel aufgestellt werden, daß
der Anstoß von Seite des künftigen Gläubigers nicht die Bedeutung eines Antrags habe, und noch bedenklicher ist es, aus dieser
vermeintlichen Regel Folgerungen auf den rechtlichen Character
des Vorschlags zu einem gegenseitigen Schuldvertrag zu ziehen
(vgl. S. 42). —

Die Frage, ob das Angebot einer bestimmten Form bedürfe,
löst sich aus seiner Natur als Bestandtheil des Vertragsabschlusses.
Da bei den heutigen Verträgen die Formlosigkeit die Regel bildet,
so genießt auch das Angebot der Regel nach volle Freiheit in
formeller Hinsicht: es kann unter An= und Abwesenden, mündlich
oder schriftlich, persönlich oder durch Boten, durch Brief oder
telegraphische Mittheilung gestellt werden.

Was die materiellen Erfordernisse anlangt so muß der An=
trag vor Allem ernstlich und in bindender Absicht gestellt
sein. Der Anbietende muß den Willen haben, auf die von ihm
angegebenen Bedingungen sofort den Vertrag mit dem Aner=
botenen abzuschließen. Aus diesem Grunde war die Entscheidung
des O.A.G. zu Dresden bei S e u f f e r t IV. 33 nicht blos ein
billiger Schutz des Beklagten gegen Ueberrumpelung sondern nach
strengem Recht begründet.

Mit der Ernstlichkeit hängt das andere Erforderniß zusam=
men, daß das Angebot an denjenigen gerichtet sei, mit welchem
der Anbietende den Vertrag einzugehen beabsichtigt, darum aber
nicht gerade an eine bestimmte Person (§. 2). Was fehlt zur
Gültigkeit des Angebots, wenn Jemand im Wirthshaus öffentlich
seine Uhr um einen bestimmten Preis ausbietet? (A. M. Bekker
a. a. O. und J h e r i n g in seinen Jahrbüchern VII. S. 173
und 380). Doch ist so viel zuzugeben, daß die Unbestimmtheit
des Angebots hinsichtlich des Anerbotenen in den meisten Fällen
auf den Mangel der ernstlichen Absicht schließen läßt, mit jedem

den Vertrag einzugehen, welcher die gestellten Bedingungen an=
nimmt. Dieß wird überall zutreffen, wo nach der Natur des
vorgeschlagenen Geschäfts dem Anbietenden die Persönlichkeit des
andern Vertragstheils nicht gleichgültig ist, wenn dessen Zahlungs=
fähigkeit, Kredit, guter Ruf, anständiges Verhalten u. s. w. in
Betracht kommt. Der Hauseigenthümer, welcher in einem öffent=
lichen Blatt seine Wohnung zu einem bestimmten Preise aus=
bietet, stellt so wenig ein Angebot als die Versicherungsgesellschaft,
welche ihre Aufnahmebedingungen veröffentlicht. Ebenso erzeugt
die öffentliche Ankündigung der Theater=, Konzert=, Ball=, Eisen=
bahn=, Post= und Omnibusunternehmer, der Inhaber von Bade=
und Leihanstalten u. s. w. kein Recht auf Verabfolgung eines
Billets u. s. w. Der Unternehmer kann abgesehen von polizei=
lichen Beschränkungen, worunter auch die Vorschrift des Art. 422
des deutschen H.G.B. gehört, jeden sich Meldenden nach freier
Willkür zurückweisen (A. M. aus ungenügenden Gründen Koch,
Stadtrichter in Berlin, Centralorgan für d. H.= u. W.=R. N. F.
Bd. III. S. 40—47). Eine solche an das ganze Publikum ge=
richtete Aufforderung ist nur eine Einladung zur Stellung von
Angeboten, nicht selbst Angebot. Nur jenen Zweck hat der An=
kündigende im Auge; seine Absicht aber bestimmt die rechtliche
Bedeutung der Aufforderung. Aus diesem Grunde ist die Un=
verbindlichkeit weder ein nothwendiges noch eigenthümliches Merk=
mal der persönlich unbestimmten Aufforderungen zur Eingehung
von Verträgen. Die Versicherungsgesellschaft, welche ihre Auf=
nahmsbedingungen Jemandem zusendet, beabsichtigt damit keines=
wegs ein Angebot.

Diese Betrachtung führt uns auf das Erforderniß der Voll=
ständigkeit. Sollen alle Fälle darunter begriffen werden, so
müssen wir dieses Merkmal dahin umschreiben, daß durch die
Antwort des Anerbotenen der Vertrag vollkommen werde, mithin
über alle wesentlichen Punkte des Vertrags eine Einigung vor=
liege. Man sagt, es müsse das einfache Ja des Anerbotenen
genügen (Thöl). Das ist zu eng. Kann doch bei einer Ver=
steigerung das Ausgebot der Sache einen wirklichen Antrag ent=
halten (vgl. §. 33). Und wenn heutzutage ein Kaufvertrag möglich
ist, wobei einem Vertragstheil die Bestimmung des Preises über=
lassen wird (Arndts, Pand. §. 300 Anm. 3 und Windscheid,

Pand. §. 386 Note 6, wogegen freilich Thöl, Handelsr. §. 64
Ziff. 1 a. E.): warum soll ein ähnliches Vertragsangebot unverbindlich sein?

Aber auch hier müssen wir einräumen, daß Angebote der
vorbeschriebenen Art nur zu den seltenen Erscheinungen gehören
und daß regelmäßig ein wirkliches Angebot nicht gewollt sein wird,
wenn Waare oder Preis, bei generellen Gegenständen Quantität
oder Qualität in der Aufforderung zum Vertragsabschluß nicht
genau bestimmt, wenn ferner die Zahl der beabsichtigten Ver-
tragsschlüsse ungemessen ist. Aus diesen Gründen sind von den
Angeboten zu unterscheiden eine Reihe von öffentlichen oder pri-
vaten Ankündigungen von Geschäftsleuten, nicht blos allgemeine
Empfehlungen, wie z. B. man werde alle vorhandenen Artikel
zu den billigsten Preisen um die Hälfte des Ankaufspreises ab-
lassen, sondern auch die Veröffentlichung oder Zusendung von
Preisverzeichnissen, die Verkaufsanzeige einzelner Waaren mit
bestimmter Preisangabe, die Bekanntmachung eines Fahrtarifs
u. s. w. (Seuffert XVII. 20). Oder sollte ein Kaufmann durch
eine öffentliche Anzeige verpflichtet werden, jede beliebige Quantität abzulassen? Zu dem angegebenen Preise, auch wenn die
Waare mittlerweise gestiegen ist? An jede Person, welche sich
meldet, auch an einen Geschäftskonkurrenten? (Jhering, Rechtsfälle Nr. XX.). Sollte er wirklich die Absicht gehabt haben, sich
nach allen diesen Richtungen die Hände zu binden? (Vgl. auch
Jhering in seinen Jahrb. IV. S. 95. VII. S. 174 fg. 380).

Diese regelmäßigen Fälle hat Art. 337 des deutschen H.G.B.
im Auge:

> Das Anerbieten zum Verkauf, welches erkennbar für
> mehrere Personen, insbesondere durch Mittheilung von
> Preislisten, Lagerverzeichnissen, Proben und Mustern ge-
> schieht, oder bei welchem die Waare, der Preis oder die
> Menge nicht bestimmt bezeichnet ist, ist kein verbindlicher
> Antrag zum Kauf.

Eine unbedingte maßgebende Vorschrift will damit nicht aufgestellt werden.

Es kann Jemand durch die Weigerung des Ankündigenden,
den Vertrag mit ihm einzugehen, in Schaden kommen. Ist dieser
ersatzpflichtig? Ich glaube nein, es seien denn die Voraussetzungen

4 *

der actio doli gegeben. Die Anzeige kann nur als ein Rath an das Publikum betrachtet werden, sich z. B. mit Waaren dieser Art um die beigefügten Preise zu versehen; es entscheidet demnach der Grundsatz: Consilii non fraudulenti nulla obligatio est; ceterum si dolus et calliditas intercessit, de dolo actio competit. L. 17 pr. R. J. 50, 17 (Jhering in seinen Jahrb. IV. S. 96).

§. 10.
Die Einladung zur Aktienzeichnung ein Angebot?

Ob das Ausgebot bei Versteigerungen einen wirklichen An= trag in sich schließe, wird unten (§. 33) den Gegenstand ein= gehender Untersuchung bilden. Hier soll die gleiche Frage für die Einladung zur Betheiligung bei einer zu gründenden Aktien= gesellschaft geprüft werden. Dabei ist jedoch folgende Bemerkung vorauszuschicken. Die Aufforderung zur Aktienzeichnung ist ganz gewöhnlich von einem Programm oder Prospekt begleitet, in welchem die Einladenden, Unternehmer oder Gründungscomité, über den Zweck und Umfang der Unternehmung, über Größe und Art des aufzubringenden Kapitals u. s. w. Aufklärung geben. Insofern hierin auch Bestimmungen über die aus der Einladung und Be= theiligungserklärung hervorgehenden Rechtsverhältnisse enthalten sind, fallen die jetzt zu begründenden rechtlichen Grundsätze hin= weg, da diese nur die Bedeutung einer ergänzenden Rechtsregel haben.

Ein oberstrichterliches Urtheil bei Seuffert XI. 217 stellt die Aufforderung der Unternehmer mit einer Auslobung auf gleiche Linie. Ich halte das hinsichtlich der öffentlichen Einladungen für unrichtig.

Wer das Publikum zur Theilnahme an einer beabsichtigten Aktienunternehmung einladet, den Gründungsplan bekannt gibt, Listen zur Zeichnung von Aktien auflegt: der übernimmt keine Verpflichtung, jeden sich Meldenden mit jedem beliebigen Betrag zuzulassen. Auch wenn in der öffentlichen Aufforderung darüber nichts enthalten sein sollte, kann der Unternehmer willkürlich Jeden zurückweisen, er kann jetzt noch das Unternehmen ganz aufgeben, den Gründungsplan ändern, wofern er dieß nur rechtzeitig zur Kenntniß der Zeichnungslustigen bringt. Er ist mit einem Wort durch seine Aufforderung noch gar nicht gebunden, da sie nur eine Einladung zur Stellung von Angeboten enthält, keineswegs „die im Voraus erklärte Annahme der dem veröffentlichten oder mitgetheilten Plane gemäß zu gebenden Zusagen".

Anders, wenn die Einladungen an bestimmte Personen gerichtet werden. Hier fehlt nichts zu einem gültigen Angebot, namentlich nicht die Absicht des Unternehmers mit dem Adressaten abzuschließen. (Ebenso Obertribunal zu Berlin bei Seuffert XVI. 216.)

Schwierigkeit macht ferner die Frage, ob in der wirklichen Zeichnung ein Vertragsabschluß liegt, welcher einerseits den Zeichner zur Zahlung des gezeichneten Aktienbetrags verpflichtet, andrerseits ihm ein nicht willkürlich entziehbares Recht auf Theilnahme am Aktienverein gibt.

Zuweilen enthält die Einladung zur Zeichnung oder der Gründungsplan darüber eine unzweideutige Bestimmung (vgl. solche Prospekte bei Renaud, Recht der Aktiengesellschaften S. 224 N. 4 und 5). Da ist aller Zweifel gehoben, denn die Einladung sammt Beilagen bildet die lex contractus zwischen Unternehmer und Zeichner. In den meisten Fällen fehlt solche Vorsicht. Die Meinungen der Rechtslehrer sind sehr verschieden. (Ausführliche Mittheilung bei Renaud a. a. O. S. 188 fg.) Hier nur Folgendes.

Jolly (Zeitschr. für deutsches Recht XI. S. 354) erblickt in der Zeichnung ein bloses Vertragsangebot, welches erst durch die Annahme von Seite der Unternehmer und durch die Benachrichtigung der Zeichner hievon zum Vertrag werde. Vorher seien weder Zeichner noch Unternehmer gebunden. Bestimmend ist für Jolly vorzüglich das Recht der Letzteren, bei vorliegender Ueberzeichnung die Betheiligungsanmeldungen nach beliebigem Maßstab zu kürzen. Aber sollte nicht das argumentum a contrario gerade auf das Gegentheil führen? Haben die Unternehmer auch ohne Ueberzeichnung oder über dieselbe hinaus das Recht Zeichnungen zu kürzen oder zu streichen? Und angenommen, die Einladenden werden durch die Zeichnung nicht gebunden, so folgt daraus keineswegs, daß auch den Zeichnern noch das Rücktrittsrecht willkürlich zustehe. Der Grundsatz, daß die Rechte beider Theile gleich seien, ist im Vertragsrecht und namentlich im Handelsrecht mannigfach durchbrochen. Wir werden uns an einem andern Ort (§. 13) überzeugen, daß der Antragende gebunden sein kann, während der Anerbotene noch freie Wahl zwischen Annahme und Ablehnung hat. Könnte nicht das in der Aktienzeichnung liegende Angebot die Bedeutung haben, daß es den Anbietenden, nicht den Anerbotenen verpflichtet? Verlangt man endlich zur verbindlichen Kraft der Zeichnung eine besonders kund zu gebende Annahme der Anmeldungen durch die Unternehmer, so bleibt noch die Frage zu erledigen, wodurch diese erfolgt. Durch Zustellung von Aktienpromessen? Durch besondere Bekanntmachung? Durch die Gründung des Aktienvereins? Durch Aushändigung der Aktienscheine?

Zu einem andern Ergebniß gelangt Renaud a. a. O. Er nimmt an, daß durch die Aktienzeichnung ein Vertragsverhältniß begründet werde zwischen den Unternehmern einerseits und jedem einzelnen Zeichner, nicht aber zwischen den Zeichnern unter sich. Der Vertrag sei ein einseitiger, denn nur die Zeichner würden verpflichtet und zwar auf Zahlung der zugesagten Beiträge zum Grundkapital; aber diese Verpflichtung sei bedingt durch das Zustandekommen der Gesellschaft und durch die Gewährung entsprechender Aktienrechte. Berechtigt werden aus diesem Vertrag nicht die Unternehmer sondern unmittelbar die in Bildung begriffene Aktiengesellschaft; sie habe sofort nach ihrer Entstehung gegen die Zeichner aus dem fraglichen Vertrag actio directa, nicht cessa oder utilis. Die Zeichnung enthalte ein Versprechen der Zeichner zu Handen der Unternehmer, aber zu Gunsten des künftigen Vereins. Deßhalb entspringe daraus kein Rechtsanspruch gegen den Aktienverein, da Jemand durch den Vertrag eines Dritten, der nicht Stellvertreter ist, nur berechtigt, nicht verpflichtet werden könne. Auch die Unternehmer würden, abgesehen von einer betrügerischen Handlungsweise, den Zeichnern nicht verpflichtet, ausgenommen wenn aus der Einladung oder dem derselben zu Grunde liegenden Programm die Absicht der Unternehmer erhelle, „den Subscribenten eine auf deren Theilnahme am projectirten Aktienverein gerichtete Zusage zu geben", z. B. wenn sie in der Einladung ihre eigene Betheiligung an dem Unternehmen erklären. Der hieraus entspringende Vertrag sei aber selbständig gegenüber dem zwischen den Zeichnern und dem Aktienverein entstehenden.

Auch diese Auffassung scheint mir unhaltbar. Ich kann mir denken, daß Jemand als Stellvertreter und sei es auch nur als negotiorum gestor sich für einen Andern ein Versprechen geben läßt, woraus er selbst weder berechtigt, noch verpflichtet wird, sondern der Vertretene, bei unbeauftragter Vertretung durch Genehmigung. Aber unmöglich ist m. E. ein Vertrag, welcher nicht in Vertretung sondern nur zum Vortheil eines Dritten geschlossen und wobei dennoch der das Versprechen Entgegennehmende nicht berechtigt wird. Da schwebt doch die Verpflichtung des andern Theils in der Luft; denn mögen wir ein bindendes Angebot oder einen wirklichen Vertrag annehmen, so können wir eines gegenwärtig Berechtigten und sei es auch nur bedingt Berechtigten nicht entbehren. Ferner entspricht, so viel ich zu beurtheilen vermag, der Anschauung des Verkehrs nicht, daß die Unternehmer, auf deren Wort hin der Zeichner die Verpflichtung übernimmt, vertragsmäßig der Regel nach nicht haften sollen, auch dann nicht, wenn sie in unentschuldbarem Leichtsinn die Entstehung der Gesellschaft vereitelt haben.

Ansprechender ist die Ausführung Witte's (Zeitschr. für Handelsr. VIII. S. 20—25), daß durch die Zeichnung ein Gesellschaftsvertrag zwischen den Unternehmern und den Zeichnern begründet werde, dessen Zweck die Gründung des Aktienvereins ist. Und doch kann ich mich auch mit dieser Auffassung nicht vollkommen befreunden, nicht darum, weil der einzelne Zeichner von der Zahl und Person seiner Mitkontrahenten keine Kenntniß hat, was für mich kein Hinderniß wäre, sondern wegen des unsicheren Bestandes des Gesellschaftsverhältnisses (Aufhebung durch Tod und einseitige Kündigung eines Mitgliedes) und ganz besonders, weil in Ermangelung der Thätigkeit der Unternehmer zur Begründung des Vereins der einzelne Zeichner gar keinen Anspruch gegen seinen Mitzeichner auf Haltung des gegebenen Versprechens und auf Mitwirkung zur Ausführung des Unternehmens hat. Wenn man ferner die Rechte des Aktienvereins gegen die Zeichner auf eine gleichviel ob wirkliche oder fingirte Cession der Rechte aller Socii gegen den einzelnen Socius stützt, so wird man kaum die Folge ablehnen können, daß der vorgängige Widerspruch eines Gesellschafters die Durchführung stören kann.

Ich glaube, es läßt sich im Anschluß an Renaud's Ansicht

eine befriedigende Erklärung des rechtlichen Verhältnisses in Frage
gewinnen. Richtig ist, daß der Zeichner durch seine Unterschrift
die Verpflichtung zur Zahlung der gezeichneten Summe über=
nimmt. Richtig, daß die Erfüllung dieses Versprechens, nicht
das Versprechen selbst, bedingt ist durch die Entstehung des be=
absichtigten Vereins; die sofortige Anzahlung gewisser Prozente
bei der Zeichnung hat in Ermangelung entgegengesetzter Bestim=
mung im Programm den Character einer Kaution, so daß sich
die Unternehmer wegen des von ihnen behufs der Gründung ge=
machten Aufwandes regelmäßig nicht an die Zeichner oder die
von ihnen erlegten Prozente halten können. Es ist ferner richtig,
daß die Zeichner unter sich in keine vertragsmäßige Verbindung
treten, und daß die Unternehmer, indem sie sich das Versprechen
ablegen lassen, nicht als bloße Stellvertreter der noch nicht vor=
handenen Person handeln; denn um diese ins Leben zu rufen,
müssen die Verpflichtungen auf die Kapitalsbeiträge schon begründet
sein. Da aber die letzteren nicht an die Unternehmer geleistet
werden, so stellt sich das Geschäft unter den rechtlichen Gesichts=
punkt eines Vertrags zu Gunsten eines Dritten. Ein solcher
Vertrag kann aber nur so gedacht werden, daß derjenige zunächst
berechtigt wird, welcher das Versprechen entgegennimmt; er ist
Subject der Obligatio. Der Dritte hat eine rein passive Rolle,
er soll vermöge des Rechts eines Andern etwas bekommen, er ist
blos Destinatär, vergleichbar dem solutionis causa adjectus;
man könnte ihn einen in rem suam solutionis causa adjectus
nennen. Die Klage, welche ihm regelmäßig gegen den Versprechen=
den zugestanden wird, ist keine andere als die des Empfängers
des Versprechens, welche der Dritte nur auf Grund ausdrücklicher
oder stillschweigender Uebertragung hat, eine actio mandata oder
utilis. Folgerecht können die Vertragschließenden durch entgegen=
gesetztes Uebereinkommen das Geschäft rückgängig machen, so lange
nicht der Schuldner geleistet oder einen damit gleichstehenden Ver=
trag mit dem Dritten abgeschlossen hat (Seuffert XVI. 38).
Eine singuläre Erscheinung liegt hier überall nicht vor. Man
vgl. die überzeugenden Ausführungen von Bähr in den Jahrb.
für die Dogmatik des Privatrechts VI. S. 133 fg.

Diesen rechtlichen Character hat der Vertrag, welcher durch
die Betheiligungserklärung zwischen jedem Zeichner und den Unter=

nehmern begründet wird. Hieraus haben die Letzteren und nur
sie ein eigenes Recht gegen die Zeichner auf Zahlung, der Aktien=
verein kann nur als Cessionar klagen. Die Unternehmer haben
auch die Befugniß, die Zeichner ihrer Verpflichtung zu entlassen,
wobei eine für sich bestehende Frage ist, ob sie nicht hieraus den
andern Zeichnern haftbar werden. Erst mit der Entstehung des
Vereins endigt die Einwirkung der Unternehmer, mit diesem Mo=
ment gelten ihre Rechte endgültig auf jenen übertragen. In
vielen Fällen wird der Verein von seiner Befugniß, auf Einzah=
lung der gezeichneten Beträge zu klagen, keinen Gebrauch machen.
Er wird sich namentlich wenn bei der Zeichnung schon eine An=
zahlung geschehen ist, mit deren Verfall begnügen und die Aktie
anderweit zur Veräußerung bringen. Doch steht sein Recht zu
jener Klage, gegentheilige Bestimmung in dem Prospektus vorbe=
halten, außer Frage (Seuffert XVI. 216).

Nach unsrer Auffassung gewinnen wir auch festen Boden
und synallagmatischen Zusammenhang für die Verpflichtung der
Unternehmer gegenüber den Zeichnern; sie ist nur die andere Seite
derselben Obligatio, zwar nicht nothwendiger aber doch regel=
mäßiger Bestandtheil derselben, da sie eintritt, wenn nicht das
Gegentheil in der Einladung oder dem Gründungsplan bedungen
ist. Diese Verpflichtung geht auf Ergreifung der erforderlichen
Maßnahmen zur vollständigen Begründung des Vereins und auf
Verschaffung von Aktien, beim Nichtzustandekommen Rückgabe der
allenfallsigen Anzahlungen, in jedem Fall Ersatz jedes verschuldeten
Schadens, wofür bei den nicht pecuniär betheiligten Unternehmern
die Analogie des Mandates spricht.

Gegen den Aktienverein selbst haben die Zeichner unmittelbar
keine Klage auf Aushändigung von Aktien. Gegen positiven Schaden
sind sie durch exceptio non adimpleti contractus allenfalls ge=
deckt. Doch nicht ganz; da eine Vorenthaltung der Aktien nur bei
günstigem Stand des Unternehmens eintreten wird, so ist jener
Schutz unzureichend, der Zeichner will Ausantwortung einer Aktie
und eventuell Ersatz des entgehenden Gewinnes. Aber auch dafür
fehlt es nicht an rechtlicher Auskunft. Die Unternehmer stehen
zum Aktienverein im Verhältniß von negotiorum gestores (a. M.
Renaud a. a. O. S. 199 unten, welcher übersieht, daß der sub=
stitutus pupilli zur Zeit der Geschäftsführung als Erbe noch nicht

vorhanden ist). Durch den Eintritt in die Rechte ist der Verein den Unternehmern gegenüber verpflichtet, sie in ihren behufs Gründung des Vereins eingegangenen Verbindlichkeiten zu vertreten, und kann dazu mit actio negotiorum gestorum contraria angehalten werden. Auf Abtretung dieser Klage hat der einzelne Zeichner vermöge seines Anspruchs gegen die Unternehmer ein Recht und ist auf diese mittelbare Weise in der Lage, sein volles Interesse gegen den Verein selbst zu verfolgen.

Bei Alledem ist aber noch unentschieden, in welchem Zeitpunkt der Vertrag zwischen den Unternehmern und Zeichnern zur Vollendung kommt, genauer: wann jede Partei als gebunden anzusehen ist.

Da ist denn kein Zweifel, daß der Zeichner sofort durch seine Betheiligungserklärung verhaftet wird, nicht weil darin die Annahme eines Angebots liegt, wogegen wir uns oben aussprachen, sondern trotzdem daß sie nur ein Angebot, nur freilich ein den willkürlichen Rücktritt ausschließendes Angebot ist.

Hieraus ist kein bündiger Schluß auf die Zeit der Verpflichtung der Unternehmer zulässig. Man ist geneigt, in der Zulassung der einzelnen Person zur Zeichnung eine Annahme des Angebots zu erblicken. Eine Betrachtung des regelmäßigen Herganges bei der Aktienzeichnung macht diese Auffassung bedenklich. Gewöhnlich werden an verschiedenen Orten Listen zur Einzeichnung der Betheiligungslustigen aufgelegt. Die Gesammtheit der Unternehmer kann nicht die Anmeldungen überwachen, und die Unbestimmtheit der zur Zeichnung kommenden Personen verbietet eine ausreichende Unterrichtung der für jede Liste aufgestellten Vertreter der Unternehmer hinsichtlich derjenigen Personen, welche von der Zeichnung ausgeschlossen werden sollen. Kann man bei so bewandten Umständen in der Nichtverhinderung der Anmeldung eine Genehmigung des Angebots erblicken? Andererseits läßt sich ein berechtigtes Interesse der Unternehmer an der Entscheidung über die Anerkennung oder Verwerfung der Anmeldungen nicht verkennen; man will zahlungsunfähige oder sogar der Zahlungsunfähigkeit verdächtige Personen, notorische Störenfriede, Mitglieder eines Konkurrenzunternehmens u. s. w. wenigstens für jetzt fern halten. Und doch können auch die Zeichnungen nicht auf unbestimmte Zeit der Willkür der Unternehmer unterworfen bleiben, zumal der Anspruch auf eine Aktie oft schon bald einen ansehnlichen Vermögenswerth erhält.

Die beiderseitigen Interessen finden eine befriedigende Ausgleichung in der Bestimmung, daß alle diejenigen Anmeldungen als genehmigt gelten, deren Verwerfung nicht längstens bis zur Gründung des Vereins den Zeichnern kund gegeben ist. Dieß bildet ja den Grenzpunkt für das Verfügungsrecht der Unternehmer (S. 57). Ist schon in einem frühern Akt des Gründungscomité ausdrücklich oder auf schlüssige Weise eine Annahme ausgesprochen, so fällt selbstverständlich das Recht späterer Verwerfung hinweg.

Für die Richtigkeit dieses Satzes kann ich mich allerdings nicht auf äußere Autoritäten berufen. Die meisten Subscriptionseinladungen schweigen über diesen Punkt; indeß wird meine Aufstellung durch zwei Prospekte (bei Renaud a. a. O. S. 224) bestätigt, durch keinen mir bekannt gewordenen widerlegt. Da das Rechtsverhältniß in diesem Stadium nur selten der richterlichen Beurtheilung unterworfen wird, so besteht keine Gerichtspraxis hierüber. Die Gesetzgebungen sind über die aus der Zeichnung entspringenden Rechtsverhältnisse größtentheils stumm. Einläßliche Bestimmungen enthielt der Entwurf eines bürgerlichen Gesetzbuchs für das Königreich Sachsen §. 1351. Bekanntlich giengen aber diese sowie alle übrigen mit dem Handelsrecht zusammenhängenden Vorschriften des Entwurfs nicht in das geltende Gesetzbuch über. Ein Antrag auf Regelung dieser Punkte von einem Mitglied der Nürnberger Konferenz gestellt fand die Billigung der Mehrheit nicht, indem man davon ausgieng, daß die desfallsigen Fragen aus dem allgemeinen Civilrecht zu lösen seien (Sitzungs-Protokolle S. 317—319. 373. 379). So findet sich in den Gesetzen nur die Bestimmung, daß die Aktienzeichnung die Unterschreibenden verpflichte.

Deutsches H.G.B. Art. 220 Abs. 1.   Art. 222 Abs. 2.

Zürcher privatr. G.B. §. 1350.

Berner Gesetz über Aktiengesellschaften Art. 8.

Schweizerischer Handelsrechtsentwurf Art. 133.

Delamarre et *Le Poitvin*, traité de droit commercial T. I. n⁰. 104—108.

Das Angebot ist zwar kein Rechtsgeschäft, wohl aber Element eines solchen und darum rechtlich nicht bedeutungslos. Knüpft sich aber an dasselbe die Begründung eines wirklichen Rechts auf der einen und einer wahren Pflicht auf der andern Seite?

Betrachten wir diese Frage zunächst vom Standpunkt des Anerbotenen, so eröffnet ihm das Angebot nur die Möglichkeit, durch seine Zustimmungserklärung den Vertrag ins Leben zu rufen, wie die Erbschaftsantragung die Möglichkeit des Erbschafts= erwerbs. Die Möglichkeit ist für den Anerbotenen nur Befugniß, nicht Pflicht, und gibt ihm wie die Berufung dem freiwilligen Erben die Wahl zwischen Annahme und Ablehnung. Die An= tragstellung legt aber auch sonst dem Anerbotenen keine Ver= bindlichkeit auf: nicht die zur Antwort — wobei die Frage noch offen bleibt, ob Stillschweigen nicht unter Umständen für Annahme gilt —, nicht die zur Annahme oder Aufbewahrung oder Rück= sendung von Waaren, welche als Vertragsgegenstand oder Muster mit dem Angebot zugesandt werden (Bücher vom Buchhändler, Lotterieloose, Kommissionswaaren u. s. w.). Dieser Satz ist als Regel kaum zu bestreiten. Niemand kann durch sein einseitiges Vorgehen einen Andern zu einer Thätigkeit zwingen (L. 74. R. I. 50, 17). Daraus folgt vor Allem das Recht der Annahme= verweigerung unbestellt zugesandter Waaren. Oder soll der Kauf= mann bei allen solchen Zusendungen Fracht Zoll und etwaige sonstige Kosten einstweilen bestreiten und zusehen, wie er zum Ersatz seiner Auslagen kommt? Wenn aus der Zurückweisung dem Anbietenden Nachtheile entstehen, so hat er sie selbst ver= schuldet; seine Sache war es, entweder vor der Versendung an= zufragen oder für gehörige Rücklieferung im Fall der Nichtan= nahme Sorge zu tragen.

Selbst die Unterlassung sofortiger Zurückweisung ist für den Anerbotenen ohne verpflichtende Folgen, wenn er vom Inhalt der Sendung bei ihrer Ablieferung keine Kenntniß hatte. Der Brief spielt mir das Lotterieloos in die Hand ohne daß mein Wille auf

dessen Annahme gerichtet wäre; ich stehe zu ihm in demselben
Verhältnisse wie zu einer Sache, welche ohne mein Wissen in
meiner Behausung hinterlegt oder mir heimlich in die Tasche gesteckt wird. Was auch immer der Geleitbrief darüber enthalten
mag, ich überkomme eine Pflicht zur Aufbewahrung oder Rücksendung weder als Mandatar noch als Depositar, denn es fehlt
mein Wille in dieses Rechtsverhältniß einzutreten, und nicht einmal aus dem Gesichtspunkt der negotiorum gestio kann solche
Verbindlichkeit hergeleitet werden, weil auch dazu wenigstens der
auf Uebernahme des Geschäfts gerichtete Wille gehört. Der Empfänger haftet nur nach den Grundsätzen der Aquilischen Verschuldung (L. 14. §. 3 praescr. verb. 19, 5), und abgesehen von
einer solchen kann er nur mit Rei Vindicatio oder im Fall der
Verzehrung der Waaren mit condictio sine causa belangt werden
(L. 4. §. 2. L. 12. L. 13 pr. §. 1. R. C. 12, 1). Diese Grundsätze sind in einer Reihe oberstrichterlicher Entscheidungen anerkannt: O.A.G. in Lübeck (bei Thöl, Entscheidungen des O.A.G.'s
der vier freien Städte, Nr. 31 — auch abgedruckt bei Seuffert
V. 7 — Nr. 34 Ziff. 3); O.A.G. in Jena (bei Seuffert
VII. 97); O.A.G. in Dresden (Erk. vom 28. Mai 1863 in
Zeitschr. für Handelsr. IX. S. 182, in theilweiser Beschränkung
eines frühern Ausspruchs vom 18. Oktober 1859 in derselben
Zeitschr. IV. S. 395). Nicht abweichend Kassationshof in Wol-
fenbüttel (in Zeitschr. für Handelsr. IV. S. 397); die Entscheidung erklärt sich aus der „zugestandenen Annahme der Bücher“,
worüber sofort Genaueres.

Die rechtliche Lage des Empfängers ändert sich, wenn er,
obwohl zur Ablehnung des Angebots entschlossen, sich dennoch der
Sorge für Aufbewahrung oder Rücksendung unterzieht, oder wenn
er die Waaren auch nur in der Absicht annimmt sie zu prüfen,
um sich danach seinen Entschluß hinsichtlich des Antrags zu bilden.

Im ersten Fall wird er negotiorum gestor, jedoch mit Beschränkung der Haftung für Arglist und grobe Nachlässigkeit, da
die Einmischung nur zur Schadenabwendung erfolgt (L. 3. §. 9
neg. gest. 3, 5). Im zweiten entsteht durch die Annahme der
Waaren ein Vertragsverhältniß zwischen beiden Theilen, bestimmter
ein unbenannter Kontrakt. Der Anbietende sendet die Waaren
zur Prüfung unter dem weiteren alternativen Antrag, daß sie

der Anerbotene entweder in Genehmigung des vorgeschlagenen
Geschäfts behalte oder für ihn einstweilen aufbewahre, nach Ge=
stalt der Umstände wohl auch zurücksende. (Ueber die alternative
Verbindung zweier Angebote L. 20. §. 1 praescr. verb. 19, 5).
Tritt Letzterer auf die erste Alternative nicht ein, so hat er sich
durch die Waarenannahme zur Prüfung auf die zweite verpflichtet.
Aber auch hier kann ohne Unbilligkeit der Empfänger für mehr
als rechtswidrige Absicht und grobe Fahrlässigkeit nicht verant=
wortlich gemacht werden (L. 1. §. 2. L. 17. §. 2 eod: quia
prope depositum hoc accedit. L. 10. §. 1 — L. 12 pr. com-
modati 13. 6). Zwar gehen diese Gesetzstellen von der Ansicht
aus, daß der Empfänger dann für jede Verschuldung hafte, wenn
die Uebergabe der Sache in beiderseitigem Interesse lag. Ich kann
mich aber nicht zu der Annahme entschließen, daß diese Voraus=
setzung in der unbestellten Zusendung von Waaren enthalten sei.
In L. 20. §. ult. praescr. verb. 19, 5 darf wohl vorgängige
Aufforderung zur Zusendung unterstellt werden (si quum emere
argentum velles vascularius ad te detulerit).

Es können endlich besondere zwischen beiden Theilen bestehende
Verhältnisse die Pflicht zur einstweiligen Aufnahme oder selbst zur
Rücksendung begründen. Solche Verhältnisse sind hauptsächlich
folgende.

a) Der Anerbotene hat den Antragsteller aufgefordert, ihm
Waaren dieser Art zur Ansicht zuzusenden. Es genügt dazu ein
allgemeiner Auftrag z. B. eines Gelehrten an einen Buchhändler,
ihm die neuen Erscheinungen im Gebiete der Literatur mitzu=
theilen. Jede Zusendung begründet einen unbenannten Kontrakt,
woraus der Empfänger zur einstweiligen Aufbewahrung und sei=
nerzeitigen Rücksendung der nicht gekauften Waaren verpflichtet
ist (arg. L. 20. §. ult. cit.).

b) Zwischen beiden Theilen besteht eine, Verträge der vor=
geschlagenen Art begreifende längere Geschäftsverbindung z. B.
Verkaufskommission. Der Kommissionär, welcher auf einen neuen
Antrag einzutreten keine Lust hat, muß wenigstens für die bei=
geschlossenen Waaren im Interesse des Kommittenten Sorge tragen
und kann im Unterlassungsfall mit der Klage aus seinem Rechts=
verhältnisse zum Antragsteller (actio mandati) auf Ersatz des
Schadens belangt werden (deutsches H.G.B. Art. 323).

c) Nahe verwandt ist damit der Fall, wenn der Anerbotene
bisher ein regelmäßiger Abnehmer von zugesandten Waaren dieser
Art „ein alter Kunde des Anbietenden" war (O.A.G.E. bei Thöl,
Entscheidungsgründe Nr. 35).　Hierin liegt eine stillschweigende
Aufforderung an den Letzteren zur ferneren Zusendung derartiger
Waaren; das Verhältniß ordnet sich sonach unter den ad a) angege-
benen Gesichtspunkt.　Nicht minder stelle ich dahin die Verpflichtung

d) desjenigen, welcher sich öffentlich oder privatim zur Besorgung von solchen Geschäften erboten hat (D. H.G.B. Art. 323).
Wenn er mit Waarensendung begleitete Anträge ablehnt, muß er
mindestens für Aufbewahrung der überschickten Gegenstände Sorge
tragen.　Hiezu noch zwei Bemerkungen.

In manchen Fällen wird in der Unterlassung der erforderlichen Thätigkeit von Seite des Anerbotenen eine stillschweigende
Annahme des Vertragsangebots enthalten sein (vgl. §. 16); dann
fällt natürlich die Frage nach dem Entschädigungsanspruch weg.

Manche Juristen sind geneigt, die ad a—d aufgeführten
und keineswegs ausschließend gemeinten Fälle außerordentlich zu
erweitern, wo nicht gar in kaufmännischen Verhältnissen eine allgemeine derartige Pflicht des Anerbotenen zu unterstellen.　Abgesehen davon daß sie dafür in der Uebung des Verkehrs kaum
einen genügenden Anhalt finden dürften (arg. a contr. das b.
H.G.B.), so möchte die rechtliche Begründung der Ersatzklage
einige Schwierigkeit bereiten.　Wo ohne Willkür ein Vertragsverhältniß nicht mehr angenommen werden kann, da wird man
meistens auf die actio de dolo beschränkt sein und mithin nur
die seltenen Fälle der arglistigen Handlungsweise des Anerbotenen
fassen können.　Gegen die Anwendung der actio legis Aquiliae
erhebt sich ein doppeltes Bedenken.　Diese Klage hat unzweifelhaft
Schadenszufügung an einem bestimmten körperlichen Gegenstand
und wenigstens nach der herrschenden Ansicht eine positive Schä-
digungshandlung oder die Unterlassung einer durch vorgängiges
oder gleichzeitiges Thun gebotenen Thätigkeit (Windscheid, P.
§. 455 Note 9) zur Voraussetzung. Die hier in Frage kommende
Verletzung des Antragstellers kann aber auch in der blosen Ver-
ursachung von Kosten also in einem Schaden am Vermögen als
Ganzem bestehen und wird regelmäßig aus einer Unterlassungshandlung hervorgehen, welche mit einer positiven Thätigkeit keinen

Zusammenhang hat. Freilich kann durch positiven Rechtssatz diese Schranke durchbrochen werden. Daß es aber eines Hinausgehens über prinzipielle Grenzen dieses Rechtsmittels bedarf, mag uns in der Annahme einer neuen Rechtsnorm doppelt vorsichtig machen.

§. 12.

Wirkung des Angebots — b) für den Anbietenden. Widerruflichkeit und Dauer des Angebots.

So lange das Angebot noch nicht in Vertrag verwandelt ist, ruht es ausschließlich auf dem Willen des Antragenden und unterliegt daher dessen Verfügung, der Zurücknahme, dem Widerruf. Hier wie anderwärts hat die Sinnesänderung als bloser innerer Vorgang keine rechtliche Bedeutung. Der Widerruf wirkt erst, wenn er geäußert, wenn er dem Anerbotenen gegenüber geäußert und wenn die Aeußerung zu dessen Kenntniß gelangt ist (§§. 2 und 3).

Der Form nach ist der Widerruf regelmäßig frei, er kann ausdrücklich oder stillschweigend erklärt werden. In welchen Handlungen sich ein stillschweigender Widerruf ausspreche, ist nach allgemeinen Grundsätzen zu beurtheilen und entzieht sich einer irgendwie erschöpfenden Darstellung. Nur ein Punkt soll genauerer Prüfung unterstellt werden.

Da das Angebot Dasein Inhalt und Umfang vom Willen des Antragstellers empfängt, so kann seine Wirksamkeit durch diesen auf eine beliebige Frist eingegrenzt werden, so daß nur die innerhalb dieses Zeitraums ausgesprochene Annahme den Vertrag zu erzeugen vermag. Man hat nun die Erlöschung des Angebots durch Zeitablauf unter den Gesichtspunkt eines stillschweigenden Widerrufs gebracht. Mit demselben Recht aber würde man die Endigung eines für bestimmte Zeit eingegangenen Vertragsverhältnisses auf einen stillschweigenden Aufhebungsvertrag zurückführen können. Ich halte diese Auffassung in jeder Gestalt für irrig, mag man darin einen erst mit Ende der Frist stillschweigend erklärten oder einen im Voraus bedingt ausgesprochenen Widerruf erblicken. Wenn einer Willenserklärung nur auf gewisse Zeit Geltung verliehen wurde, so bedarf es, wofern überhaupt solche Beschränkung zulässig erscheint, nach Verstreichung der Frist nicht erst einer besondern Handlung, um ihr das Leben zu entziehen, sie stirbt von selbst, weil ihre Kraft verbraucht ist. Dieß folgt aus dem Wesen der Willenserklärungen, das Gegentheil ruht auf positiver Ausnahme, wie bei einzelnen römischen Rechtsinstituten.

Der Unterschied in der Auffassung ist nicht ohne praktische Folgen. Die Annahme eines erst mit Ende der Frist stillschweigend erklärten Widerrufs führt zum Ausschluß dieser Endigung im Falle, da der Antragsteller in diesem Zeitpunkt die Verfügungsfähigkeit verloren und noch keinen Vertreter erhalten hat, oder da er oder sein Vertreter von der zeitlichen Begrenzung keine Kenntniß besitzen. Man müßte nach dieser Auffassung einer in der Zwischenzeit eintretenden Aenderung der Gesetzgebung über den Angebotswiderruf auch auf die bereits gestellten befristeten Anträge Einwirkung verstatten, denn der hiemit verknüpfte stillschweigende Widerruf würde bei Beginn der Herrschaft des neuen Gesetzes weder eine abgeschlossene juristische Thatsache noch ein erworbenes Recht bilden. Findet man aber den Grund für die Entkräftung eines befristeten Antrags in einem voraus erklärten bedingten Widerruf, so fällt der Untergang durch fruchtlosen Zeitablauf wenigstens da hinweg, wo die Gesetzgebung die Gültigkeit des Widerrufs an eine Form vielleicht auch nur an ausdrückliche Erklärung knüpft.

––––––

Wir haben gesehen, daß und warum der Antragsteller das Angebot zeitlich beschränken kann. Nur selten enthält das Angebot über diesen Punkt eine ausdrückliche Bemerkung. Sollten nun andere Angebote noch jeder Zeit angenommen werden können, so lange nur weder ein Widerruf noch eine Ablehnung vorliegt? Bei der Formlosigkeit der Angebote werden wir dem Willen des Antragstellers, das Angebot auf einen gewissen Zeitraum einzugrenzen, Anerkennung zollen müssen, wenn er mit Bestimmtheit aus dem Antrag hervorgeht, gleichviel ob er ausdrücklich oder stillschweigend ausgesprochen ist. Wir können daher die aufgeworfene Frage so fassen: Ist als Wille des Antragenden anzunehmen, daß ein nicht ausdrücklich befristetes Angebot auf alle Zeit wirksam sein soll? Es wird Niemand anstehen, diese Frage zu verneinen.

Angebote werden gestellt mit Rücksicht und unter Antrieb der obwaltenden Verhältnisse, des Vorraths, des Preises, des Bedürfnisses, der Geldmittel u. s. w. Sie alle sind mehr oder weniger raschen Wandlungen unterworfen. Nun wäre freilich der Schluß höchst bedenklich, daß jedes Angebot nur für die Dauer der gegenwärtigen allgemeinen und besonderen Verhältnisse (rebus sic stantibus) gegeben sei. Dadurch würde den Anträgen alle Sicherheit geraubt. Wer ein Angebot macht, nimmt schon in einem gewissen Grade die aus dem Wechsel der Umstände drohende Gefahr auf sich; hiegegen schützt nur ausdrückliche Begrenzung oder Widerruf.

Indeß gilt dieß doch nur für verhältnißmäßig rasch und gegen den gewöhnlichen Gang der Dinge eintretende Veränderungen, deren Voraussicht und Berücksichtigung nicht ohne Weiteres zu unterstellen ist. Daß aber nach längerem Zeitraum die Umstände ändern, daß was jetzt angemessen und vortheilhaft dann sich als unpassend und schädlich erweist: das ist eine Erfahrung, welche bei jedem Verständigen vorausgesetzt werden darf und darum im Allgemeinen bei Stellung eines Angebots ein bestimmendes Moment bilden wird. Wir folgern hieraus, daß jeder Anbietende im Zweifel seinen Antrag nicht auf die Zeit erstreckt wissen will, da nach der regelmäßigen Entwickelung der Verhältnisse die Umstände, welche bei Erlassung des Angebots bestanden, eine wesentliche Umgestaltung erfahren haben.

Schon diese Erwägung führt auf die Unterstellung einer stillschweigenden zeitlichen Begrenzung der Angebote. Hiezu kommt noch ein Anderes. Jedes Angebot versetzt den Antragenden in ein Verhältniß der Spannung; es legt einen gewissen Bann auf die freie Verfügung über sein Vermögen. Ist anzunehmen, daß er sich auf ganz ungewisse Dauer hin in diese Lage begeben haben wolle?

Also: ein Antrag ist von Anfang an nicht für immer gestellt. Aber auf wie lange, wenn darüber eine ausdrückliche Bestimmung fehlt? Vor Beantwortung dieser Frage eine Zwischenbemerkung.

Manche Rechtslehrer und Praktiker gelangen zu dem zuletzt festgestellten Ergebniß auf einem anderen Wege. Sie gehen von der doppelten Voraussetzung aus, daß der Entschluß über einen

mitgetheilten Antrag in nicht zu langer Zeit zur Vollendung ge=
langt, und daß wenn er bejahend ausfällt, gleichfalls bald darüber
eine Kundgebung an den Anbietenden erfolgt. Die Unterlassung
einer Antwort bekunde sonach eine Ablehnung des Angebots.
(So das O.A.G. in Dresden bei Seuffert VI. 168. XVI. 30.
Beide Gründe stellt zusammen Puchta Vorlesungen zu §. 251;
ähnlich Bekker in seinem Jahrb. II. S. 380.). Während wir
den Grund der Entkräftung im Willen des Antragstellers gesucht
haben, finden ihn diese im Willen des Anerbotenen. Mir scheinen
die Voraussetzungen der zweiten Ansicht gewagt. Es ist bekannt,
daß Unschlüssigkeit und Mangel an Sorgfalt bei Manchem die
Entschlußfassung wesentlich verzögern, und ferner bekannt, daß
auch die Benachrichtigung von der beschlossenen Annahme nicht
selten versäumt wird. Wir müßten also bei der Erklärung aus
stillschweigender Ablehnung noch andere rechtliche Gesichtspunkte
zu Hilfe nehmen z. B. daß Niemand nachlässig sein soll und
daß er die Folgen solchen Verhaltens tragen muß. Wir würden
damit von der Vermuthung eines Willens zur Fiction desselben
vorschreiten, d. h. eine Willkürlichkeit begehen.

Indem wir uns zu der Frage wenden, auf wie lange im
Zweifel ein Angebot gestellt sei, werden wir von vornherein auf
eine bestimmte allgemein gültige Antwort verzichten müssen. Die
Bestimmungen des römischen Rechts über die Zeit, innerhalb
welcher die Antwort auf die Frage des Stipulator zu geben war
(L. 1. §. 1. L. 137 pr. V. O. 45. 1. L. 6. §. 3. L. 12 pr. de
duob. reis 45, 2), sind heutzutage unbrauchbar. Eine richtige
Entscheidung unserer Frage läßt sich nur aus den gesammten
Umständen des einzelnen Falls gewinnen, aus der Art des Ange=
bots, ob unter Anwesenden oder Abwesenden gestellt, aus der
Beschaffenheit des in Frage befindlichen Gegenstandes, ob er ra=
schem oder langsamerem Preiswechsel unterworfen ist, zur Befrie=
digung eines vorübergehenden an gewisse Zeit gebundenen oder
eines dauernden Bedürfnisses dient, aus der Natur des ange=
botenen Vertrags, ob Kauf Tausch Miethe Societät u. s. w., ob
derselbe Bestandtheil eines Handelsgewerbes oder ein für sich be=
stehendes Geschäft ist, ob er sich als Spekulationsgeschäft darstellt
oder dem ordentlichen Wirthschaftsbetriebe angehört, aus der
Person des Anbietenden und Anerbotenen, wobei namentlich in

Betracht kommen wird, ob der Anerbotene eine einzelne Person oder eine Korporation ist (Preuß. L.R. Thl. I. Tit. 5. §. 101), ob die Entscheidung nur von einer Person abhängt oder von der Uebereinstimmung Mehrerer z. B. auch der Genehmigung durch die Obervormundschaft. Nur dadurch, daß man dem richterlichen Ermessen hier einen besonders freien Spielraum läßt, wird es möglich, der Eigenthümlichkeit des einzelnen Falls gerecht zu werden.

Festere Regeln haben sich in dieser Beziehung für die kauf= männischen Angebote herausgebildet. Rasche Abwicklung der Ge= schäfte ist Lebensbedingung für das Gewerbe des Kaufmanns, ein längerer Schwebezustand lähmt die Bewegung. Ueberdieß kann hier, wo der Abschluß von Verträgen den Mittelpunkt der Berufsthätigkeit bildet, eine schnelle Entschließung und deren Kundgebung billig erwartet werden, und ist auch üblich. Diese Momente haben für den kaufmännischen Verkehr den Rechtssatz erzeugt, daß wenn in einem Angebote nicht ausdrücklich oder aus den besondern Umständen sonst erkennbar eine andere Frist gesetzt ist, die Erklärung über den Antrag ohne Verzug erfolgen muß, widrigenfalls der Antragsteller die Annahme als verspätet zurück= weisen darf. Diese Befugniß des Anbietenden zeigt, daß einer späteren Annahmeerklärung kein wirksamer Antrag entspricht, daß jene keine Annahme, sondern selbst einen neuen Antrag enthält, welcher erst der Annahme durch den früheren Anbietenden be= darf (§. 17).

Was heißt „ohne Verzug"? Bei Anträgen unter Gegen= wärtigen: sofort, d. h. bevor die Parteien auseinander gehen, ja bei längerem Gespräch kann schon während desselben der An= trag nach den Umständen als erloschen gelten (vgl. Hahn im Commentar zu Art. 318 namentlich Note 6).

Nicht so bestimmt läßt sich der Begriff für die Anträge unter Abwesenden feststellen. Die Frage, ob eine Zögerung ein= getreten sei oder nicht, ist nach kaufmännischer Uebung zu lösen. Die früher in Gesetzen und Lehrbüchern vorkommende Bestimmung „Rückäußerung mit umgehender Post" paßt auf die heutigen Verkehrseinrichtungen nicht mehr. Abgesehen davon, daß sich im Telegraphen ein neues Glied in die Reihe der Korrespondenz= mittel eingeschoben hat, so findet jetzt zwischen den einigermaßen

bedeutendern Plätzen ein so vielfältiger Postenwechsel statt, daß
das Erforderniß der „nächsten Post nach Empfang des Antrags"
streng festgehalten in vielen Fällen jede Ueberlegungsfrist ausschließen, ja kaum Zeit zur ordentlichen Ausfertigung der Antwort lassen würde. Zudem ist es gar nichts Außerordentliches,
daß dieselbe Post einem Kaufmann mehrere Anträge zuführt:
wie soll er dann jener Rechtsvorschrift Genüge leisten?

Die Wahl der Beförderungsgelegenheit für die Antwort
(Bote, Post, Telegraph) bestimmt sich in erster Linie nach der
Vorschrift des Anbietenden, in Ermangelung einer solchen nach
der Sitte des Verkehrs. Es ist eine technische keine juristische
Frage, ob heutzutage schon der Telegraph als ordnungsmäßiges
Verkehrsmittel unter Kaufleuten, unter allen oder unter Kaufleuten gewisser Art (Großhandel), bei allen oder bei Geschäften
gewisser Art betrachtet werden darf. Die Gesetzgebung und
Theorie, welche ihre Sätze auf bestimmte technische Einrichtungen
fixirt, läuft bei der raschen Entwicklung der Verkehrsmittel Gefahr sich schnell zu überleben.

Den Anschauungen des kaufmännischen Verkehrslebens, wie
sie vorstehend ausgeführt sind, verleihen Ausdruck das Zürcher
privatr. G. B. §. 908 mit §. 906 Abs. 2 und das deutsche
H.G.B. Hier heißt es:

Art. 318. Ueber einen Antrag unter Gegenwärtigen zur
Abschließung eines Handelsgeschäfts muß die Erklärung
sogleich abgegeben werden, widrigenfalls der Antragende
an seinen Antrag nicht länger gebunden ist.

Art. 319. Bei einem unter Abwesenden gestellten Antrag
bleibt der Antragende bis zu dem Zeitpunkt gebunden,
in welchem er bei ordnungsmäßiger rechtzeitiger Absendung der Antwort den Eingang der letzteren erwarten darf. Bei der Berechnung dieses Zeitpunkts darf
der Antragende von der Voraussetzung ausgehen, daß
sein Antrag rechtzeitig angekommen sei.

Trifft die rechtzeitig abgesandte Annahme erst nach
diesem Zeitpunkt ein, so besteht der Vertrag nicht, wenn
der Antragende in der Zwischenzeit oder ohne Verzug
nach dem Eintreffen der Annahme von seinem Rücktritt
Nachricht gegeben hat.

Die Pflicht zur Benachrichtigung des Anerbotenen vom Rücktritt hat den Zweck, ihn gegen die Nachtheile möglichst zu schützen, welche aus einer seinerseits unverschuldeten Verspätung der Ankunft seiner Annahmeerklärung entspringen können. Sie steht also mit unserer Auffassung von der Befristung der Anträge in keinem Widerspruch.

Die Dehnbarkeit des Ausdrucks „bis zu dem Zeitpunkt ... in welchem er bei ordnungsmäßiger rechtzeitiger Absendung der Antwort den Eingang der letztern erwarten darf", läßt ungefährlich erscheinen, wenn diese Bestimmung von den Entwürfen eines Obligationenrechts für das Königreich Bayern (Thl. II. Art. 9—13) und für die deutschen Bundesstaaten (Art. 45. 46) auf den gesammten Rechtsverkehr erstreckt wird.

Billigenswerth ist auch die vorsichtige Fassung des §. 817 des bürgerl. G. B. für das Königreich Sachsen:

> Das Anerbieten verliert seine Kraft, wenn derjenige, welchem es gemacht wird, die Erklärung der Annahme verzögert. Ob eine Verzögerung bei Abgabe dieser Erklärung eingetreten sei, ist nach den Umständen und der Sitte des Verkehrs zu entscheiden.

Nicht das gleiche Lob verdienen die Vorschriften des preußischen Landrechts (Thl. I. Tit. 5 §§. 95—99) und des österreichischen Gesetzbuchs (§. 862). Danach soll ein Antrag unter Personen, welche sich an demselben Ort befinden, auf vier und zwanzig Stunden, unter Abwesenden aber auf den Zeitraum gelten, welcher zur zweimaligen Beantwortung erforderlich ist. „Starre Regeln sind in so wechselnden Verhältnissen immer willkürlich und schädlich." (Bluntschli.)

§. 13.
Vom Ausschluß des Widerrufs.

Jede der Theorien von der Vertragsvollendung ergibt, den Grundsatz so nackt genommen, wie wir ihn bisher kennen gelernt haben, im Einzelnen Folgerungen, mit welchen sich die Sicherheit des Verkehrs schlecht verträgt, und zwar gilt dieß von der Aeußerungstheorie nicht minder als von der hier vertretenen Ansicht. Um an diesem Ort nur auf Eines aufmerksam zu machen, so mag die Widerruflichkeit der Angebote als Regel vollkommen angemessen sein; aber in vielen Fällen wird es geradezu unthunlich sein, daß der Anerbotene Gefahr läuft, ein ohne seine Kenntniß widerrufenes Angebot anzunehmen und im berechtigten Vertrauen auf das Zustandekommen eines Vertrags zu handeln, der nie zur Entstehung gelangt ist. Daß hiegegen das oben von uns angenommene stillschweigende Garantiever= sprechen nicht ausreicht, wird sich aus dem Verlauf der Erörte= rung ergeben. Wir werden den Anforderungen des praktischen Bedürfnisses nur gerecht durch die Anerkennung der Sätze:

> Die Widerruflichkeit der Angebote bildet nur die Regel.

> Es gibt Angebote, bei welchen der Widerruf überhaupt oder zeitweise ausgeschlossen ist.

Nachdem diese Beschränkung zunächst in den neueren Gesetz= gebungen Ausdruck gefunden hatte, hat sich allmälig auch die Theorie mit ihr befreundet. Dagegen ist für die rechtliche Be= gründung derselben Befriedigendes noch nicht vorgebracht worden. Und doch wird man sich nicht bei der einfachen Hinnahme des Satzes als positiver Vorschrift beruhigen können, wie dieß noch Hahn (Kommentar zu Art. 319. §. 1) thut. Folgendes dürfte auf den richtigen Weg führen.

Der Grund der Behaftung des Anbietenden bei seinem Antrag liegt in seinem Willen; er erklärt sich seines Widerrufs= rechts ganz oder zeitweise zu begeben. Er kann diesen Verzicht ausdrücklich wie stillschweigend aussprechen. Der stillschweigende Verzicht ergibt sich entweder aus der Natur des Angebots, welche die Gebundenheit des Antragstellers gebietet, oder aus der Uebung des Verkehrs. Da es aber überall nur der Wille des Anbieten= den ist, worauf der Ausschluß des Widerrufs beruht, so fällt die Unterstellung eines stillschweigenden Verzichts bei der aus= drücklichen entgegengesetzten Erklärung hinweg, z. B. wenn die Worte angefügt sind: „ohne Verbindlichkeit." Hierin liegt keine Gefährdung des Anerbotenen; durch den Wortlaut des Angebots ist er aufmerksam gemacht, auf das anerbotene Geschäft nicht eher seine Unternehmungen zu bauen, bis er von der Vollendung des Vertrags Gewißheit hat.

Aber wie, möchte man fragen, kann eine einseitige Erklärung

solche Wirkung thun? Man hat sich zu dessen Rechtfertigung bis
zur Annahme einer eigenthümlichen Pollicitationsart, einer pollicitatio de contrahendo verstiegen (Arndts in der Münchner
krit. Vierteljahrschr. V. S. 164). Die Lösung des Räthsels
liegt aber darin, daß die Gebundenheit des Antragstellers gar
nicht aus seiner einseitigen Erklärung sondern aus einem Vertrag entspringt. Wie so?

In den Fällen des ausdrücklichen oder stillschweigenden
Widerrufsverzichts ist mit dem Hauptanerbieten ausdrücklich oder
stillschweigend ein zweites Angebot das Behaftungsanerbieten
verbunden. Nun wird freilich eine ausdrückliche Annahme dieses
Unterangebots nur in seltenen Fällen erfolgen. Allein bei Angeboten, welche überall nur zum Vortheil des Anerbotenen sind
ohne ihm eine Verpflichtung aufzuerlegen, wird eine ausdrückliche
Erklärung der Annahme gar nicht erfordert (§. 16), so daß der
die Gebundenheit des Antragstellers begründende Vertrag und
damit diese selbst in dem Moment als entstanden anzunehmen
ist, wo der Gesammtantrag zur Kenntniß des Anerbotenen gelangt ist.

Aus dieser Auffassung folgt aber weiter, daß auch bei Anträgen der hier bezielten Art ein Widerruf des Anbietenden
wirksam ist, wenn er nur entweder vor oder gleichzeitig mit
dem Antrag dem Anerbotenen zukommt. Dadurch wird die Entstehung der beiden Verträge, worauf sein Angebot gerichtet war,
vereitelt. Das deutsche H. G. B. enthält demnach im Art.
320 Abs. 1:

> Geht der Widerruf eines Antrags dem andern Theil
> früher als der Antrag oder zu gleicher Zeit mit dem-
> selben zu, so ist der Antrag für nicht geschehen zu erachten,

gegenüber der Vorschrift des Art. 319 Abs. 1 (vgl. S. 69)
kein Ausnahmsrecht, und stützt sich auch darin nicht auf bloße
Zweckmäßigkeitserwägung, daß es die Möglichkeit, einen Widerruf einzubringen, schon mit dem Empfang des Angebots durch den
Anerbotenen, nicht erst mit dessen Zustimmungserklärung endigen
läßt. Ganz bestimmt drückt diesen Gedanken auch der Entwurf
eines schweizerischen Handelsrechts Art. 207 Abs. 1 aus:

> — ist der Antragsteller gebunden, sobald der Antrag
> dem andern Kontrahenten zugekommen ist.

Vgl. Munzinger Motive zu dem Entwurf eines schweizerischen Handelsrechts S. 198. Nur den Nützlichkeitsgrund hebt hervor Jhering in seinen Jahrb. IV. S. 87.

Ist indeß unsere Erklärung von der Gebundenheit des Antragstellers nicht willkürlich und vielmehr in die Sache hineingetragen als daraus entnommen? Das mag die Prüfung der einzelnen Fälle lehren.

1) **Ausdrücklicher Widerrufsverzicht.** — Wenn Jemand einem Andern sein Haus zum Kauf anbietet mit dem Bemerken, daß er acht Tage bei seinem Angebot bleiben wolle, so kann über den Sinn des Beisatzes kein Zweifel bestehen: der Anbietende wollte sich damit auf die angegebene Zeit des Widerrufsrechts begeben. Dagegen ist zweideutig die Beifügung, daß dem Anerbotenen eine Bedenkzeit von acht Tagen gegeben, oder daß binnen dieser Frist seine Erklärung gewärtigt werde. Damit kann ein Doppeltes gemeint sein: entweder nur eine zeitliche Begrenzung des Antrags (§. 12) ohne die Absicht sich für die Zwischenzeit hinsichtlich der Zurücknahme die Hände zu binden, oder die Verbindung von beidem. Nach allgemeinen Auslegungsgrundsätzen dürfen wir einer solchen Bemerkung im Zweifel nur die weniger beschränkende erstere Deutung unterlegen; blos für kaufmännische Angebote ist die zweite gerechtfertigt. Warum? davon sogleich (vgl. Ziff. 2 b).

Neuere Gesetzgebungen gehen weiter. Zwar das Zürcher privatr. G. B. kann nur in unserm Sinn gedeutet werden, wenn es am Schluß des §. 905 verfügt:

> Bis dahin (d. h. bis zur Erklärung der Annahme) hat somit der Anerbietende das Recht des Widerrufs, wofern er nicht ausnahmsweise sich dem Andern gegenüber verpflichtet hat, während einer gewissen Frist seinen Antrag nicht zurückzunehmen.

Ebenso ist unsere Ansicht für das Civilrecht anerkannt in den Verhandlungen der Nürnberger Konferenz (Prot. S. 572 unten S. 1361). Dagegen hat das österreichische G. B. §. 862 die Bestimmung:

> Vor Ablauf des festgesetzten Zeitraums kann das Versprechen nicht zurückgenommen werden.

Ebenso das sächsische G. B. §. 816. Und wenn auch

das preußische Landrecht (Thl. I. Tit. 5. §. 91) nach dem Wortlaut diese Auslegung nicht gebietet, so scheint sie doch durch den im ganzen Zusammenhang sich aussprechenden Geist des Gesetzes geboten zu sein. (So auch Koch a. a. O. §. 71 III. 1.)

2) Stillschweigender Widerrufsverzicht. — Nach der Uebung des Verkehrs pflegt bei manchen Angeboten der Anerbotene sofort nachdem er sich für die Annahme entschieden hat und ohne die Zeit abzuwarten, während welcher der Regel nach ein Widerruf des Antragstellers noch möglich wäre, auf das angetragene Geschäft hin weitere vermögensrechtliche Verfügungen zu treffen, namentlich um sich mit den Mitteln zur Erfüllung der übernommenen Verpflichtung zu versehen oder um den in Aussicht stehenden Gegenstand anderweit zu verwerthen.

Dahin gehören

a) diejenigen Angebote, welche für den Anerbotenen die Ermächtigung zur sofortigen Ausführung enthalten. Dieselben werden sich meistens auf Aufträge beziehen, nicht auf Tauschgeschäfte. Doch bildet dieß keinen sichern Unterscheidungspunkt, da im praktischen Leben die Anträge zu zweiseitigen Verträgen häufig die Form eines Auftrags erhalten (Bestellung: Senden Sie mir u. s. w.), und umgekehrt die Aufträge nicht selten in die Form eines Tauschvertragsangebots gekleidet werden; so wird z. B. um die Provision zu umgehen statt: „Kaufen Sie auf meine Rechnung 100 Wispel Roggen à Thlr. 40", die Form gewählt: „Wir sind bereit 100 Wispel Roggen à Thlr. 40 abzunehmen" (Nürnberger Protok. S. 570 mit S. 1360). Nun kann begreiflich für unsere Frage nicht die zufällige Fassung der Erklärung maßgebend sein. (Vgl. das Erkenntniß des Handelsappellationsgerichts in Nürnberg, abgedruckt in Zeitschr. für Handelsr. IX. S. 180 fg. und *Pardessus* cours de droit commercial 6me edit. T. I. Nr. 251).

Dasselbe ist zu behaupten

b) für kaufmännische Angebote überhaupt. — Ein Kaufmann, welcher eine Bestellung oder ein Kaufsangebot angenommen hat, wird das Geschäft sofort als sichere Grundlage für seine Operationen betrachten, er wird bei Bestellungen für Anschaffung der betreffenden Artikel, oder wofern er sie schon auf Lager hat, für Ergänzung seines Vorraths Sorge tragen; er

wird bei Kaufsangeboten Schritte thun, die Waare an andere
Personen zu verstellen, mit Rücksicht auf den ihm selbst gestellten
billigern Preis seinen Vorrath an diesem Artikel wohlfeiler ab=
lassen, in diesem und in jenem Fall vielleicht andere Anträge
ablehnen, oder auch unterlassen an andere Personen entsprechende
Anträge zu stellen. Es wird nicht leicht einem Kaufmann bei=
kommen, mit diesen und ähnlichen Maßregeln zu warten, bis
der Vertrag nach gemeinrechtlichen Grundsätzen vollendet ist.
Viele Kaufleute haben gar nicht das Bewußtsein, daß das Ge=
schäft nicht schon mit der Erklärung der Annahme vollkommen
geworden ist.

Diese Erwägung scheint nun sehr entschieden der Aeusserungs=
theorie das Wort zu sprechen. Allein auch sie bietet einen wirk=
lichen Schutz dem Anerbotenen nur dann, wenn man mit einigen
Anhängern derselben (z. B. Wening=Ingenheim im civil.
Archiv II. S. 270) eine nach der Annahme dem Anerbotenen
zugehende Widerrufserklärung für wirkungslos erklärt. Stellt
man sich hingegen auf den Standpunkt des objectiven Konsenses
— und dieß wird ja gerade als Grundlage und Vorzug der
gegnerischen Ansicht gerühmt —, so hat der Anerbotene keine
Gewähr, daß nicht im Moment der Annahme der Antrag durch
einen mittlerweile vom Antragsteller ausgesprochenen Widerruf
schon hinfällig ist. (Puchta Vorl. II. S. 75 fg.)

Es fordert das einfachste Rechtsgefühl, daß in den an=
gegebenen Fällen der Anerbotene gegen die Täuschung seines
berechtigten Vertrauens und gegen die daraus entstehenden Nach=
theile in Schutz genommen werde. Aber wie?

Thöl (Handelsr. §. 57 bei Note 3b, 13 und 15) und
Jhering (in seinen Jahrb. IV. S. 86 fg.) gehen von der
Wirksamkeit des Widerrufs aus, erkennen aber dem benachthei=
ligten Anerbotenen Anspruch auf Schadenersatz zu. Ueber die
rechtliche Begründung dieser Klage hat sich nur Jhering ge=
äußert, er unterstellt eine culpa in contrahendo. Wir wollen
hier ganz unerörtert lassen, ob durch Ausübung einer rechtlichen
Befugniß eine zum Ersatz verpflichtende Verschuldung begangen
werden könne und nur die Frage aufwerfen, ob in der That
durch eine Schadenersatzklage dem Bedürfniß Genüge geschieht.
Darauf wird aber Jeder, der das praktische Leben kennt, ein

entschiedenes Nein antworten. Soll der Geschäftsmann nur durch ein weitläufiges Beweisverfahren zur Schadloshaltung gelangen können? Ja wird dem Kaufmann der Nachweis nur möglich sein, ob und welche Verfügungen er auf die angenommene Entstehung des Vertrags gebaut, und welche anderen er unterlassen, die er außerdem getroffen haben würde. Wird er darthun können, wie es doch jener Weg erfordert, daß ihm durch die Bereitung des Geschäfts ein Schaden zugehe und wie groß dieser sei? Die Rechtshilfe in solchen Verhältnissen von dem Schadensbeweise abhängig machen heißt nicht viel weniger als die Rechtshilfe verweigern.

Wir sehen: ein wirksamer Rechtsschutz liegt nur in der **Nichtbeachtung des Widerrufs und Behaftung des Antragenden bei seinem Angebot.** Das ist denn auch der Inhalt des von uns unterstellten vertragsmäßigen Widerrufsverzichts, mag er ausdrücklich oder stillschweigend ausgesprochen sein. Und damit befinden wir uns nicht blos im Bereich der Wünsche und Forderungen an das Recht, sondern wenn wir nur die Augen offen halten wollen für dasjenige was um uns vorgeht, des wirklich bestehenden Rechts. Kaufleute und alle Personen, welche dem Verkehr nahe stehen, haben über die Gültigkeit jenes Satzes gar keinen Zweifel. Was aber in solcher Stärke im Bewußtsein des Volks oder eines Standes lebt, in deren Handlungen sich ausprägt, das trägt alle Merkmale positiven Rechts an sich. Daß in diesem Sinne, d. h. der Wirkungslosigkeit des entgegentretenden Widerrufs die Gebundenheit des Antragstellers zu verstehen ist, welche das deutsche H.G.B. im Art. 319, Abs. 1 (vgl. S. 69) festsetzt, geht aus den Verhandlungen unverkennbar hervor (vgl. auch Hahn im Kommentar zu Art. 319. §. 1). Die Dauer der strengeren Gebundenheit fällt bei den kaufmännischen Angeboten mit der Dauer des Antrags selbst zusammen. Die Bedeutung der ausdrücklichen oder stillschweigenden Frist ist hier die doppelte: daß sich der Antragsteller für diese Zeit des Widerrufs begibt und daß nach fruchtlosem Verlauf derselben der Antrag erlischt, also auch nicht mehr mit Widerruflichkeit fortbesteht. Auch das ist im deutschen H.G.B. Art. 318 und 319 anerkannt. Der Ausdruck im erstern Artikel:

„widrigenfalls der Antragende an seinen Antrag nicht
länger gebunden ist"

ist unzweideutig, da eben bei diesen Angeboten die Gebundenheit
so lange als der Antrag und der Antrag so lange als die Ge=
bundenheit dauert. Die Beschränkung, welche Art. 319. Abs. 2
beifügt, hat aber das Erlöschen des Antrags als Regel zur
Voraussetzung, sonst würde ein Widerruf nach Empfang der
Annahmeerklärung nicht wirksam sein. (Dieß gegen Bekker II.
S. 387 f. S. 408 fg.).

Wie? — höre ich einwenden — ein Mandatsangebot soll
gegen den Widerruf gewappnet sein (Ziffer 2 lit. a.), während
der Mandatsvertrag der Auflösung durch einseitige Zurücknahme
unterliegt? Man muß zwei Dinge wohl unterscheiden. Der
Widerruf hebt das Mandat für die Zukunft auf d. h. von
dem Moment an, wo er dem Beauftragten zugekommen ist, er
läßt dagegen die bereits eingetretene Ausführung und deren
rechtliche Folgen unberührt; er hat nur vorwirkende nicht rück=
wirkende Kraft.

Wenden wir das Ausgeführte auf unsere Frage an, so will
der oben aufgestellte Satz besagen: der Widerruf eines die Er=
mächtigung zur sofortigen Ausführung enthaltenden Antrags kann
die Entstehung des Vertrags insoweit nicht hindern als zur
Zeit seiner Ankunft beim Anerbotenen der Vertrag bereits er=
füllt oder die Verfügung zur Erfüllung in bindender Weise ge=
troffen war. Erhält der Anerbotene von dem Widerruf vor
diesem Zeitpunkt Kenntniß, vielleicht bevor er noch einen Schritt
zur Erfüllung gethan hat, so liegt ein Grund zum Schutz des
Anerbotenen gegen den Widerruf nicht vor, und es treten die
gewöhnlichen Folgen des nicht zu Stande gekommenen Vertrags
ein (vgl. auch deutsches H.G.B. Art. 377).

Damit steht auch das römische Recht im Einklang.

L. 15 mand. 17, 1: Si mandassem tibi, ut fundum
emeres, postea scripsissem, ne emeres, ut, antequam
scias me vetuisse, emisses, mandati tibi obligatus ero,
ne damno afficiatur is, qui suscipit mandatum.

Man vgl. auch L. 29. §. 1 eod., wobei nicht zu übersehen, daß
das römische mandatum auch unsere „Ermächtigung" enthält.
L. 5. §. 2 condict. c. d. 12, 4 handelt zwar vom Reurecht

beim Innominalcontract, kann jedoch analog für unsern Fall
verwerthet werden. Endlich mag L. 11. §. 5 instit. act. 14, 3
lehren, wie die römischen Juristen einen Kontrahenten gegen die
Nachtheile aus dem an sich begründeten Widerrufsrecht des
andern Theils in Schutz zu nehmen suchten.

§. 14.

Ueber die Angebotsfrist beim Vertragsabschluß unter Abwesenden.

Bei den Vertragsunterhandlungen, welche unter Abwesenden
geführt werden, treten zwei Eigenthümlichkeiten ein, deren Einfluß auf die Berechnung der Angebotsfristen geprüft werden muß.
Einmal fallen hiebei Willenserklärung und deren Kenntnißnahme
durch den Adressaten zeitlich auseinander. Hieraus entspringt
die doppelte Frage:

> Beginnt die Frist mit der Absendung des Angebots,
> oder erst mit dem Empfang durch den Anerbotenen?

> Genügt, daß innerhalb der Frist die Erklärung der
> Annahme abgesandt sei, oder muß sie in dieser Zeit
> beim Antragenden eingegangen sein?

Zweitens unterliegt jede Willenserklärung an einen Abwesenden der Gefahr, daß sie sei es durch die Schuld dritter
Personen oder durch reinen Zufall gar nicht oder verspätet an
ihre Adresse gelangt. Lassen wir hiebei auch die Frage über den
Ersatzanspruch gegen diejenige Person, welche die Vermittlung
der Nachricht übernommen hat, außer Betracht, so haben wir
doch die Wirkung solchen Zwischenfalls auf das Verhältniß
zwischen Anbietendem und Anerbotenem ins Auge zu fassen.

Die Beantwortung aller aufgeworfenen Fragen hat einen
gemeinsamen Boden in dem Grund, auf welchem die Geltung
des Angebots überhaupt ruht, im Willen des Anbietenden. Daß
der Anbietende die zeitliche Begrenzung seines Antrags in be-
liebiger Weise festsetzen kann, unterliegt keinem Zweifel. Unsere
Untersuchung betrifft daher nur den Fall, da er sich ausdrücklich
über die berührten Punkte nicht ausgesprochen hat.

Man könnte versucht sein für die Lösung der beiden ersten
Fragen den früher (§. 3) aufgestellten Satz zu verwerthen, daß
in Vertragsverhältnissen eine Willenserklärung erst mit der

Kenntnißnahme durch den andern Vertragstheil Wirkung äussere.
Mit Unrecht. Schreibt der Antragsteller: ich gewärtige den Eingang Ihrer Entscheidung binnen 8 Tagen v o n h e u t e an —
und braucht der Brief 24 Stunden, bis er in die Hände des
Adressaten gelangt, so erstreckt jener damit in Wirklichkeit die
Angebotsfrist nur auf 7 Tage, was ihm unbedingt zusteht. Umgekehrt kann er bestimmen, daß der Anerbotene seine Annahmeerklärung innerhalb der 8 Tage nur der Post übergeben solle,
und damit die Frist um die zur Uebermittlung der Nachricht an
ihn erforderliche Zeit verlängern.

Ist dieß richtig, so entzieht sich die erste Frage überhaupt
einer allgemeinen Beantwortung; diese hängt zu sehr von der
Gesammtheit der individuellen Umstände ab.

Anders die zweite. Was bezweckt der Anbietende mit der
Festsetzung einer Frist? Binnen bestimmter Zeit Gewißheit zu
erlangen, ob das beabsichtigte Geschäft mit dem Anerbotenen zu
Stande kommt, um im entgegengesetzten Fall mit andern Personen Unterhandlungen anzuknüpfen oder in sonstiger Weise über
den Gegenstand zu verfügen. M. a. W. er will bis zum Ende
der vorgezeichneten Frist im Besitz der Entscheidung und außerdem von jeder Gebundenheit frei sein. Deßhalb kann ihm die
Wahl des Korrespondenzmittels, dessen sich der Anerbotene bedient, gleichgültig sein; sein Interesse ist nicht verletzt, wenn im
letzten Moment der Frist noch der Anerbotene seine Annahmeerklärung z. B. durch eine telegraphische Depesche einzubringen
vermag. Auch die stillschweigend befristeten kaufmännischen Anträge sind durch das Eintreffen, nicht durch die Absendung der
zustimmenden Antwort begrenzt. So auch das D.H.G.B.
Art. 319, obwohl zuweilen auf Grund von Art. 321 das Gegentheil behauptet wird, z. B. vom Einsender eines Urtheils in Seuffert's Archiv XVI. Nr. 203 Note 8. Der letztangezogene Artikel behandelt gar nicht die V o r a u s s e t z u n g e n für das Zustandekommen eines Vertrags (vgl. §. 8. C. 5), steht daher zu
unserer Frage außer Beziehung. Ebensowenig hat mit derselben
die Verschiedenheit in der Auffassung von der Vollendung eines
unter Abwesenden geschlossenen Vertrags etwas zu thun, so lange
nicht ein Antragsteller auf den sonderbaren Einfall kommt zu
bestimmen: sein Antrag solle nur gelten, wenn der Vertrag

binnen 8 Tagen im Sinne des positiven Rechts zu Stande komme. (Anders das eben angeführte Erkenntniß bei Seuffert).

Die bisherige Ausführung läßt keinen Zweifel über die weiteren Fragen, ob eine Verzögerung in der Uebermittlung des Angebots oder der Annahmeerklärung auf die Dauer der Angebotsfrist Einfluß habe, wobei namentlich der Fall der stillschweigenden Frist bei kaufmännischen Angeboten in Betracht kommt.

Wir haben gesehen, daß hier der Anbietende schon durch den Antrag gebunden wird. Derselbe darf auch bei rechtzeitiger Ankunft seines Angebots mit Sicherheit auf eine Antwort nicht rechnen (§. 11). Ein Antragsteller, welcher die Frist für die Geltung seines Antrags erst vom wirklichen Eintreffen derselben beim Anerbotenen berechnet wissen will, würde sich mindestens die Verpflichtung auferlegen, beim Ausbleiben einer rechtzeitigen Antwort sichere Erkundigung über den Empfang seines Angebots durch den Anerbotenen einzuziehen. Dieß dürfen wir aber im Zweifel als Absicht des Anbietenden nicht unterstellen, wir werden vielmehr annehmen müssen, daß für Angebot wie Annahmeerklärung nur die regelmäßige Beförderungszeit bei der Bestimmung der Frist zu Grunde zu legen sei. Aus dieser Anschauung ist die Vorschrift des Art. 319 des deutschen H.G.B. erflossen. —

Prüfen wir nunmehr auch die Folgen des aufgestellten Satzes sowohl hinsichtlich des Angebots als der Annahmeerklärung.

Geht der vom Anbietenden abgesandte Antrag dem Anerbotenen gar nicht zu, so wird begreiflich keiner dem andern verantwortlich, auch jener diesem nicht, da es kein Recht auf Stellung eines Angebots gibt.

Liegt aber eine bloße Verzögerung in der Zustellung vor, so kann möglicher Weise der Antrag in dem Moment schon entkräftet sein, wo er in die Hand des Anerbotenen kommt, also eine Annahme wirkungslos, weil etwas rechtlich Nichtiges treffend. Wie aber, wenn der Anerbotene ohne die Verspätung wahrzunehmen seine zustimmende Erklärung abgesandt und auf das Zustandekommen des Geschäfts gerechnet hat? Hat er Anspruch auf Ersatz des ihm daraus zugehenden Nachtheils?

Regelmäßig wird er sich aus dem Datum des Antragsbriefs

aus dem Poststempel aus der dem Telegramm beigefügten Auf=
gabszeit aus dem Munde des Boten u. s. w. von der eingetretenen
Verzögerung Kenntniß verschaffen können. In den seltenen Fällen
aber, wo ein solcher Anhaltspunkt fehlt, da muß sich der Aner=
botene erst über die Geltung des Angebots Gewißheit verschaffen.
Unterläßt er die Beobachtung dieser Vorsicht, so fallen die schäd=
lichen Folgen selbstverständlich auf ihn. Trifft umgekehrt den An=
tragsteller der Vorwurf einer Verschuldung z. B. durch falsche
Datirung des Briefs, während der Anerbotene von jedem Ver=
sehen frei ist, so wird darunter nicht der Letztere leiden dürfen.
Sein Schutz ergibt sich aber aus dem im §. 4 erörterten Grund=
satz, indem für die Geltung des Angebots diejenige Zeit maß=
gebend ist, welche der Anerbotene nach den ihm bekannten Um=
ständen annehmen durfte. Wir sind daher gar nicht genöthigt,
auf einen Ersatzanspruch aus dem im §. 6 a. E. hervorgehobenen
Gesichtspunkt zurückzugehen, der indeß in letzter Linie immerhin
Aushilfe böte.

Durch das Verlorengehen oder die Verspätung der rechtzeitig
abgesandten Annahmeerklärung kann nur der Anerbotene benach=
theiligt werden, da der Antragsteller von jeder Gebundenheit frei
wird, sobald ihm die zustimmende Antwort nicht innerhalb der bei
ordnungsmäßiger Beförderung erforderlichen Zeit zukommt. Der
deßfallsige Nachtheil wird auch dem Anerbotenen regelmäßig nicht
abgenommen werden können, selbst wenn ihm hinsichtlich der
unterbliebenen oder verzögerten Zustellung seines Berichts keinerlei
Schuld zur Last fällt; denn indem er auf das zeitlich beschränkte
Angebot eintrat, übernahm er die damit verbundene Gefahr.
Hievon würde nur dann eine Ausnahme eintreten, wenn gerade
durch eine Nachlässigkeit des Antragstellers die Störung in der
Korrespondenz verursacht worden wäre, z. B. wenn er eine ganz
unzuverlässige Person als Bote zur Entgegennahme der Antwort
bezeichnet hat (arg. L. 10. §. 1. L. 12. §. 1 commod. 13, 6).

Man mag noch den Zweifel aufwerfen, ob die vorstehenden
Ausführungen auch für den Fall richtig sind, wenn der Antrag=
steller von der Störung des Postenlaufs oder der Unterbrechung
der Telegraphenverbindung zu einer Zeit Kenntniß erhält, wo
die Antragsfrist noch nicht abgelaufen ist, oder ob nicht vielmehr
hier eine Verlängerung der letzteren eintrete.

Wir müssen unterscheiden. Der Zwischenfall kann schon die Zustellung des Antrags an den Anerbotenen verspäten. Erfährt nun auch der Antragsteller rechtzeitig diesen Umstand, so würde die Annahme einer Erweiterung der Antragsfrist wenigstens den Nachtheil für ihn haben, daß er nun länger gebunden ist, eine Folge, welche bei dem raschen Wechsel der Verkehrsverhältnisse namentlich bei kaufmännischen Angeboten gar nicht für gleich- gültig betrachtet werden darf. Die Rücksicht auf den Anerbo- tenen spricht also dafür, es bei der Regel zu belassen. Dem steht auch kein berechtigtes Interesse des Anerbotenen gegenüber, da er sich bei Beobachtung gehöriger Sorgfalt von der Verzögerung überzeugen kann.

Trifft hingegen die Verspätung die Annahmeerklärung, so handelt es sich nicht um eine bloße Begünstigung des Anerbotenen auf Kosten des Antragstellers sondern um die Abwendung eines wenn auch nur möglichen positiven Schadens, indem jener ver- möge der rechtzeitigen ordnungsmäßigen Absendung seiner An- nahmeerklärung die Entstehung des Vertrags als sicheres Ereigniß vorausgesetzt hat und jedenfalls voraussetzen durfte. Soll sich hiegegen der Antragsteller, der von der Unterbrechung des regel- mäßigen Gangs rechtzeitig Kenntniß erhielt, auf den Ablauf der Frist nach strictum jus berufen dürfen? Wird er nicht vielmehr von der Behaftung nicht eher loszusprechen sein, bis nach Wie- derherstellung der Verbindung eine rechtzeitig abgesandte Antwort eingetroffen sein kann? Das Letztere scheint mir im Allgemeinen durch Treu und Glauben geboten zu sein. Indeß werden bei Entscheidung dieser Frage die besonderen Umstände des einzelnen Falls in Berücksichtigung zu ziehen sein. Was z. B. für einen kurzen Zeitunterschied von 24 Stunden gerechtfertigt ist, das möchte sehr wenig passen auf eine Unterbrechung von unbe- stimmter Dauer in Folge von Kriegsereignissen.

Der eben beregte Punkt kam auch bei der Nürnberger Kon- ferenz zur Sprache (Protok. S. 568). Ein Mitglied sprach sich für beide Fälle im Sinne der längeren Gebundenheit des um die Verzögerung wissenden Antragstellers aus und fand dieß im Gesetz selbst „zur Genüge angedeutet" in den Worten des Art. 319 Abs. 1 „in welchem er . . . . den Eingang . . erwarten darf". Diese Auslegung möchte freilich gewagt sein.

Einige Gesetzgebungen suchen den Anerbotenen gegen die Gefahr, welche ihm aus einer seinerseits unverschuldeten Störung in der Uebermittlung der Annahmeerklärung erwachsen kann, umfassender zu schützen. Sie legen dem Antragsteller die Verpflichtung auf, dem Anerbotenen von dem Rücktritt ausdrücklich Nachricht zu geben, falls er eine Antwort auf seinen Antrag rechtzeitig nicht empfängt und nicht gewillt ist, eine später eingehende Zusage anzuerkennen. Durch diese Benachrichtigung soll derjenige Anerbotene, dessen rechtzeitig abgesandte Antwort eine Verzögerung in der Zustellung erfahren hat, aus dem Irrthum, der Vertrag sei zu Stande gekommen, befreit werden. Deßhalb hat die Rücktrittserklärung nur Wirkung, wenn sie nach fruchtlosem Verlauf der ordentlichen Haftungszeit des Antragstellers abgegeben wird, z. B.: „Da bis heute eine Antwort auf meinen Antrag vom ... nicht eingetroffen ist, so halte ich mich nicht weiter an denselben gebunden, wovon ich Ihnen hiemit Kenntniß gebe". Eine vor dieser Zeit vielleicht vorsorglich erlassene Erklärung des Widerrufs würde den angestrebten Zweck, Aufklärung des Anerbotenen über eine Unregelmäßigkeit in der Beförderung verfehlen.

Insoweit stimmen das preußische Landrecht und das deutsche H.G.B. überein; im Weiteren gehen sie aber auseinander.

Das erstere Gesetzbuch schreibt die gedachte Benachrichtigung des Anerbotenen für jeden Fall vor, da eine Antwort auf den Antrag nicht rechtzeitig einlangt; es verlangt ferner, daß dieselbe unverzüglich nach Ablauf der Frist abgegeben werde. Die Unterlassung begründet aber nur einen Anspruch auf Schadenersatz; es kann also dem Antragsteller eine Verantwortung nur erwachsen, wenn die Annahme wirklich erfolgt, wenn sie rechtzeitig an den Antragsteller abgegeben und wenn der Anerbotene durch die irrige Meinung, der Vertrag sei ins Leben getreten, in Schaden gekommen ist (A. Pr. L.R. Thl. I. Tit. 5 §§. 100. 104. 105. — Gegen abweichende Meinungen Bornemann, systemat. Darstellung des preuß. Civilr. I. §. 140 Ziff. 5; Koch a. a. O. §. 73).

Dagegen fordert das deutsche H.G.B. (Art. 319 Abs. 2) die Erfüllung dieser Verbindlichkeit nur, wenn dem Antragenden nach Verfluß seiner Haftzeit eine rechtzeitig abgesandte Annahmeerklärung wirklich zugeht, stellt jedoch demselben frei, schon „in der Zwischenzeit" den Widerruf zu erklären. Nach unserer frü-

heren Bemerkung kann hierunter nur die Zeit von Endigung der
Haftfrist bis zum Eintreffen der Annahmeerklärung verstanden
sein (Protok. S. 573). Auch in der Folge der Versäumung der
gesetzlichen Pflicht weicht das deutsche H.G.B. ab: es fingirt
eine Anerkennung der nachträglich eingelangten Annahme in den
Worten:

> „besteht der Vertrag nicht, wenn der Antragende …
> Nachricht gegeben hat",

ein Zeichen, was der Handelsverkehr von dem blosen Schaden=
ersatz hält.

Vergleicht man die Bestimmungen der beiden Gesetzbücher,
so sorgt die Vorschrift des preußischen Rechts ausreichender
für das Interesse des Anerbotenen, geht aber mit dieser einseitigen
Rücksichtnahme zu weit in der Belästigung des Verkehrs. Ein
Kaufmann, welcher vielleicht an einem Tage hundert und mehr
Angebotsbriefe der Post übergibt, muß an alle diejenigen Adres=
saten Rücktrittserklärungen absenden, von welchen ihm rechtzei=
tig eine Antwort nicht zukommt, falls er nicht die nachträglich
eingehenden Annahmeerklärungen anerkennen und doch auch nicht
die Gefahr einer Schadenersatzleistung laufen will. Es verdient
daher die Bestimmung des deutschen H.G.B. vom gesetzgebe=
rischen Standpunkt den Vorzug. Sie läßt sich auch recht wohl
aus allgemeinen Rechtsgrundsätzen ableiten und als geltender
Satz für das gemeine Recht in Anspruch nehmen. Aus dem
Datum der Absendung der Annahmeerklärung kann der Antra=
gende ersehen, daß der Anerbotene in der Hoffnung lebt und
handelt, das Geschäft werde zur Entstehung gelangen. Es ver=
stößt gegen Treu und Glauben, wenn er ihn nicht aus diesem
Irrthum befreit, und darum wird seine Behauptung, er habe die
verspätet eingetroffene Annahme nicht anerkennen wollen, nicht
gehört. Nur freilich können dem Antragsteller Entschuldigungs=
gründe zur Seite stehen, welche diese Behaftung ausschließen.

Das Gesagte läßt sich in den Satz zusammenfassen:

> Bei kaufmännischen Angeboten ist der Antragsteller an
> sein Angebot nur so lange gebunden, bis eine Antwort
> des Anerbotenen im Fall sofortiger Absendung nach dem
> regelmäßigen Gang des ausdrücklich bezeichneten, außer=
> dem des verkehrsüblichen Beförderungsmittels bei ihm

eingetroffen sein kann. Eine später einlangende An=
nahmeerklärung ist für ihn nicht verpflichtend, außer wenn
die Verspätung nur mäßig und dem Antragenden sogleich
bekannt ist, in andern Fällen wenn er unterläßt, dem
Anerbotenen von der Vereitlung des Vertrags wegen
verspäteten Eingangs der Zusage ungesäumt Nachricht
zu geben.

Wir haben in den bisherigen Ausführungen wiederholt für
die kaufmännischen Angebote besondere Rechtssätze behauptet.
Da dürfen wir die Frage nicht umgehen, was unter einem kauf=
männischen Angebot zu verstehen sei.

Bekanntlich ist anläßlich der neueren handelsrechtlichen Kodi=
fikationen der Begriff Kaufmann sehr bestritten geworden. Um
für unsere Frage zu einem sicheren Ziel zu gelangen, scheint es
zweckmäßig von dem Inhalt und Zweck jener Rechtsnormen aus=
zugehen. Die Annahme stillschweigender Festsetzung kurzer Be=
haftungszeit beruht auf der Erwägung, daß der angebotene Ver=
trag nur ein Glied bildet in der Kette rasch sich abwickelnder
Geschäfte, wobei auf der einen Seite (des Anbietenden) schneller
Entscheid, auf der andern (des Anerbotenen) die Möglichkeit so=
fortiger Benützung des angenommenen Geschäfts zu weiteren
Operationen wesentliches Erforderniß ist. Daraus folgt, daß die
Ausnahmsbestimmungen als ein Bedürfniß nur bei solchen An=
geboten sich herausstellen, welche Theile eines zusammenhängenden
Handelsgeschäfts sind. Da man nun denjenigen Kaufmann zu
nennen pflegt, welcher ein Handelsgewerbe betreibt, so dürfte die
Bezeichnung gerechtfertigt sein. Es ist damit ein subjectives und
objectives Erforderniß angedeutet: es fallen unter die eigenthüm=
liche rechtliche Behandlung nur Angebote, welche von einem Kauf=
mann ausgehen, und nur solche Angebote eines Kaufmanns, welche
als Theile seines Handelsgewerbes zu betrachten sind, also nicht
z. B. der Antrag zu einem Hauskauf oder zu einer Wohnungs=
miethe. Deutsches H.G.B. Art. 297:

> Ein Antrag ... von einem Kaufmann in dem Han=
> delsgewerbe ausgegangen.

B. Annahme.

Rudloff, de acceptatione et ejus jure. Altdorfii 1676 (un=
bedeutend).

Koch, Recht der Forderungen II. §§. 71—73.

§. 15.
Von der Person des Annehmenden.

Pactum est duorum consensus atque conventio, pollicitatio
vero offerentis solius promissum (L. 3 pr. de pollicit. 50, 12).
Das unterscheidet also den Schuldvertrag von den seltenen Fällen
des verpflichtenden einseitigen Versprechens, der Pollicitatio, daß
die auf Hervorbringung der Obligatio gerichtete Willenserklärung
des einen nur durch Hinzutritt der Genehmigung des andern
Theils diesen Erfolg zu bewirken vermag. Die Zustimmung des
Anerbotenen wird gemeinhin Annahme oder Acceptation genannt.
Aber auch diese Bezeichnung (vgl. S. 48) paßt nur für den re=
gelmäßen Fall, wo derjenige, von welchem der Vorschlag ausgeht,
ausschließlich oder zugleich verpflichtet werden soll. In andern
Fällen kann nur von einer Uebernahme oder Zusage gesprochen
werden. Doch a potiori fit denominatio. Die Römer besaßen
dafür keinen feststehenden technischen Ausdruck; consentire wird
allerdings auch von der einseitigen Zustimmung gebraucht, bei der
Stipulation findet sich die der Frage entsprechende Verpflichtungs=
formel (spondeo etc.), beim Mandat kommt suscipere häufig vor. —
Die rechtliche Gültigkeit der Annahmeerklärung ist vornämlich
durch drei Momente bedingt, daß sie von der rechten Person, in
der gehörigen Beschaffenheit und innerhalb der gesetzten Zeit er=
folge. Damit sind auch die Punkte bezeichnet, welche den Gegen=
stand der nachfolgenden Betrachtung bilden.

I. Wer kann die Annahme wirksam erklären?

Zur vollkommenen Willenseinigung gehört auch die Ueber=
einstimmung hinsichtlich der beiderseitigen Person. Daher kann
die Annahme mit dem Erfolg der Vertragsvollendung nur von
demjenigen ausgehen, an welchen der Vorschlag gerichtet ist; die

Annahme, welche ein Dritter für sich erklärt, kann höchstens die Bedeutung eines Antrags haben.

Ob die Erben des Anerbotenen berechtigt sind, das an ihren Erblasser gerichtete und noch nicht abgelehnte Angebot innerhalb der ursprünglichen Frist anzunehmen, soll in einem andern Zusammenhang untersucht werden (§. 23).

Selbstverständlich kann Namens des Anerbotenen die Annahme ein Stellvertreter erklären, welcher zur Eingehung derartiger Obligationen sei es generell (Procuraträger, Handlungsbevollmächtigter) oder speciell ermächtigt ist.

Zweifel erweckt hingegen die Abgabe dieser Erklärung durch einen Dritten, dem keine Vollmacht zur Seite steht, und zwar in mehrfacher Hinsicht. Soviel scheint mir freilich unbestreitbar, daß der Antragsteller dann gebunden wird, wenn er nachweisbar die Annahmeerklärung des unbeauftragten Geschäftsführers angenommen hat. Er wird dadurch in die Lage desjenigen versetzt, welcher von Anfang mit einem negotiorum gestor den Vertrag abgeschlossen hat, er kann nicht mehr einseitig zurücktreten, verliert also jedenfalls sein Widerrufsrecht (L. 24 de neg. gest. 3, 5. L. 58 pr. de solut. 46, 3).

Es scheint mir ferner unbestreitbar, daß gegen den Willen des Antragenden die unbeauftragte Einmischung eines Dritten seine Lage nicht verschlimmern kann, er hat das Widerrufsrecht nach wie vor, die nachträgliche Genehmigung des Anerbotenen wäre die Annahmeerklärung selbst und darum ganz nach den hiefür geltenden Grundsätzen zu beurtheilen (*Wernher*, Observation select. p. I. obs. 182 verb.: Alia sane ratio est).

Schon heikler ist die Frage, ob im ersteren Fall die Genehmigung nur innerhalb der ursprünglichen Antragsfrist wirksam erfolgen könne. Ich glaube, daß wir die Lösung auf die Aussprüche, welche sich über verwandte Fragen in den Quellen finden, nicht stützen und daher auch auf sich beruhen lassen können, ob von den widersprechenden Stellen L. 25 §. 1 ratam rem haberi 46, 8 oder L. 71 §. 1. 2 de solut. 46, 3 den Vorzug verdiene. Die allgemeine Vorschrift Justinians in C. 25 i. f. de donat. i. v. e. u. 5, 16 und C. 7 pr. SC. Mac. 4, 29 schlägt gar nicht an, weil sie nur die Wirkung, nicht die Voraussetzungen einer gültigen Ratihabition bestimmt. Deßhalb steht mit ihr die Ent-

ſcheidung in L. 24 §. 1 ratam rem 46, 8 in keinem Widerſtreit
(A. M. Windſcheid, Pand. §. 74 Note 5 a. E.). In unſerm
Fall liegt eine Thatfrage vor: iſt es bei Entgegennahme der Erklärung des Geſchäftsführers Abſicht des Antragſtellers geweſen,
die Zeit der einſeitigen Gebundenheit über die urſprüngliche Antragsfriſt zu erweitern? Bei der Mannigfaltigkeit der Umſtände,
welche auf die Beantwortung im einzelnen Fall Einfluß gewinnen
können, wage ich nicht eine Regel aufzuſtellen. Der Erwägung,
daß man im Zweifel nicht eine Verlängerung der dem Antragenden ungünſtigen Zeit der Unentſchiedenheit unterſtellen dürfe, wird
in vielen Fällen die Rückſicht entgegentreten, daß die Einmiſchung
des Geſchäftsführers wegen Abweſenheit des Anerbotenen erfolgte,
welche ihm die eigene Erklärung innerhalb der Friſt unmöglich
machte, daß mithin der Antragſteller, welcher die Erklärung des
Geſchäftsführers angenommen hat, durch Feſthaltung an der ur-
ſprünglichen Friſt mit ſich ſelbſt in Widerſpruch treten würde.
Selbſt wenn man im gegebenen Fall ſich dafür entſcheiden muß,
daß die Genehmigung an die urſprüngliche Antragsfriſt gebunden
ſei, iſt die Erklärung des negotiorum gestor nicht bedeutungslos: ſie entzieht jedenfalls dem Antragſteller das Recht des
Widerrufs (A. M. Wächter, Würtemberg. Privatr. II. S. 682
Note 20).

Eine andere viel beſtrittene Frage iſt, ob nicht wenigſtens
durch eine der Genehmigung vorausgehende Uebereinkunft zwiſchen
dem Antragſteller und dem unbeauftragten Geſchäftsführer die
Wirkung der Annahmeerklärung durch den Letzteren und ihrer Ent-
gegennahme durch den Erſteren rückgängig gemacht werden könne.
Auch hier verlaſſen uns, ſoviel ich ſehe, die Quellen. Die An-
ſicht, nach welcher das Geſchäft ſofort nach dem Abſchluß dem
Willen des Geſchäftsführers entrückt ſein ſoll (vgl. Windſcheid,
P. §. 313 a. E.), findet weder in L. 24 de neg. gest. eine
Stütze, weil dieſe Stelle nur vom einſeitigen Widerſpruch des
Anbietenden handelt, noch in L. 24 §. 1 ratam rem haberi
46, 8; denn was von der Stellvertretung bei einem einſeitigen
Rechtsgeſchäft und noch mehr was von der Vertretung bei dem
auch ſonſt begünſtigten Erwerb der bonorum possessio (z. B.
L. 16 bon. poss. 37, 1) geſagt iſt, darf nicht ohne Weiteres auf
Vertragsverhältniſſe erſtreckt werden. Wir ſind daher für die

Entscheidung der aufgeworfenen Frage lediglich auf allgemeine Rechtsgrundsätze verwiesen.

Die aus dem Rechtsgeschäft mit dem unbeauftragten Geschäftsführer entspringende Gebundenheit des Antragstellers — so soll das vertragschließende Subject gegenüber dem Geschäftsführer und Geschäftsherrn genannt werden — kann nur die Folge eines zwischen den handelnden Personen selbst bestehenden Rechtsverhältnisses sein, da der Geschäftsherr vor der Genehmigung noch außer aller Beziehung zum Antragenden steht. Wir haben uns nun die Sache juristisch so zurecht zu legen: der Antragsteller verpflichtet sich dem Geschäftsführer gegenüber, das Dasein des Rechtsverhältnisses von der Genehmigung des Geschäftsherrn abhängen zu lassen. Träger der Berechtigung gegenüber dem Antragsteller ist also der Geschäftsführer. Folglich untersteht das Rechtsverhältniß, welches die Grundlage der Genehmigung bildet, vorerst ganz und gar der Verfügungsgewalt derjenigen Personen, welche es hervorgerufen haben; sie können durch einen Wiederaufhebungsvertrag tabulam rasam herstellen.

Diese Auffassung hat freilich den praktisch nicht unbedenklichen Schluß im Gefolge, daß auch durch das Versterben des Geschäftsführers vor der Genehmigung die Gebundenheit des Antragstellers gelöst werde. Denn da die Erben des Geschäftsführers in dieses Rechtsverhältniß, das keinen Bestandtheil seines Vermögens bildet, nicht eintreten, so steht dem Antragsteller kein Berechtigter mehr gegenüber.

Werfen wir einen Blick auf die Literatur über unsere Frage, so ist die Ausbeute nicht groß. Bei den ältern Schriftstellern wird die Darstellung durch eine Vermengung des Vertrags zu Gunsten Dritter und des Vertragsabschlusses mit einem negotiorum gestor getrübt; bei den neueren finden sich mehr Behauptungen als Gründe.

Leyser, Medit. ad Pand. spec. 519 Nr. 3—5 äußert sich über unsern Fall bei den Worten: Nunc vero gravior nascitur quaestio, quem effectum habeat acceptatio a tertio nomine absentis facta. Das Versprechen wird für verbindlich erklärt und der Meinung von *Grotius* (de jure belli ac pacis II. cap. XI. §. 18) beigestimmt, daß vor der Genehmigung das Versprechen

zwar nicht einseitig, wohl aber unter Zustimmung des Geschäfts=
führers zurückgenommen werden könne.

Puffendorf, Observ. jur. univ. Tom. II. obs. 38 §. 12
läßt beim Vertrag mit einem negotiorum gestor einseitigen Rück=
tritt bis zur Genehmigung zu.

In *Fratrum Becmannorum* Consil. et Decis. P. I. Resp. V.
§. 10 heißt es: „daß . . . wenn der Versprechende etwas nicht
sowohl dem gegenwärtigen selbsten zum Besten des abwesenden
Dritten sondern dem abwesenden Dritten selbsten verspricht und
dem gegenwärtigen es nur Namens desselben zu acceptiren er=
laubet, der gegenwärtige dieses Recht wie ein fremdes dem Dritten
bereits gehöriges Recht anzusehen, welches er auch vor desselben
acceptation zu remittiren nicht befugt . . .“ Hier findet sich
die richtige Unterscheidung der beiden Geschäfte, und aus der
Darstellung ist auch unschwer die Ansicht der Verfasser über den
Fall zu entnehmen, wenn der Dritte ohne Auftrag und ohne als
Stellvertreter vom Antragenden angenommen zu sein die An=
nahme Namens des Anerbotenen erklärt.

Glück, Commentar IV. S. 569 fg. folgt ganz dem vor=
stehenden Gutachten.

Von den neueren Schriftstellern hat sich am Ausführlichsten
Buchka (Lehre von der Stellvertretung S. 210 fg.) über den
in Rede stehenden Gegenstand ausgelassen. In Beziehung auf
die Wirksamkeit eines Wiederaufhebungsvertrags stimmt er mit
der von uns vorgetragenen Ansicht (ebenso Bähr in Jherings
Jahrb. VI. S. 288 und Seuffert VII. 273). Dagegen will
Buchka dem Tod des unbeauftragten Stellvertreters den oben
zugesprochenen Einfluß nicht einräumen, obwohl er den geltend
gemachten Entscheidungsgrund anerkennt. Ganz entgegengesetzter
Meinung sind Brinz, krit. Blätter II. S. 40 und Wind=
scheid a. a. O.

Die Partikulargesetzgebungen schweigen über unsere Frage
mit Ausnahme des preußischen Landrechts. Nach Thl. I.
Tit. 5. §§. 87—89 mit den §§. 74—77 soll die Annahmeer=
klärung durch einen unbevollmächtigten Dritten nur dann von
Wirkung sein, wenn dadurch ein wirklicher Vertrag zwischen dem
Versprechenden und dem Annehmenden zu Gunsten des Dritten
geschlossen wird, d. h. ein Vertrag, welcher die Vortheile eines

Dritten zum Gegenstand hat. Unter diesen Gesichtspunkt fällt
aber m. E. auch das Rechtsverhältniß, welches durch die ange=
nommene Acceptationserklärung eines unbeauftragten Dritten be=
gründet wird. (Einer strengern Auslegung huldigt Koch a. a. O.
§. 71 a. E.)

§. 16.
Von der Beschaffenheit der Annahme.

Im Angebot bezeichnet der Antragende die Bedingungen,
unter welchen er mit dem Anerbotenen in das beabsichtigte Ver=
tragsverhältniß zu treten bereit ist. Diese Erklärung ist als un=
theilbar und ausschließlich zu betrachten. Nur eine alle Punkte
des Angebots umfassende und vorbehaltlose Zusage vermag eine
bindende Willenseinigung hervorzubringen, jede in der Antwort
des Anerbotenen enthaltene Abweichung vom Inhalt des Ange=
bots, jede Einschränkung oder Bedingung gilt der Ablehnung gleich,
der Vertrag kommt nicht etwa theilweise zu Stande. Die Untheil=
barkeit erstreckt sich auf die Nebenbestimmungen, welche der An=
trag in Bezug auf das Hauptgeschäft enthält. Zwar schließt ein
Irrthum über Nebenpunkte die Entstehung des Vertrags nicht
aus (L. 34 pr. C. E. 18, 1); allein die hier eintretende Er=
gänzung der Willenseinigung ist unzulässig, wenn eine bestimmte
Ablehnung des gegnerischen Antrags in diesem Punkt vorliegt.

Gleichzeitig gestellte Angebote zu verschiedenen Verträgen sind
an sich von einander unabhängig, es kann das eine wirksam an=
genommen und das andere abgelehnt werden, wenn nicht aus den
Umständen deutlich zu entnehmen ist, daß sie im Sinn des An=
bietenden ein untrennbares Ganze bilden sollen. Die römischen
Juristen betrachteten die copulative Verbindung zweier Gegen=
stände in einer Stipulationsfrage als zwei von einander unab=
hängige Anträge (Paul. in L. 83 §. 4 V. O. 45, 1) und er=
klärten auf ähnliche Weise die Gültigkeit einer Stipulation, bei
welcher der Antwortende eine größere oder geringere Summe ver=
sprochen hatte, als die Frage enthielt (Ulp. in L. 1 §. 4 eod.).
Vom Standpunkt des praktischen Rechts mag dahingestellt bleiben,
wie die letztere Entscheidung sich zu der von *Gaius* (III. 102)
aufgestellten und in die Justinianischen Institutionen (§. 5. Inst.

de inutil. stipul. 3, 19) übergegangenen Ansicht verhält, ob im
Ausspruch Ulpian's sich eine Fortentwicklung des Stipulations-
rechts zur größeren Formfreiheit kund gibt, wie mir wahrscheinlich
dünkt, oder ob nach der Ansicht der Glosse eine Vereinigung darin
zu suchen ist, daß man L. 1 §. 4 cit. aus dem vorhergehenden
§. 3 ergänzt und stillschweigend hinzudenkt: si stipulatori diver-
sitas responsionis illico placuerit.   Jedenfalls haben wir für
das heutige Recht anzuerkennen: ein Angebot, welches auf reine
Bereicherung des Anerbotenen abzielt und mehrere selbständige
Sachen oder eine Quantität von vertretbaren Sachen zum Gegenstand hat, ist im Zweifel als eine Summe von Angeboten anzusehen und kann darum auch theilweise angenommen werden.
So aufgefaßt liegt darin nicht einmal eine Beschränkung der aufgestellten Behauptung von der Untheilbarkeit der Angebote durch
den Anerbotenen. —

Indeß ist die beschränkte oder bedingte Annahme mehr als
bloße Ablehnung, sie enthält zugleich einen neuen Antrag.   Wer
antwortet: ich nehme die von Ihnen angebotenen 40 Ctr. an,
wenn Sie den Ctr. zu 50 statt zu 55 erlassen, der erklärt ein
Doppeltes: das gestellte Angebot lehne ich ab, dagegen er-
biete ich mich, 40 Ctr. zu 50 zu nehmen.   Es vertauschen sich
nunmehr die Rollen, und für die Vollendung des jetzt eingeleiteten Vertrags ist der Umstand ohne Bedeutung, daß vorher ein
verwandter Antrag von der Gegenseite gestellt war.   Weder Annahme noch Kenntniß derselben durch den zweiten Antragsteller
sind entbehrlich.

Uebereinstimmend das Zürcher privatr. G.B. §. 909 und
das allg. deutsche H.G.B. Art. 322. Eigenthümlich der Wortlaut des preuß. Landr. Thl. I. Tit. 5 §. 85:

> Geschicht die Annahme nur unter Bedingungen und Ein-
> schränkungen, so kann der Versprechende seinen Antrag
> zurücknehmen.

Diese Fassung läßt die Auslegung zu, daß der Anerbotene durch
eine zweite unumwundene Annahme den Vertrag zum Abschluß
bringen kann, wenn nur der ursprüngliche Antragende nicht mittlerweile seinen Rücktritt erklärt hat. Nach der Darstellung der Schriftsteller über preußisches Recht scheint aber die Praxis die land-
rechtliche Bestimmung im Sinne des gemeinen Rechts zu deuten.

(Bornemann a. a. O. §. 139. Z. 2. Koch a. a. O. §. 71 a. E.)

Bei formlosen Verträgen, welche heutzutage die überwiegende Regel bilden, kann die Annahme nicht blos in mündlichen und schriftlichen Worten sondern auch durch sonstige Handlungen kund gegeben werden, welche ebensowohl in positiver Thätigkeit wie in bloser Unterlassung bestehen können. Endscheidend ist allein, daß der Wille der Annahme mit Bestimmtheit erkennbar ist. Die hier in Betracht kommenden Thatumstände entziehen sich wegen ihrer Mannigfaltigkeit einer allgemeinen Schilderung (vgl. Erkenntniß des O.A.G. zu Dresden in Zeitschr. für H.R. IX. S. 185). Nur das soll untersucht werden, inwiefern die Erfüllung der aus dem angetragenen Vertrag für den Anerbotenen folgenden Verbindlichkeit und die Unterlassung einer Erklärung auf den Antrag eine Annahme bezüglich Ablehnung enthalten.

Den ersteren Punkt anlangend, so liegt nicht erst in der Vollendung der Leistung sondern schon in deren Beginn eine Kundgebung der Annahme. Doch wird im letztern Fall nicht immer ersichtlich sein, ob der Antrag in seinem ganzen Umfang angenommen sein soll, so daß das Vorhandensein einer wirklichen Genehmigung auf Seite des Anerbotenen fraglich werden kann. Man wird sich also auch hier der Berücksichtigung der gesammten Lage des Falls nicht entschlagen dürfen (Thöl, Entscheidungsgründe Nr. 32. Preuß. Landr. I. 5 §. 81. Zürch. pr. G. B. §. 1158).

Das Stillschweigen oder Nichtantworten auf den Antrag kann im Allgemeinen weder als Annahme noch als Ablehnung gedeutet werden (L. 142 R. J. 50, 17). Mit Unrecht hat man den Satz, daß Nichtantworten als Einwilligung gelte, aus Clem. 1 de procur. 1, 10 gefolgert. Der Pabst sagt: die wissentliche vorbehaltlose Annahme einer schriftlichen Vollmacht ist als Uebernahme des darin enthaltenen Auftrags auszulegen. Das entscheidende Moment wird aber offenbar nicht in das Stillschweigen nach dem Empfang sondern in die wissentliche Annahme der Urkunde gesetzt: litteris quibus te aliquis in causis suis procuratorem constituens pro te debito modo cavit ... a te scienter receptis.

Allerdings wird die Unterlassung einer Antwort in vielen
Fällen der Ablehnung in der Wirkung gleich kommen, überall
nämlich, wo ausdrücklich oder stillschweigend für die Antwort des
Anerbotenen eine Frist gesteckt ist. Wenn innerhalb derselben
eine Antwort nicht abgegeben wird, so erledigt sich das Angebot,
aber nicht in Folge stillschweigender Ablehnung sondern wegen
fruchtlosen Verlaufs der Frist; es ist daher ein ungenauer Aus=
druck, wenn man sagt, daß Nichtantworten auf Anträge an einen
Abwesenden Ablehnung sei. Hierin liegt ferner die Erklärung,
warum die Beifügung des Antragstellers, daß Stillschweigen als
Ablehnung genommen werde, wirksam ist, die entgegengesetzte Be=
merkung, Nichtantworten werde als Annahme betrachtet, nicht.
Der Antragende kann die Dauer der Geltung seines Angebots
willkürlich begrenzen (§. 14), er kann aber Niemand zu einer
positiven Thätigkeit nöthigen. Auch wenn der Antrag von Waaren
begleitet war, ist für den Anerbotenen die vollkommene Unthätigkeit
ungefährlich (Urtheile in Zeitschr. für Handelsrecht Bd. IV. S. 395.
Bd. IX. S. 182).

Während demnach im Stillschweigen nie eine ablehnende Er=
klärung gefunden werden kann, gibt es umgekehrt Verhältnisse,
in welchen Stillschweigen als Annahme gilt. Man stellt dieß
zuweilen so dar, als ob es überhaupt einer Annahme nicht be=
dürfe. Diese Verkennung des wahren Sachverhältnisses ist nicht
ohne praktische Bedenken. Danach müßte ein Versprechen un=
widerruflich sein, auch so lange es der andere Theil noch nicht
erfahren hat. Die Wahrheit ist, daß in diesen Fällen zur Ent=
stehung des Vertrags nur keine ausdrückliche Annahme nothwendig
ist und daß im Gegentheil der Anerbotene ausdrücklich ablehnen
muß, wenn er nicht die Folgen der Annahme auf sich ziehen will.
Uebrigens kann sich auf die schlüssige Natur des Schweigens eben=
sowohl der Antragsteller als der Anerbotene berufen.

Der Grund der Ausnahme kann liegen

1) in dem Inhalt des Angebots. Angebote, welche auf
reinen Vortheil des Anerbotenen abzwecken, d. h. Angebote zu
Verträgen, woraus der Anerbotene nur berechtigt, nicht verpflichtet
wird, begründen die Erwartung auf Annahme. Wer darauf schweigt,
muß sich gefallen lassen als Annehmender behandelt zu werden.
Dahin gehört der Antrag zu einer Schenkung (L. 10 donat. 39, 5.

Seuffert, Arch. II. 45); dahin auch der von uns oben (§. 13 S. 72) betrachtete und der unten (§. 20) erwähnte Fall.

2) In dem besondern Verhältniß des Anerbotenen zum Antragsteller. Wenn zwischen beiden Theilen eine längere Geschäftsverbindung besteht, so gelten alle in diesen Geschäftskreis fallenden Anträge für angenommen, wenn nicht eine positive Zurückweisung erfolgt. (Deutsches H.G.B. Art. 323. Senffert, Arch. I. 40. IV. 211. XIV. 125. 130.) In einem solchen Verhältniß steht der Kommissionär zum Kommittenten (Zürcher pr. G.B. §. 1617), der regelmäßige Abnehmer bestimmter Waaren zum Verkäufer z. B. der Kunde eines Buchhändlers (Unterholzner, Schuldverhältnisse I. S. 62. Thöl, Entscheidungsgründe Nr. 35 und 37).

3) In der einseitigen Stellung des Anerbotenen. Sein Beruf oder Geschäftsbetrieb kann der Grund sein, weshalb in Ermangelung ausdrücklicher Ablehnung Genehmigung unterstellt wird. Dahin gehören alle Personen, welche zur Besorgung gewisser Geschäfte entweder öffentlich angestellt sind (Anwälte, Notare, Sensale, Geschäftsagenten) oder sich öffentlich dazu erboten haben (die öffentlichen Verkehrsanstalten, Kommissions- und Vermittlungsbureaux, Dienstmänneranstalten, Agenturen gewisser ökonomischer Institute u. s. w.).

In derselben Lage ist derjenige, welcher sich privatim einer Person gegenüber zur Ausrichtung gewisser Geschäfte erboten hat, vorausgesetzt daß darin nicht schon ein Angebot liegt.

Beide Fälle umfaßt das deutsche H.G.B. Art. 323. Vgl. auch preuß. Landr. Thl. I. Tit. 13 §§. 13. 14; österr. G.B. §. 1003; Zürcher priv. G.B. §. 1159.

. Damit sollen die Ausnahmsfälle nicht erschöpft sein. Zu weit geht aber die Behauptung, daß im kaufmännischen Verkehr bei allen bestimmt lautenden Aufträgen Stillschweigen als Uebernahme gelte (Nürnb. Prot. S. 1360). Dafür dürfte weder eine allgemeine Uebung noch auch nur ein wirkliches Bedürfniß nachzuweisen sein.

Andrerseits ist Savigny (System III. §. 132) nicht beizustimmen, wenn er die im römischen Recht anerkannten Fälle, in welchen Stillschweigen als Einwilligung gilt, für ausschließend hält.

Wir können schließlich die Abweichungen in folgenden Satz zusammenfassen:

Stillschweigen gilt als Einwilligung, wenn nach Lage der Umstände die Annahme mit Grund vorausgesetzt werden darf und deßhalb eine besondere Erklärung derselben nicht erwartet wird, oder wo im Fall der Annahme an die Stelle der Erklärung die sofortige Erfüllung zu treten pflegt, so daß die Unterlassung der Benachrichtigung von der Ablehnung den Antragsteller in seiner wohlbegründeten Erwartung täuschen würde.

Daß damit eine mathematisch sichere Formel gewonnen sei, an welcher sich der einzelne Fall mit Leichtigkeit messen lasse, wer wollte dieß auch nur erwarten. In solchen Fragen muß sich die Theorie bescheiden, der Rechtsanwendung allgemeine Anhaltspunkte zu geben, wenn sie nicht Gefahr laufen will, dieselbe vom Leben ab statt darauf hin zu führen.

§. 17.
Von der Zeit der Annahme.

Widerruf (§§. 12 und 13), Ablauf der Zeit (§§. 13 und 14), Ablehnungserklärung entkräften das Angebot. Eine Annahmeerklärung, welche einem der genannten Ereignisse nachfolgt, vermag daher nicht den Vertrag unmittelbar hervorzurufen. Da sich aber in ihr immerhin der Wille des Anerbotenen ausspricht, unter den früher bezeichneten Bedingungen den Vertrag mit dem Antragsteller abzuschließen, so enthält die verspätete Annahmeerklärung ein Angebot.

Bei Vertragsunterhandlungen unter Abwesenden kann der Fall eintreten, daß sich Zusagebrief und Widerrufserklärung kreuzen. Welche von den beiden Erklärungen ist dann die entscheidende? Diese Frage findet ihre Lösung in dem früher (§. 3) festgestellten Satz, daß in Vertragsverhältnissen eine Willenserklärung erst in dem Zeitpunkt Wirkung äußert, da sie zur Kenntniß des Adressaten gelangt. Danach ist diejenige Erklärung maßgebend, welche zuerst an ihren Bestimmungsort gelangt. Wird z. B. der Widerruf telegraphisch erklärt zu einer Zeit, da der Anerbotene den Annahmebrief bereits der Post übergeben hatte, so wird der Ver-

tragsabschluß vereitelt, wenn das Telegramm früher an den An=
erbotenen gelangt als sein Brief an den Antragsteller. Es liegt
die Sache gerade so wie wenn bei der mündlichen Vertragsunter=
handlung der Anbietende den Widerruf ausspricht, nachdem der
Anerbotene die Annahme beschlossen, aber noch nicht erklärt hat.
Umgekehrt ist der Widerruf wirkungslos, wenn die Annahme
früher ihr Ziel erreicht, denn er trifft den Vertrag als geschlossen
an. Selbstverständlich wird hier überall die Zulässigkeit des Wider=
rufs vorausgesetzt; deßhalb kann unsere Frage für kaufmännische
Angebote gar nicht aufgeworfen werden (vgl. §. 13 und deutsches
H.G.B. Art. 319).

So begründet wird sich vielleicht die von uns getroffene
Entscheidung, welche schon Hasse (Rhein. Museum für Jurispr.
Bd. II. S. 380) vertheidigt hat, mehr Anerkennung erringen,
als ihr bisher gelungen ist. Die Meinung, welche lediglich auf
das Vorhandensein der objectiven Willensübereinstimmung abstellt
(z. B. Jhering in seinen Jahrbüchern IV. S. 89), findet in
Früherem ihre Widerlegung. Prinziplos aber ist es, wenn man
nur denjenigen Widerruf für wirksam erklärt, welcher dem An=
erbotenen vor der Absendung seiner Annahmeerklärung zukommt
(so Sintenis §. 96 Note 14, Holzschuher §. 236 Z. 1).

Einmalige Ablehnung entkräftet gleichfalls das Angebot. Ob
die Ablehnung wörtlich oder durch Entgegenstellung eines andern
Angebots ausgedrückt wurde, macht keinen Unterschied (§. 16);
die in einem oberstrichterlichen Erkenntniß (bei Seuffert, Archiv
II. 17) zu Grund gelegte Ansicht, daß eine Erlöschung des ur=
sprünglichen Antrags nur dann angenommen werden könne, wenn
mit dem Mindergebot eine direkte Ablehnung verbunden sei, ent=
behrt jeden Grundes. Man sagt, daß im entgegengesetzten Fall
„der Handel nicht abgebrochen sei". Allein Abbrechung des Han=
dels ist ein thatsächlicher kein juristischer Begriff. Wenn A dem
B ein Pferd um 500 Frkn. angeboten und B darauf 400 Frkn.
gelegt hat, so ist das Angebot des A erloschen. Erklärt dem
nachgehend B, daß er jetzt die geforderten 500 Frkn. geben wolle,
so stellt er ein Angebot, dem gegenüber A volle Freiheit der
Wahl hat.

Nach dem vorhin angezogenen Grundsatz wird die Ablehnungs=
erklärung erst wirksam, wenn sie dem Anbietenden zur Kenntniß

gelangt ist. Vorher unterliegt sie noch der Zurücknahme durch den Anerbotenen. Wird die briefliche Mittheilung einer Ableh= nung durch eine Annahmeerklärung überholt, oder gelangt letztere auch nur gleichzeitig mit jener an den Antragsteller, so kommt der Vertrag nicht zu Stande. Ebenso gewinnt die Annahme= erklärung keine Bedeutung, wenn sie von einer späteren Ablehnung überholt oder eingeholt wird. Für die Wirkung der jüngeren Erklärung ist daher nicht sowohl entscheidend, ob sie noch zur Zeit des unvollendeten Vertrags abgegeben wurde, sondern ob sie früher oder gleichzeitig mit der älteren Erklärung dem An= tragsteller kund wird.

Was hier aus dem Wesen der Willenserklärungen abgeleitet wurde, hat das deutsche H.G.B. Art. 320 Abs. 2 für den einen von uns entschiedenen Fall ausdrücklich anerkannt:

> Ebenso ist die Annahme für nicht geschehen zu erachten, wenn der Widerruf noch vor der Erklärung der An= nahme oder zu gleicher Zeit mit derselben bei dem An= tragsteller eingegangen ist.

Ob man sich bei Aufstellung dieser und der analogen Bestimmung in Abs. 1 desselben Artikels des von uns geltend gemachten Ge= sichtspunkts bewußt war, mag dahin gestellt bleiben. Jedenfalls wird man auch den zweiten Fall, da die Annahmeerklärung der Ablehnung nachgesandt wird, nach dem deutschen H.G.B. nur im Einklang mit unserer Entscheidung beurtheilen dürfen.

C. Von den unwillkürlichen persönlichen Hinder= nissen der Vertragsvollendung.

Scheurl in Jhering's Jahrbüchern II. S. 265—269.
Bekker in seinem Jahrbuch II. S. 370—384.
Serafini, der Telegraf §. 22.

1. Vom Tod eines Vertragstheils.

§. 18.

a) Vom Tod des Anbietenden.

In demselben Maße als sich die Vollendung des durch das Angebot angebahnten Vertrags verzögert, vergrößert sich die

Möglichkeit für den Eintritt solcher Ereignisse, welche das Zu=
standekommen des Vertrags vereiteln. Wir haben im Bisherigen
schon Vernichtungsgründe des Angebots kennen gelernt, Zeit=
ablauf Widerruf und Ablehnung. Alle drei haben im Willen
der Vertragstheile, die beiden ersten im Willen des Antragstellers
der letzte in dem des Anerbotenen ihren Ursprung. Es können
aber Störungen des Vertragsabschlusses eintreten, welche vom
Willen jeder Partei unabhängig sind. Wenn wir hievon nur
diejenigen ins Auge fassen, welche die Person eines Vertrags=
theils betreffen, und z. B. von der Vereitlung des Vertrags
durch Untergang des Gegenstands absehen, so kommen vornäm=
lich in Betracht: Tod einer Partei und Handlungs= oder Ver=
fügungsunfähigkeit derselben wegen Geisteskrankheit, Erklärung
zum Verschwender, Konkurseröffnung. Es soll nunmehr unsere
Aufgabe sein, die Wirkung festzustellen, welche diese Ereignisse
auf das Zustandekommen des Vertrags äussern, wenn sie zwischen
der Antragstellung und Vertragsvollendung eintreten. Zunächst
vom Einfluß des Tods des Anbietenden.

Die praktische Bedeutung der gegenwärtigen Untersuchung
erschöpft sich nicht in einer Frage, es sind eine Reihe von Fragen,
welche sich zur Beantwortung drängen.

1) Entsteht der Vertrag, wenn der Anbietende vor der Er=
klärung der Annahme oder vor der Benachrichtigung hievon stirbt?
Ist es im ersteren Fall von Bedeutung, daß der Anerbotene zur
Zeit seiner Annahmeerklärung den Tod des Anbietenden kannte?

2) Ist der nach dem Tod des Anbietenden vollendete Ver=
trag Bestandtheil der Erbschaft oder gehört er zum eignen Ver=
mögen des Erben?

3) Welche Wirkung äußert beim Vorhandensein von Mit=
erben der von einem Einzelnen ausgehende Widerruf?

Diese Fragen und ihre Aufeinanderfolge sollen den Gang
der Erörterung bestimmen.

ad 1. Verliert ein Angebot dadurch seine Kraft, daß der
Antragsteller vor der Vertragsvollendung stirbt?

Scheiden wir vor Allem Gewisses von Ungewissem aus.

Das Angebot kann keine stärkere Lebenskraft besitzen als
der vollendete Vertrag. Gehört daher die beabsichtigte Obligatio

7 *

zu denjenigen, welche mit dem Tod eines Subjekts erlöſchen
(z. B. Societät), oder würde ſich wenigſtens die Obligatio ſo
eng an die Perſon des Antragſtellers geknüpft haben (Lebens=
unterhalt), ſo kann auch von einem Uebergang des bloſen An=
gebots auf die Erben keine Rede ſein. Eine Analogie bietet das
Vermächtniß einer perſönlichen Dienſtbarkeit, welches bekanntlich
untergeht, falls der Vermächtnißnehmer zwar nach dem Erblaſſer,
aber vor dem Erbſchaftserwerb ſtirbt (L. 2. L. 3. L. 5 §. 1
quando dies legat. 36, 2). Nimmt der Erbe den Antrag ſeines
Erblaſſers auf, ſo ſtellt er damit ein ganz ſelbſtändiges Angebot,
welchem der Anerbotene wieder vollkommen frei gegenüberſteht,
wieweit auch die früheren Unterhandlungen gediehen ſein mochten.
Das Geſchäft hat in dieſem Fall ſeinen Urſprung im Erben,
nicht im Erblaſſer.

Die überwiegende Zahl der Obligationen geht aber aktiv
wie paſſiv auf die Erben über. Welches Schickſal hat der auf
eine ſolche Obligatio gerichtete Antrag, wenn den Antragſteller
vor der Vertragsvollendung der Tod ereilt?

Nach bekannten Rechtsgrundſätzen treten die Erben in
ſämmtliche Vermögensverhältniſſe des Erblaſſers ein mit Aus=
nahme der ſogenannten jura personalissima. Gegenſtand des
Erbgangs ſind indeß nur ſchon begründete Rechte und Verbind=
lichkeiten, zwar auch die bedingten (L. 15 pr. de in diem addict.
18, 2), nicht aber bloſe Möglichkeiten des Erwerbs oder der
Verpflichtung (L. 4 de operis libert. 38, 1). Nun entſpringen
Recht und Pflicht erſt aus dem vollendeten Vertrag, und dazu
iſt weder die Antragſtellung noch die Annahmeerklärung noch
deren Vereinigung hinreichend. Es folgt alſo: ſtirbt der An=
tragende, bevor ſein Angebot angenommen und die Annahme
ihm zur Kenntniß gelangt iſt, ſo erliſcht das Angebot, die Ent=
ſtehung des Vertrags iſt vereitelt. Gemäß jenen Vorderſätzen
bleibt gleichgültig, ob der Annehmende ſeine Zuſage im Bewußt=
ſein oder in Unkenntniß des Tods des Anbietenden ausgeſprochen
hat (Seuffert, Arch. XIV. 15, *Molitor*, les obligations en
droit romain 1. p. 89, Unger, öſterreich. Privatr. Bd. VI. §. 1
Note 4, Windſcheid, Pand. §. 307 Note 5).

Die Entkräftung wirkt für und gegen jeden Vertragstheil. Der
Erbe iſt ſo wenig als der Anerbotene zur Anerkennung eines

solchen Vertrags verbunden. Indeß wäre die Erklärung der Annahme, welche der Letztere in Kenntniß vom Tod des Antrag= stellers abgibt, nicht bedeutungslos. Verständiger Weise müßte man dem Erklärenden den Willen unterstellen, das Geschäft mit dem Erben abzuschließen; es wäre ein Antrag von seiner Seite. Ob in einem solchen Fall Stillschweigen des Erben als Ein= willigung ausgelegt werden darf, beurtheilt sich nach früher er= örterten allgemeinen Grundsätzen (§. 16). Aber auch dann liegt nicht ein Geschäft der Erbschaft sondern des Erben vor. Es ist ferner reine Thatfrage, ob beim Vorhandensein von Miterben die Annahme wirksam nur von Allen übereinstimmend oder auch von einem Einzelnen für sich ausgesprochen werden könne.

Nicht ganz zweifellos ist die Anwendung des aufgestellten Satzes auf die Fälle des verbindlichen Angebots (§. 13). Hier liegt vom Augenblick, da der Anerbotene Kenntniß vom Angebot hat, eine Rechtspflicht des Antragstellers vor. Warum sollte sein Erbe nicht in diese einrücken? So wünschenswerth aus gleich zu erörternden Gründen die bejahende Antwort für uns wäre, ich glaube nicht, daß sie zu rechtfertigen ist. Das ver= pflichtende Moment besteht nach früherer Ausführung in einem Verzicht des Anbietenden auf den Widerruf. Ein solcher hat aber nur bei fortdauernder Gültigkeit des Hauptantrags Sinn. Was soll die Verpflichtung des Erben, nicht zu widerrufen, wenn der Hauptantrag aus andern Gründen erloschen ist? Mit andern Worten, der Widerrufsverzicht schützt den Hauptantrag nur gegen die Willkür des Anbietenden, nicht gegen sonstige Endigungsursachen.

§. 19.

a) Vom Tod des Anbietenden. — Fortsetzung.

Man wird der im vorigen Paragraphen gegebenen Lösung unserer Frage die Anerkennung der juristischen Folgerichtigkeit nicht versagen können, aber ebensowenig zuzugeben geneigt sein, daß sie in gleichem Maße den Anforderungen des Verkehrslebens entspreche. Anträge zu einem Vermögensgeschäfte gehen selten aus persönlicher Laune, regelmäßig aus einem wirthschaftlichen Bedürfnisse oder wenigstens aus einem pekuniären Interesse her=

vor. Warum soll sich die Befriedigung durch den Tod des bisherigen Vermögensinhabers zerschlagen, da doch das Bedürfniß
und Interesse mit dem Vermögen bleibt? Zwar kann das Angebot schädlich, vielleicht absichtlich zum Nachtheil der Erben gestellt sein. Allein wenn diese Gefahr einen Grund gegen den
Uebergang der Angebote auf die Erben bilden könnte, so müßte
er auch für die vollendeten Verträge gelten, ja noch mehr für
diese, da bei ihnen der dort zuweilen noch schützende Widerruf
fehlt. Warum — so fragt man ferner — soll der Anerbotene
einen Vertrag ablehnen können, den er erklärter Maßen mit
dem Erblasser einzugehen Willens war? Warum soll der Zufall,
daß der Tod des Antragstellers der Vertragsvollendung vielleicht
wenige Stunden vorausgieng, solche Wirkung thun? Möglich
daß gerade die Persönlichkeit des Erblassers für den Anerbotenen
bei Fassung seines Entschlusses bestimmend war, möglich daß
der Anerbotene wissentlich mit dem Erben das Geschäft nicht
abgeschlossen haben würde. Allein derartige individuelle Verhältnisse können einen Anspruch auf rechtliche Berücksichtigung
nur da begründen, wo sie bei dem Geschäfte ein äußerlich hervor-
tretendes d. h. allgemein wahrnehmbares Moment bilden. Diesen
Fällen hat aber das positive Recht durch den Ausschluß des vollendeten Vertrags vom Uebergang auf die Erben genügende Rechnung getragen.

Unser Rechtssatz tritt aber auch mit der billigen Rücksicht
auf den Anerbotenen in entschiedenen Widerspruch. Im wohl-
berechtigten Vertrauen auf das Zustandekommen des Vertrags
hat er vielleicht nach Absendung der Einwilligungserklärung schon
Anstalten zur Erfüllung getroffen, andere Anträge abgelehnt,
andere Verbindlichkeiten eingegangen. Kurz wir sehen daß die
stricti juris ratio wenn irgendwo so hier mit der utilitas auf
sehr gespanntem Fuß steht. In solcher Lage schauen wir mit
doppelter Aufmerksamkeit nach einer Abhilfe gewährenden positiven Rechtsvorschrift um. An Berufungen auf Gesetzstellen des
römischen Rechts für und wider hat es nicht gefehlt. Ob sie
stichhaltig sind, soll jetzt geprüft werden.

Eine Stelle, in welcher man einen entscheidenden Beweis
für das Erlöschen des Angebots durch den Tod des Anbietenden
hat finden wollen, L. 18 pr. comm. praed. 8, 4 ist schon an früherem

Ort erledigt worden (§. 7). Es ist dort ausgeführt, warum das formale Geschäft der in jure cessio keinen sichern Schluß auf die formlosen Verträge zulasse.

Nicht ergiebiger ist L. 2 §. 6 de donat. 39, 5 (vgl. den Wortlaut auf S. 28). Verlieren wir nicht aus dem Auge, daß es sich um eine Schenkung handelt und daß nach vorjustinianischem Recht Schenkungen von Sachen erst durch die Eigenthumsübertragung gültig wurden (Fr. Vat. §. 311). Vom Standpunkt Julians folgt daraus, daß mit der Verneinung des Eigenthumsübergangs auch die Entstehung des Schenkungsvertrags verneint wird, und daß für die Entscheidung des Juristen unerheblich war, ob der Dritte den Schenkungsantrag noch bei Lebzeiten des Schenkers erfahren und angenommen hatte oder nicht. Anders wird das Ergebniß, wenn man die Vorschrift der C. 35 de donat. 8, 54 (a. 530) zu Grunde legt, in welcher Justinian die Gültigkeit der Schenkung vom Eigenthumsübergang unabhängig machte. Ob sich die Kompilatoren bei Aufnahme der Julianischen Stelle diese Aenderung zum Bewußtsein gebracht haben, ist mindestens zweifelhaft. Dieß aber auch angenommen entscheidet die Stelle doch nur, daß Eigenthum nicht übergehe. Warum? wird nicht gesagt. Vielleicht weil mit dem Tod des Schenkers das durch den Boten zu übermittelnde Vertragsanerbieten erlischt. Dann löst die Stelle in der That unsere Frage, und da die Tradition immer ein Vertrag ist, vermag auch die Streitfrage über die Vertragsnatur der Schenkung kein Bedenken zu erwecken. Vielleicht wird aber der Grund, warum Eigenthum nicht übergeht, darin gesucht, daß zur Zeit der Uebergabe des Gelds derjenige nicht mehr Eigenthümer ist, in dessen Namen es übergeben wird, ähnlich dem Zweifel, welcher Ulpian sogar bei einer bedingten Eigenthumsübertragung bewegte: quia post mortem incipiat dominium discedere ab eo, qui dedit et ... jam heredis dominium est, a quo discedere rerum non posse dominium invito eo fatendum est (L. 9 §. 1 de jure dot. 23, 3). In diesem Fall beweist die Stelle für uns nichts. Für die zweite Annahme spricht in gewissem Grade der Zusammenhang. Im voraufgehenden §. 5 der L. 2 cit. wird gesagt, daß bei der bedingten Tradition der vor Erfüllung der Bedingung eintretende Wahnsinn oder Tod des Tradenten den

Eigenthumsübergang nicht hindere. An den Wahnsinn knüpfte sich ein Zweifel, weil er die Handlungsfähigkeit, an den Tod, weil er die Handlungsfähigkeit und das Eigenthumsrecht des Uebertragenden aufhebt. Uebergehend nun auf den Fall wo erst ein Angebot zur Tradition vorliegt, faßt Julian lediglich den Tod in seiner Wirkung auf die beabsichtigte Eigenthumsübertragung ins Auge. Demnach scheint er das Hinderniß des Eigenthumsübergangs lediglich in dem oben angeführten zweiten Grund zu erblicken, er entscheidet wenigstens nicht, welchen Einfluß der Wegfall der Handlungsfähigkeit allein auf das Angebot äußern würde.

Nicht ergiebiger ist für unsern Zweck L. 11 §. 8 de donationibus inter virum et uxorem 24, 1:

Ulpianus lib. XXXII ad Sab. —

> Si uxor rem Titio dederit, ut is marito mortis causa traderet eaque defuncta invitis heredibus eius Titius marito dederit, interest, utrum a muliere sit interpositus Titius an vero a marito, cui donabatur: si a muliere interpositus est, obligabit se condictione, si marito tradiderit; si autem a marito sit interpositus, mortua muliere confestim fundus efficietur eius quem maritus interposuit et actionem ipse maritus cum eo habebit.

Soviel ist unzweifelhaft, daß die Schenkung ungültig sein soll, wenn der Empfänger der Sache Beauftragter der schenkenden Ehefrau ist. Warum? ist nicht gesagt. Savigny (System IV. S. 154) glaubt, weil in diesem Fall die Annahme der Schenkung durch den Mann erst nach dem Tod der Schenkgeberin erfolgt. Allein hiezu paßt schlecht der Grund, welcher für die entgegengesetzte Entscheidung bei der Uebergabe der Sache an einen Beauftragten des Manns angeführt wird: confestim fundus efficietur eius. Es steht Alles in bestem Einklang, wenn wir die Sache so auffassen. Den von ihr selbst aufgestellten Mittelsmann beabsichtigt die Frau niemals zum Eigenthümer zu machen; er ist bloser Bote. Ueberliefert er nun die Sache nach dem Tode der Frau, so geht auf den Mann kein Eigenthum über, weil diejenige Person, in deren Namen die Sache übergeben wird, nicht mehr Eigenthümerin ist und die gegenwärtigen Eigenthümer die Uebertragung nicht wollen. Wegen mangelnden Eigenthumsübergangs gilt aber auch die Schenkung

nicht, gleichviel ob der Mann den Schenkungsantrag vorher an=
genommen hat oder nicht. Anders wenn der Mann die Mittels=
person zum Empfang der Sache beauftragt hat. In der Ueber=
gabe liegt dann eine bedingte Eigenthumsübertragung an den
Mittelsmann, welche im Moment des (bei stehender Ehe ein=
tretenden) Tods der Frau unbedingt wird. Nunmehr kann der
Mann seinen Beauftragten mit der Mandatsklage zur Ueber=
eignung der Sache an ihn anhalten. Somit besagt die zweite Stelle
nicht mehr als die erste. Man vgl. auch C. 8 de obl. et act. 4,10.

Ferner L. 41. R. C. 12, 1:

Africanus lib. VIII. Quaest. —

Eius, qui in provincia Stichum servum kalendario prae-
posuerat, Romae testamentum recitatum erat, quo idem
Stichus liber et ex parte heres erat scriptus: qui status
sui ignarus pecunias defuncti aut exegit aut credidit,
ut interdum stipularetur et pignora acciperet. Con-
sulebatur quid de his juris esset. Placebat debitores
quidem, ei qui solvissent, liberatos esse, si modo ipsi
quoque ignorassent dominum decessisse. . . . Quas vero
pecunias ipse credidisset, eas non ex majore
parte quam ex qua ipse heres sit, alienatas
esse. Nam etsi tibi in hoc dederim nummos,
ut eos Sticho credas, deinde mortuo me ignor-
ans dederis, accipientis non facies; neque enim
sicut illud receptum est, ut debitores solventes ei
liberentur, ita hoc quoque receptum, ut credendo
nummos alienaret.

An diesem Ort interessiren uns nur die gesperrt gedruckten
Worte. Wenn Stichus nach dem Tode seines Herrn (und der
Eröffnung des Testaments, worin ihm die Freiheit hinterlassen)
noch Gelder ausleiht, so geht auf die Empfänger Eigenthum
nicht über; denn es fehlt jenem die Veräusserungsmacht. Der=
jenige, für welchen er bisher veräussern konnte, ist nicht mehr
Eigenthümer, und von den jetzigen Eigenthümern besitzt er keine
Ermächtigung zur Eigenthumsübertragung. Dieses Hinderniß
fällt freilich weg, wenn Stichus selbst Erbe, ganz wenn er Allein=
erbe, zum Theil wenn er nur Miterbe ist; darum wird auch in=
soweit der Empfänger Eigenthümer.

Gerade so — fährt der Jurist fort — verhält es sich, wenn
Jemand einem Andern Geld übergibt, um es dem Stichus als
Darlehn zu überbringen, und stirbt bevor es dieser empfängt.
Man nimmt zwar aus Billigkeitsrücksichten (receptum est) eine
Befreiung der Schuldner an, welche nach dem Tod des Prinzi-
pals ohne Kenntniß davon an den bisherigen Stellvertreter
zahlen. Es ist aber noch nicht anerkannt, daß auch Auszah-
lungen des bisherigen Stellvertreters nach dem Tod des Prin-
zipals gemacht gültig seien, und es greift daher hier die reine
Rechtsfolge Platz.

Man könnte noch folgende Stelle versucht sein für unsere
Frage zu verwerthen, L. 19 §. 3 donat. 39, 5:

Ulpianus lib. LXXVI ad Edict. —

> Si quis dederit pecuniam mutuam Titio reddendam
> Seio, cui donatum volebat, deinde Titius mortuo dona-
> tore Seio dedisse proponatur, erit consequens dicere,
> pecuniam Scii fieri sive mortuum scivit sive ignoravit
> is, qui dabat, quia pecunia fuit dantis. Sed si quidem
> ignoravit mortuum, erit liberatus. si sic mutuam pe-
> cuniam accepit solvendam Seio. Si autem mandavero
> tibi, ut pecuniam Titio des, cui donare volebam, et tu
> ignorans me mortuum hoc feceris, habebis adversus
> heredes meos mandati actionem. si sciens non habebis.

Der erste Satz (si quis — fuit dantis) besagt nur, daß
durch die Uebergabe des Geldes Seius Eigenthümer wurde.
Natürlich, Titius zahlt mit eignem Geld (darin liegt der Unterschied von dem Fall der L. 41 R. C.), er hat die Absicht, auf
Seius Eigenthum zu übertragen und dieser den Willen es zu empfangen. Mehr ist aber zum Eigenthumsübergang nicht erforderlich, namentlich nicht die Gültigkeit des der Tradition unterliegenden Rechtsgrunds (L. 36 A. R. D. 41, 1). Somit versagt
der Schluß vom Eigenthumsübergang auf den Rechtsbestand der
Schenkung. Ebensowenig wird man aus dem Schlußsatz diese
Folgerung ziehen dürfen; wenn dem Beauftragten das Recht zugesprochen wird, sich wegen Schadloshaltung an die Erben des
Auftraggebers zu wenden, so ist damit nicht gesagt, daß die
Schenkung an Seius gültig sei. Gesetzt aber auch, wir dürften
dieß unterstellen, so würde immerhin die Entscheidung im Sinne

des Justinianischen Rechts für unsere Frage nur fruchtbar sein, wenn feststünde, daß Seius von der Absicht des Schenkers erst nach dessen Tod etwa bei der Behändigung des Geldes Kenntniß erlangt hat.

Der übrige Theil der Stelle führt uns auf eine weitere Betrachtung.

§. 20.

a) Vom Tod des Anbietenden. — Fortsetzung.

Der noch nicht ausgeführte Auftrag erlischt regelmäßig (L. 26 pr. mand. 17, 1 L. 108 i. f. solut. 46, 3 C. 15 mand. 4, 35) wenn auch nicht nothwendig (Gai. III. 117. 158 L. 12 §. 17 L. 13 mand. Scheurl, Beiträge I. S. 105 fg.) durch den Tod des Auftraggebers; denn das Verhältniß ruht auf einer persönlichen Beziehung zwischen den ursprünglichen Parteien auf officium atque amicitia (L. 1 §. 4 mand.). Alle nach dem Tode des Auftraggebers vorgenommenen Handlungen des Beauftragten entbehren derjenigen rechtlichen Wirkungen, welche die Rechts= beständigkeit des Auftrags zur Voraussetzung haben.

Diese Folge kann aber eine große Härte mit sich bringen sowohl für den Beauftragten, welcher ohne Kenntniß vom ein= getretenen Tod den Auftrag nachträglich ausführt, als für Dritte, welche in gleicher Unkenntniß mit dem vermeintlichen Vollmachtsträger Geschäfte abgeschlossen haben. Das strenge Recht (juris ratio) mußte hier an die Billigkeit und das Ver= kehrsbedürfniß (utilitas) Zugeständnisse machen. Es wurde der Satz anerkannt, daß in solchem Fall der Beauftragte seine An= sprüche haben sollte wie wenn das Auftragsverhältniß fortbestünde. (Gai. III. 160 §. 10 J. mand. 3, 26 L. 26 pr. L. 58 pr. mand. 17, 1 L. 19 §. 3 i. f. de donat. 39, 5), und daß die Schuldner befreit werden, wenn sie im berechtigten Vertrauen auf die Fort= dauer der Empfangsbevollmächtigung an den Beauftragten Zah= lung geleistet haben (L. 41 R. C. [S. 105] L. 26 §. 1 mand. 17, 1 L. 19 §. 3 donat. [S. 106] L. 32 solut. 46, 3).

Gewinnen wir nun aus diesen Bestimmungen des römischen Rechts einen Anhaltspunkt für die Lösung der uns vorliegenden Frage? Bekker (II. S. 377) sagt: „Jede wirkliche Zahlung ist ein Vertrag zwischen dem Zahlenden (nicht immer dem

Schuldner) und dem Gläubiger. Dieser Vertrag kann auch nach des Gläubigers Tod zu Stande kommen, wenn der Gläubiger vor seinem Tode seinen Willen über die Modalitäten der Zahlung erklärt hat (Offerte) und der Schuldner nachher diesem Willen entsprechend und ohne nur den Tod des Gläubigers zu wissen zahlt. Die Erben werden also in diesem Fall gezwungen, die Offerte ihres Erblassers wie ihre eigene gelten zu lassen." Und S. 378: „Hat der Gläubiger seinem Schuldner Vorschläge, Offerten über die Art der Zahlung gemacht und der Schuldner zahlt nach dem Tode aber bevor er den Tod erfahren in der angegebenen Art, so wird er hiedurch frei. Ob der Gläubiger verstorben bevor die Offerte an den Schuldner gelangt ist oder nachher, darauf kommt hiebei nichts an, die Quellen unterscheiden die Fälle nicht und uns fehlt jeder Grund zur Unterscheidung."

Hieran scheint mir schon der Ausgangspunkt unrichtig. Nicht jede Zahlung d. h. Erfüllung einer Obligatio ist ein Vertrag, noch weniger gerade ein Vertrag mit dem Gläubiger (L. 61 solut. 46, 3: In perpetuum quotiens id, quod tibi debeam. ad te pervenit et tibi nihil absit, nec quod solutum est, repeti possit, competit liberatio; Beispiele in L. 11 §. 5 pign. act. 13, 7 L. 28 L. 34 §. 9 solut. 46. 3). Gerade dieser weitere Sinn dürfte aber in den oben angeführten Quellenaussprüchen zu unterstellen sein, wenn z. B. Paulus sagt: debitor non recte solvit sed liberatur. Die Zahlung an den wahren Stellvertreter ist kein Vertrag mit dem Gläubiger, und in dem Auftrag an den Schuldner über die Art der Zahlung liegt kein Vertragsvorschlag, wozu die Ausführung erst die Annahme bildet, sondern ein Ermächtigungsangebot, dessen stillschweigende Annahme wir an den Moment der Kenntnißnahme durch den Schuldner anknüpfen dürfen, da der Letztere dadurch nur befugt nicht verpflichtet wird (§. 16 Z. 1). Wir können daher aus jener Entscheidung nicht ableiten, daß das erst nach dem Tod des Gläubigers an den Schuldner gelangte Angebot gültig angenommen werden könne.

Aber auch angenommen die Bekkerschen Schlußfolgerungen seien richtig, so würde dadurch das Bedürfniß des Verkehrs doch nicht vollkommen befriedigt, wie der Verfasser selbst nicht verkennt.

In anderer Weise sucht Jhering (Jahrb. IV. S. 92 fg.) zu helfen. Ausgehend von dem Satz daß der vor der Annahme eintretende Tod des Antragstellers die Entstehung des Vertrags hindere, glaubt J., daß die hieraus entspringenden Nachtheile aus dem Gesichtspunkt der culpa in contrahendo zu ersetzen seien. „Wäre unter Anwesenden contrahirt, so hätte der Tod jenen nachtheiligen Einfluß nicht ausüben können... Die culpa liegt also darin, daß er (der Anbietende) statt des allein sichern Mittels der eignen mündlichen Mittheilung auf Gefahr des Gegners ein unsicheres ergreift."

Da möchte man doch ausrufen: Herr, wer kann wissen wie oft er fehle! Ein Geschäftsmann, der vielleicht an einem Tage hundert und mehr Angebotsbriefe erläßt, soll sich ebenso oft einer Pflichtverletzung schuldig machen, weil er nicht persönlich zum Adressaten z. B. von Petersburg nach New York reist, um seinen Antrag zu stellen! Zudem wäre der auf diesem Weg gewonnene Schutz in zweifacher Hinsicht ein unvollkommner. Einmal gienge der Anspruch nur auf Schadenersatz nicht auf Anerkennung des Vertrags selbst. Wie wenig aber damit ge= holfen ist, wurde schon mehrfach hervorgehoben. Dann würde zwar der Anerbotene dadurch geschützt, die Erben des Anbieten= den dagegen blieben immerhin der Willkür des Ersteren preis= gegeben.

Die beiden letzten Ausstellungen gelten auch der Ableitung der Rechtshilfe aus dem oben angenommenen stillschweigenden Garantievertrag (§. 6 a. E.). Nur besteht hiegegen noch das weitere Bedenken, daß überhaupt ein Vertrag zwischen Anbie= tendem und Anerbotenem nicht zu Stande kommt, wenn der Tod jenen ereilt, bevor das Angebot an diesen gelangt ist.

Auf einen befriedigenderen Ausweg werden wir durch fol= gende Erwägung geführt.

In den Quellen begegnen uns eine Reihe von Beispielen, wo entschuldbarer Irrthum gegen die strenge Folgerung des Rechts in Schutz genommen wird. Es wurde eben eines solchen gedacht in der Behandlung der Geschäfte, welche nach dem Tod des Auftraggebers ohne Kenntniß von der Auflösung des Man= datsverhältnisses und im Vertrauen auf dessen Fortbestand vom Beauftragten oder dritten Personen vorgenommen wurden. Ver=

wandt iſt damit die Wirkſamkeit der Zahlung, welche der Schuld=
ner ohne Vorwiſſen vom Widerruf des Auftrags an den früheren
Bevollmächtigten geleiſtet hat (L. 12 §. 2. L. 34 §. 3. L. 51
solut. 46, 3). Eine andere Anwendung liefert die Befreiung
des Schuldners aus einer abgetretenen Forderung, welcher in
Unkenntniß von der ſtattgefundenen Ceſſion an den Cedenten
zahlt (L. 17 de transact. 2, 15 mit C. 4 quae res pign. 8, 17).
So wird auch der Regreßanſpruch des Bürgen anerkannt, welcher
nach Abfindung des Gläubigers durch den Hauptſchuldner, ohne
um dieſen Umſtand zu wiſſen, Zahlung leiſtet (L. 29 §. 2 mand.
17, 1; dazu L. 8 §. 7 §. 8. L. 29 pr. §. 1 §. 3 cod.). Wenn
ein Gläubiger ſeinem Ehegatten ſchenkungsweiſe den Schuldner
delegirt, ſo kann der Letztere, welcher in Unkenntniß von dem
Delegationsgrund die Novationsſtipulation abgeſchloſſen und an
den Delegatar gezahlt hat, nicht zur nochmaligen Zahlung an=
gehalten werden, obwohl die Novation nichtig war (L. 39 de
donat. i. v. e. u. 24, 1). Beſonderes Intereſſe hat für unſere
Frage folgende Entſcheidung:

> L. 33 de possess. 41, 2. *Pomponius* lib. 32 ad Sabin. —
> Fundi venditor etiam si mandaverit alicui ut emtorem
> in vacuam possessionem induceret, priusquam id fieret,
> non recte emtor per se in possessionem veniet. Item
> si amicus venditoris, mortuo eo, priusquam id sciret
> aut non prohibentibus heredibus id fecerit, recte
> possessio tradita erit. Sed si id fecerit, quum sciret
> dominum mortuum, aut quum sciret, heredes id fa-
> cere nolle, contra erit.

Die bisher benützten Stellen legten der Unkenntniß des
Beauftragten von der Erlöſchung ſeiner Vollmacht eine Bedeu=
tung nur innerhalb der obligatoriſchen Rechtsverhältniſſe bei.
Hier wird dieſelbe darüber hinaus anerkannt zunächſt für den
Beſitzübergang. Man könnte geneigt ſein, die Entſcheidung hier=
auf zu beſchränken, um dadurch eine Vereinigung mit früher
angezogenen Stellen zu gewinnen, welche ohne alle Unterſcheidung
den Tod des Auftraggebers für ein Hinderniß des Eigenthums=
erwerbs erklären, wenn die Uebergabe der Sache erſt zu dieſer
Zeit erfolgt (vgl. den vorhergehenden Paragraphen). Gewiß wäre
aber ſolche Halbheit auffallend. Ich möchte die Hebung des an-

scheinenden Widerstreits vielmehr darin finden, daß im Fall der
L. 33 cit. auf Grund eines lästigen Vertrags ein rechtlicher An=
spruch auf die Uebertragung bestand, während es sich in den frü=
heren Stellen entweder um eine Schenkung oder um die Begrün=
dung eines Darlehnsvertrags handelt. Dort war die Abweichung
von der strengen Rechtsfolge eine weit dringendere Forderung der
Billigkeit als hier.

Noch nach einer andern Seite erweitert L. 33 cit. den recht=
lichen Standpunkt. Die Entscheidungen, welche in den vorher
betrachteten Stellen enthalten sind, gehen im Erfolge über eine
blose Schadloshaltung kaum hinaus (Aufrechterhaltung der Zah=
lung, Ersatzanspruch des Beauftragten). Dieß thut aber in be=
stimmter Weise L. 33 cit. Besitz und — wie wir annehmen —
Eigenthum soll auf den Käufer übergehen ohne Rücksicht ob au=
ßerdem derselbe positiven Nachtheil haben würde oder nicht. Hierin
wird unser Gesetz unterstützt durch L. 5 §. 17 de institoria act.
14, 3. Diese Stelle ist auch in anderer Beziehung interessant
genug, um hier einen Platz zu finden:

Ulpianus lib. XXVIII. ad edict.

Si ab alio institor sit praepositus, is tamen decesserit,
qui praeposuit, et heres ei extiterit, qui eodem in=
stitore utatur. sine dubio teneri eum oportebit: nec
non si ante aditam hereditatem cum eo contractum
est, aequum est, ignoranti dari institoriam actionem.

———

Was gewinnen wir aus der vorstehenden Betrachtung? Die
Wahrnehmung, daß die römische Jurisprudenz sich nach dem Ziele
zu bewegte, aus Billigkeitsrücksichten dem Tode eines Vertrags=
theils einen zerstörenden Einfluß auf den in der Entstehung be=
griffenen Vertrag zu versagen, wenn der andere Theil in ent=
schuldbarer Unkenntniß davon handelte. Diese Entwicklung ist
bei den Römern nicht zum Abschluß gelangt. Erscheint es dem=
nach aber zu kühn, für das heutige Recht den Satz aufzustellen,
daß ein Vertrag, dessen Vollendung bei Lebzeiten des Antrag=
stellers nicht mehr eingetreten ist, gültig sei, wenn entweder der=
selbe nur noch zur Zeit der Annahme lebte oder der Anerbotene
in entschuldbarer Unkenntniß von dessen Tode die Annahme er=
klärt hat? Jedenfalls setzt sich die Rechtswissenschaft durch die

Anerkennung dieses Satzes mit den Anforderungen des praktischen Lebens besser in Einklang, als wenn es ihnen ständig ein Non possumus entgegenstellt. Dabei ist freilich die Beschränkung vorbehalten, daß der Antragsteller nicht in unzweideutiger Weise gleichviel aber ob ausdrücklich oder stillschweigend zu erkennen gegeben hat, der Antrag solle über seine Person nicht hinausgehen. Solche Begrenzung kann sich aus der Natur des Vertrags ergeben, z. B. bei einer Wette, welche nur zur Befriedigung eines individuellen Gefühls (Rechthaberei) dient.

Dazu noch Folgendes. In den Quellen wird das Geschäft zunächst nur zu Gunsten desjenigen für gültig erklärt, welcher ohne Kenntniß vom Tod der einen Vertragsperson gehandelt hat. Dieß wird in den meisten Fällen der allein praktische Punkt sein. Es scheint mir aber im Geiste der Bestimmung gelegen und durch die Gleichheit der Rechte beider Theile geboten, daß jener die Anerkennung des Vertrags unter denselben Voraussetzungen auch gegen sich gelten lassen muß. Darum kann nicht blos der Annehmende sondern auch der Erbe des Antragstellers sich auf die Verbindlichkeit des Vertrags berufen.

§. 21.

a) Vom Tod des Anbietenden. — Fortsetzung.

Der im vorigen Paragraphen für das heutige Recht aufgestellte Satz muß sich gefaßt machen, von zwei Seiten angegriffen zu werden. Die Einen werden ihn als Ketzerei gegenüber dem Buchstaben unseres positiven Rechts verurtheilen, Andern wird er nicht weitgehend genug sein. In der That beugt er nur der äußersten Unbilligkeit vor (ne justa ac probabilis ignorantia tibi damnum afferret). Damit reicht man aber, wie ich glaube, für den gewöhnlichen Verkehr aus. Anders freilich auf dem Standpunkt des kaufmännischen Geschäftslebens. Anträge von Handlungshaus zu Handlungshaus werden angenommen, auch wenn der Inhaber der anbietenden Firma inzwischen mit Tod abgegangen ist. Dem Kaufmann kommt dabei gar nicht das Bedenken, daß einem derartigen Vertrag vom Geschäftsnachfolger die Anerkennung verweigert werden könne. Beruht nun diese Uebung blos auf kaufmännischem Anstandsgefühl oder ist sie der Ausdruck

des Bewußtseins von ihrer Rechtsverbindlichkeit? Gewiß das
Letztere.

Der Kaufmann denkt sich das Handelsgeschäft (Firma) in
gewissem Grade selbständig gegenüber der Person des jeweiligen
Inhabers; jenes erachtet er für das Bleibende, diese für das
Vorübergehende. Das Geschäft hat ihm ein Dasein über das
Leben des jeweiligen Inhabers hinaus. Anträge, welche in den
Kreis des betreffenden Handelsgewerbes fallen, werden „von
Handlungshaus zu Handlungshaus", juristisch gesprochen Namens
des jeweiligen Inhabers des einen Geschäfts dem jeweiligen
Inhaber des andern Geschäfts gemacht. Entgegengesetzte Fälle
bilden eine fast verschwindende Ausnahme.

Dazu kommt noch ein Weiteres. Eine kaufmännische Voll=
macht (Procura im weiteren Sinn) erlischt nicht durch den Tod
des vollmachtgebenden Geschäftsherrn. Der Stillstand eines kauf=
männischen Geschäfts beim Tod des bisherigen Inhabers wider=
spricht der wirthschaftlichen Natur desselben, könnte in vielen
Fällen dessen Ruin herbeiführen, fast nie ohne nachtheilige Folgen
bleiben. Jenen Satz hat in richtiger Erkenntniß des Bedürfnisses
des Handelsverkehrs schon das römische Recht anerkannt:

L. 17. §. 3 de instit. act. 14, 3. — *Paul.* lib. XXX
ad Ed. —

Eius contractus certe nomine, qui ante aditam hereditatem intercessit, etiamsi furiosus heres existat,
dandam esse actionem etiam Pomponius scripsit; non
enim imputandum est ei, qui sciens dominum
decessisse, cum institore exercente mercem
contrahat.

Vgl. dazu den vorhergehenden §. 2. Stehen nicht damit die
Aussprüche von Afrikan in L. 41 R. C. (S. 105) und Ulpian
in L. 5 §. 17 de inst. act. (S. 111) in Widerstreit? Man hat
dieß angenommen und zur Abhilfe in L. 17 §. 3 cit. sciens in
nesciens verwandelt. Ganz willkürlich. Paulus handelt von
einem kaufmännischen Institor (mercem exercens), welchen
er in einer andern Stelle (L. 18 cod.) so bezeichnet:

Institor est qui tabernae locove ad emendum venden-
dumve praeponitur quique sine loco ad eundem actum
praeponitur.

Afrikan dagegen von einem Kapitalienverwalter (Calendario praepositus); ebenſo hat Ulpian den Inſtitor im weiteren Sinn im Auge, wie er ihn ſelbſt in der demſelben Werk entnommenen L. 3 eod. beſchreibt:

> Institor appellatus est ex eo quod negotio gerendo instet: nec multum facit, tabernae sit praepositus an cuilibet alii negotiationi;

und in L. 5 eod.:

> Quicunque igitur negotio praepositus sit, institor recte appellabitur.

Außer Zweifel ſteht die Fortdauer der Handlungsvollmacht trotz des Todes des Vollmachtgebers nach neuerm Handelsrecht, z. B. deutſches H.G.B. Art. 54 Abſ. 2:

> Der Tod des Prinzipals hat das Erlöſchen der Procura oder Handlungsvollmacht nicht zur Folge.

Ebenſo ſchweiz. Entwurf Art. 210 und Motive S. 192.

Hieraus folgt. Ein vom Stellvertreter des Geſchäftsherrn ausgehendes Angebot verliert durch den Tod des Letzteren ſeine Kraft nicht, denn der Träger desſelben fällt nicht hinweg. Soll nun aber die Geltung des einzelnen aus dem Geſchäft hervorgegangenen Angebots von dem Umſtand abhängig ſein, ob der Geſchäftsherr oder ſein Procuriſt der Urheber war?

Wir dürfen ſonach als einen Beſtandtheil des heutigen Rechts den Satz anſehen, daß Angebote unter Kaufleuten aus dem Bereich ihres Handelsgeſchäfts durch den Tod des Antragſtellers nicht wirkungslos werden.

Läßt ſich aber dieſer Satz nach allgemeinen juriſtiſchen Grundſätzen rechtfertigen? Die Unterſuchung dieſes Punkts iſt nicht ganz zwecklos; läge z. B. die fortdauernde Gültigkeit des Antrags in der allgemeinen Verfügungsmacht der Privatperſonen, ſo könnte dieſelbe Kraft jedem Angebot beigelegt werden, und unſer Satz würde ſich gar nicht auf das Bereich des Handelsverkehrs beſchränken.

Zunächſt bietet ſich nun folgende Auffaſſung dar. Der Antragſteller beſtimmt ausdrücklich oder ſtillſchweigend, daß das Angebot auch für ſeine Erben gelten, berechtigend wie verpflichtend ſein ſolle. Dieſer Beſtandtheil des Angebots wird durch Annahme des Anerbotenen zum Vertrag, wozu es hier ſo wenig als

beim Widerrufsverzicht und aus denselben Gründen wie dort
einer ausdrücklichen Erklärung bedarf. Allein daraus würde sich
doch nur der Uebergang des Angebots auf die Erben des Antrag=
stellers für die Zeit nach der Kenntnißnahme des Antrags durch
den Anerbotenen erklären, nimmermehr aber die Aufrechthaltung
desselben, wenn der Antragsteller vorher stirbt. Die versuchte Zu=
rechtlegung ist also mindestens unzureichend.

Auf eine stillschweigende Erneuerung des Angebots durch die
Erben kann man die Fortdauer nicht gründen, sonst wäre sie
jedenfalls durch die Kenntniß des Erben bedingt und müßte bei
ausdrücklicher entgegengesetzter Erklärung, auch wohl bei Hand=
lungsunfähigkeit desselben in Wegfall kommen. Und wie während
liegender Erbschaft?

Es ist daher der besprochene Rechtssatz aus allgemeinen
Prinzipien nicht herzuleiten; er hat den Charakter eines jus sin-
gulare, quod propter utilitatem introductum est, wie die gesetz=
liche Fortdauer der Vollmacht beim Tod des Vollmachtgebers.
Allerdings hat demnach der Uebergang des Angebots auf die
Erben im einseitigen Willen des Erblassers seinen Grund; doch
kommt ihm diese Kraft kraft positiver Rechtsvorschrift zu, und
es hat jener Ursprung nur die Bedeutung, daß der Antragsteller
seinem Angebot diese Eigenschaft zu benehmen vermag. Ueber
die kaufmännischen Angebote hinaus den gesetzlichen Eintritt der
Erben in das Angebot auszudehnen scheint mir vom Standpunkt
des positiven Rechts aus bedenklich und durch ein Bedürfniß des
Verkehrs nicht geboten. Oder warum sollte ein Schneider be=
rechtigt sein zu verlangen, daß von den Erben ein Vertrag auf
Fertigung einer Kleidung für den Erblasser gehalten werde, wenn
jener schon vor der Annahme des Antrags den Tod des Be=
stellers erfahren hat? Besteht ein genügender Grund, den Antrag
auf Erwerbung eines Hauses oder Reitpferdes auf Miethe einer
Wohnung u. s. w. für rechtsbeständig zu erklären, auch wenn der
Anerbotene noch vor der Annahme vom Tod des Anbietenden
Kenntniß erhält?

Wir gewinnen demnach folgendes Ergebniß.

1) Wenn ein Angebot erst nach dem Tod des Antragstellers
jedoch ohne Kenntniß davon vom Anerbotenen angenommen wird,
so ist — das Vorhandensein der übrigen Erfordernisse voraus=

8 *

gesetzt — der Vertrag gültig; ebenso wenn die Annahme zwar dem Ableben des Antragstellers vorausgieng, aber nicht mehr zu seiner Kenntniß gelangte (dieser Satz ist zu Grunde gelegt bei Seuffert I. 194). Dagegen wird die Entstehung des Vertrags durch den vor der Vollendung des Geschäfts eintretenden Tod des Antragstellers immer vereitelt, wenn das Angebot auf ein nicht vererbliches Vertragsverhältniß gerichtet ist, oder wenn Angebot oder Annahme in erkennbarer Weise auf die Person des Antragenden beschränkt wurde.

2) Angebote eines Kaufmanns, welche in den Bereich des von ihm betriebenen Handelsgewerbes fallen, gehen in Ermangelung entgegengesetzter Bestimmung auf dessen Erben über.

Die neueren Gesetzgebungen, welche sich über unsere Frage aussprechen, treten in zwei Gruppen auseinander.

I. Dem Tod des Antragenden räumen auf die Wirksamkeit des Angebots nur denselben Einfluß ein wie auf den vollendeten Vertrag:

das preußische Landrecht Thl. I. Tit. 5 §§. 106 und 108 (nach den Materialien ward in der Gesetzgebungskommission zuerst beschlossen, diesen Uebergang auf Handelsgeschäfte zu beschränken und für den gewöhnlichen Verkehr den gegentheiligen Grundsatz aufzustellen);

das sächsische bürgerl. Gesetz §. 818;

das deutsche H.G.B. Art. 297:

> Ein Antrag, ein Auftrag oder eine Vollmacht, welche von einem Kaufmann in einem Handelsgeschäft ausgegangen sind, werden durch seinen Tod nicht aufgehoben, sofern nicht eine entgegengesetzte Willensmeinung aus seiner Erklärung oder aus den Umständen hervorgeht.

Uebereinstimmend der Entwurf eines schweizerischen Handelsrechts Art. 210.

II. Das österreichische bürgerl. Gesetzbuch stellt dagegen folgende Vorschrift auf:

> §. 918. Ein noch nicht angenommenes Versprechen geht, wenn auch nur Ein Theil während der Ueberlegungsfrist stirbt, auf die Erben nicht über.

Unger (österr. Privatr. Bd. VI §. 1 Anm. 4) wirft dieser Be-

ſtimmung Inconſequenz gegenüber dem §. 862 (S. 41) vor, wie
es ſcheint, weil nach ſeiner Meinung der Ausſchluß des Wider=
rufs folgerichtig den Uebergang auf die Erben hätte nach ſich
ziehen ſollen. Wir haben uns oben (S. 101) überzeugt, daß dieſe
Folgerung nicht nothwendig iſt. Dagegen trifft das Geſetz der
Vorwurf der Lückenhaftigkeit. Es ſpricht nur von dem Tod,
welcher der Annahme des Verſprechens vorausgeht, während es
doch den Grundſatz anerkannt hat, daß erſt die Kenntniß der
Annahme durch den Antragſteller den Vertrag zur Vollendung
bringe.

————

Es war ein weiter doch wie ich hoffe nicht nutzloſer Weg,
welchen wir zur Gewinnung eines feſten Ergebniſſes für die Er=
ledigung der erſten oben aufgeworfenen Frage zurückgelegt haben.
Kürzer können wir uns bei der Beantwortung der folgenden
Punkte faſſen, wozu wir jetzt übergehen.

§. 22.

a) Vom Tod des Anbietenden. — Schluß.

**Ad 2) Iſt das nachträglich entſtandene Vertrags=
verhältniß Beſtandtheil der Erbſchaft oder
des eigenen Vermögens des Erben?**

Nicht Alles was der Erbe in dieſer Eigenſchaft erwirbt, ge=
hört zur Erbſchaft. Wird z. B. eine Beleidigung an der Perſon
des Erblaſſers verübt, ſo kann ſie der Erbe nur als ſolcher ver=
folgen; was er aber dadurch erhält, fällt nur dann in das
Erbſchaftsvermögen, wenn die Beſchimpfung dem Erbſchaftsantritt
vorausgegangen iſt (L. 1 §. 6 de injur. 47, 10). Wir dürfen
zum Nachlaß nur rechnen: die Vermögensrechte und Verbindlich=
keiten, welche bereits an der Perſon des Erblaſſers hafteten und
in ununterbrochenem Beſtand auf den Erben übergiengen; dann
Alles, was vom Erblaſſer in feſter Weiſe begründet wurde, aber
erſt beim Erben entſteht, ſei es in Folge einer Bedingung oder
weil der Anfang auf den Tod des Erblaſſers verſtellt iſt (C. un.
ut actiones et ab heredibus et contra heredes incipiant 4, 11);
endlich den während liegender Erbſchaft eintretenden Vermögens=
zugang.

Nach dieser Ausscheidung zwischen der Erbschaft und dem Vermögen des Erben beantwortet sich die aufgeworfene Frage so. Wenn der Antrag, dessen Annahme den Vertrag erzeugt hat, im Willen des Erblassers wurzelt und unberührt durch dessen Tod auf den Erben übergegangen ist, so bildet die aus dem Vertrag entstehende Obligatio einen Nachlaßgegenstand, wenn sie gleich dem Vermögen des Erblassers nicht angehört hat; denn der Grund dazu ist vom Erblasser in fester Weise gelegt. Erfolgt die Annahme noch während liegender Erbschaft und wird einem berechtigten Vertreter derselben kund gemacht, so erwirbt sie der Erbe unzweifelhaft als ein fertiges Rechtsverhältniß mit dem übrigen Nachlaß. Es ist dagegen die Obligatio dem Sondervermögen des Erben beizuzählen, wenn der vom Erblasser gestellte Antrag durch seinen Tod erloschen und nur vom Erben wieder aufgenommen worden ist. In diesem Fall sind der Antrag des Erblassers und derjenige, welcher dem Vertrage zu Grunde liegt, zwei von einander unabhängige nur im Inhalt ähnliche Rechtsakte, so daß der Vertrag vollkommen gültig wäre, auch wenn nachweisbar der Erblasser bei Stellung seines Angebots sich nicht im Besitze der Verfügungsfähigkeit befunden hätte.

Man könnte an der Richtigkeit der ersteren Behauptung dadurch irre werden, daß der Erbe doch befugt war den Antrag zu widerrufen. Nur weil er von diesem Rechte keinen Gebrauch gemacht hat, steht der Antrag noch in Kraft. Folgt daraus nicht, daß dessen fortdauernde Gültigkeit auf den Willen des Erben, d. h. auf eine stillschweigende Erneuerung durch ihn zurückzuführen ist? Keineswegs; es ist ein Irrthum, daß ein Zustand oder Verhältniß oder eine Wirkung den Grund des gegenwärtigen Daseins immer in derjenigen Person habe, welche durch positives Eingreifen das Ende davon herbeiführen kann. Sonst würde jeder Mensch sein Leben jedem andern zu verdanken haben, weil er es ihm nicht genommen hat. Nicht anders auf dem Gebiet des Rechts. Wenn ein Testament, welches Notherberechte nach Nov. 115 verletzt, nicht angefochten wird, so hat es darum nicht seine Grundlage im Willen des ruhig zusehenden Notherben. Es ist ein Unterschied zwischen dem Fortbestand eines der willkürlichen Aufhebung unterliegenden Verhältnisses und der stillschweigenden Erneuerung eines untergangenen; die Fortdauer der Miethe mit willkürlichem

Kündigungsrecht fällt unter den ersteren, die relocatio tacita unter den zweiten Gesichtspunkt (Folgerungen z. B. in L. 13 §. 11. L. 14 loc. 19, 2).

Ad 3) **Welche Wirkung hat beim Vorhandensein von Miterben der Widerruf eines Einzelnen oder Einzelner unter ihnen?**

Wer annimmt, daß Anträge als solche vererbbar sind, wird den Erben auch das Recht des Widerrufs in demselben Umfange zugestehen müssen als es der Erblasser hatte. Die Anerkennung dieses Satzes ruft aber der aufgeworfenen Frage.

In dieser Richtung ist das Angebot nach den Grundsätzen des vollendeten Geschäfts zu beurtheilen. Ist das beabsichtigte Rechtsverhältniß ein theilbares, so löst sich der ursprüngliche Antrag in so viele Theilanträge auf, als Erben vorhanden sind; im andern Fall geht der Antrag ungetheilt auf sämmtliche Erben über. Dort übt jeder Erbe das Widerrufsrecht für sich aus, hier unterliegt es der Zustimmung Aller, und melior est conditio prohibentis.

Jene Folge ist nicht unbedenklich für den Anerbotenen, weil das theilweise Zustandekommen des Geschäfts für ihn möglicher Weise geringen oder keinen Werth hat. Wie nun, wenn er mit einem Miterben bereits abgeschlossen hat, als der Widerruf eines andern ihm zukommt?

Zur Vermeidung dieser Unbilligkeit bietet sich eine zweifache Auskunft. Entweder man räumt dem Anerbotenen die Befugniß ein, beim Widerruf eines Miterben von dem mit einem andern bereits abgeschlossenen Vertrag zurückzutreten. Oder die Ausübung des Widerrufsrechts wird von der Uebereinstimmung aller Erben abhängig erklärt. Für beide Wege bieten sich Analogieen in unsern Rechtsquellen. Für den erstern die Entscheidung in L. 47 §. 1 minor. 4, 4. Ein Vormund hat ein ihm und seinen Mündeln gemeinsames Grundstück verkauft. Die Letzteren suchen und erlangen dagegen Wiedereinsetzung. Dadurch wird zunächst der Kauf nur auf den Antheil der Mündel aufgehoben, aber der Käufer ist berechtigt, nunmehr vom ganzen Geschäft zurückzutreten, quod partem non emturus esset. Die zweite Behandlung findet einen Anhalt in der Vorschrift über die Ausübung des Redhibitionsrechts beim Vorhandensein mehrerer Erben des Käufers

(L. 31 §. 5. 7. Aed. Ed. 21, 1) und des Addictionsrechts in dem Falle da mehrere Personen eine Sache um einen Gesammtpreis unter dem Vorbehalt eines bessern Gebots verkauft haben (L. 11 §. 1 — L. 13 pr. de in diem addict. 18. 2).

Ich möchte dem letzteren Ausweg den Vorzug geben; einmal wird dadurch der mißliche Erfolg abgewendet, daß durch einen der Miterben Allen die Aussicht auf Verwirklichung des Vertrags entzogen werden kann, und dann ist die Entscheidung in L. 47 §. 1 cit. beeinflußt von der Begünstigung, deren sich die Rechtswohlthat der Wiedereinsetzung überhaupt erfreut. Nur ist folgende Beschränkung anzuerkennen. Die Uebereinstimmung in der Ausübung des Rücktrittsrechts ist nur im Interesse des Anerbotenen festgesetzt. Er kann daher den Widerruf des Einzelnen anerkennen, ohne daß die andern Miterben dagegen Einsprache zu erheben vermöchten (arg. L. 25 de legib. 1, 3); er kann sich ferner dadurch gegen Nachtheil schützen, daß er sich beim Abschluß mit dem einen Miterben das Rücktrittsrecht für den Fall vorbehält, daß ein anderer vom Widerrufsrecht Gebrauch macht (arg. L. 13 pr. i. f. de in diem add. 18. 2: quodsi prior emtor ita contraxit, ut nisi totum fundum emtum nollet habere, non habere eum eam partem emtam, quam unus ex sociis posteriori emtori addicere noluit).

§. 23.

b) Vom Tod des Anerbotenen.

Da die Kenntniß des Anerbotenen vom Angebot für sich von keiner entscheidenden Wirkung ist, so werden bei der Betrachtung des Einflusses, welchen der Tod des Anerbotenen auf das Zustandekommen des in der Unterhandlung begriffenen Vertrags äußert, nur zwei Fälle aus einander zu halten sein:

1) der Tod des Anerbotenen tritt vor der Erklärung der Annahme ein;

2) derselbe erfolgt in der Zeit zwischen der Annahmeerklärung und deren Kenntnißnahme durch den Antragsteller.

Zu 1) Tod des Anerbotenen vor der Annahmeerklärung.

Die Mittheilung des Angebots gibt dem Anerbotenen nur die Möglichkeit durch seine Zusage mit dem Antragsteller in ein

Rechtsverhältniß zu treten; es begründet für ihn weder Recht noch Pflicht, und kann daher einen Gegenstand der erbrechtlichen Uebertragung so wenig bilden als die Erbschaftsdelation, gleich= viel ob er noch die Stellung des Angebots erfahren hat oder nicht. Folge davon ist Erlöschung des Angebots, wenn der Anerbotene vor der Erklärung der Annahme stirbt. Allerdings kann der Antragsteller seinen Antrag auf die Erben des Aner= botenen erstrecken, zwar nicht dadurch daß er demselben Vererb= lichkeit verschafft, was nicht in seiner Macht liegt, sondern so daß er mit dem Antrag an den ursprünglichen Anerbotenen einen eventuellen Antrag an dessen Erben verbindet. Allein diese Er= streckung ist in Ermangelung ausdrücklicher Erklärung nur bei kaufmännischen Angeboten zu unterstellen, hier aus denselben Gründen, welche oben für die Uebertragung der kaufmännischen Angebote auf die Erben des Antragstellers erörtert worden sind (§. 21).

Zu 2) Tod des Anerbotenen nach Abgabe der Annahmeerklärung und vor der Benachrichtigung des Antragstellers hievon.

Wir stehen hier an einem Prüfstein unserer Auffassung von der Vollendung des Vertragsabschlusses unter Abwesenden. Strenge Folgerichtigkeit führt zu dem Schluß, daß der Vertrag nur dann entsteht, wenn beide Theile den Zeitpunkt der Vollendung erleben. Denn Angebot und Annahme erzeugen keine selbständigen recht= lichen Wirkungen, beide müssen, um Geltung zu behalten, bis zur Vertragsvollendung vom Willen des Erklärenden getragen werden und sind gewissermaßen als fortwährend wiederholte Er= klärungen zu betrachten. Zwar haben wir eine Beschränkung dieses Erfordernisses oben in den allgemeinen Betrachtungen kennen gelernt (§. 4). Allein dieselbe gilt nur für den auf Willkür beruhenden Wegfall des Willens, nicht für den un= willkürlichen, welcher sich z. B. an den Tod des Erklärenden knüpft.

Auf der andern Seite wird man nicht verkennen dürfen, daß das praktische Bedürfniß sich mit dieser Folgerung schlecht verträgt. Ist die Ansicht, daß der Vertrag durch den nach der Annahmeerklärung eintretenden Tod des Anerbotenen vereitelt werde, nicht mera subtilitas, da eine Thätigkeit von dessen Seite zur Vertragsvervollkommnung überall nicht mehr erforderlich ist?

Und wie wenn der Antragſteller beim Empfang der Annahme=
erklärung den Tod des Anerbotenen nicht kennend den Vertrag
als entſtanden anſieht und darauf hin handelt?

Gleichwohl ſehe ich nicht, wie man ſich von unſerm Stand=
punkt aus über jene Rechtsfolge hinwegſetzen kann. Nur die
beiden Beſchränkungen, welche oben für die Erlöſchung des An=
gebots durch den Tod des Antragſtellers geltend gemacht wurden
(§§. 20 und 21), ſind auch hieher in Anſpruch zu nehmen, wo=
mit freilich nicht alle aber doch die weſentlichſten Härten unſeres
Satzes vermieden werden. Mit dieſem Ergebniß muß ſich das
poſitive Recht bei manchen Verhältniſſen beſcheiden. So kann
ſich auch der Miether und Pächter ſchädigen, welcher nach Ablauf
der Mieth= oder Pachtzeit aus dem Stillſchweigen ſeines Ver=
tragsgegners auf eine ſtillſchweigende Verlängerung des Vertrags=
verhältniſſes ſchließt; denn:

> si interim dominus furere coeperit vel decesserit, fieri
> non posse Marcellus ait, ut locatio redintegretur.

L. 14 locati 19, 2. L. 6 pr. precar. 43, 26.

§. 24.

2. Vom Verluſt der Handlungsfähigkeit aus andern Gründen.

Rechtsgeſchäfte, welche durch zeitlich auseinander liegende
Handlungen entſtehen, laſſen eine doppelte Auffaſſung zu: man
kann in jedem einzelnen Akt eine für ſich beſtehende abgeſchloſ=
ſene juriſtiſche Thatſache, ein fertiges Rechtselement erblicken,
oder man legt dem einzelnen Beſtandtheil rechtliches Daſein und
Vollendung nur in Vereinigung mit allen übrigen bei. Die
praktiſche Verſchiedenheit beider Betrachtungsweiſen iſt kaum zu
verkennen. Nur nach der zweiten Auffaſſung müſſen die ein=
zelnen Elemente des Rechtsgeſchäfts alle Erforderniſſe, durch
welche ihre Entſtehung bedingt iſt, bis zum Eintritt des letzten
Akts behalten, ſie müſſen, wie ich mich vorhin ausdrückte, als
beſtändig erneuert angeſehen werden können. Ferner: wenn die
Geſetzgebung über die rechtliche Beſchaffenheit der einzelnen Be=
ſtandtheile wechſelt, ſo bleiben nach dem erſten Standpunkt die
bereits vorgenommenen Handlungen davon unberührt, ſelbſt wenn
die Aenderung der Vollendung des Geſchäfts vorangeht; nach)

dem zweiten erſtreckt das neue Geſetz unter der angegebenen Vor=
ausſetzung ſeinen Einfluß auch auf ſie.

Jene Selbſtändigkeit der Elemente gegenüber dem Ganzen
iſt bei Rechtsverhältniſſen nicht unbekannt; die eintretende
Willensunfähigkeit des Teſtators z. B. ſchadet der Gültigkeit des
früher errichteten Teſtaments nicht, obwohl die teſtamentariſche
Erbfolge vor dem Tod des Erblaſſers nicht zur vollendeten ju=
riſtiſchen Thatſache wird. Für Rechtsgeſchäfte aber iſt in
unſern Rechten das Gegentheil angenommen, Beweis z. B. L. 2
§. 6 de donat. 39, 5 (S. 28).

Die Gültigkeit eines Schuldvertrags iſt durch die Handlungs=
fähigkeit jedes Theils und durch die Verpflichtungsfähigkeit des=
jenigen bedingt, welcher dadurch Schuldner werden ſoll. Wahn=
ſinn raubt die Handlungsfähigkeit vollkommen; der erklärte Ver=
ſchwender kann nur reine Erwerbsgeſchäfte gültig für ſich vor=
nehmen (L. 6 V. O. 45, 1); die Eröffnung des Konkurſes ent=
zieht die Verfügung über das Vermögen, wie über den Vertrags=
gegenſtand ein hierauf verordneter Arreſtſchlag. Wie wirken dieſe
Ereigniſſe auf den noch nicht vollendeten Vertrag?

Der Wahnſinnige und der Verſchwender können in eigner
Perſon den Vertrag nicht zum Abſchluß bringen, ausgenommen
der Letztere reine Erwerbsgeſchäfte. Ob die Vollendung noch
durch eine Thätigkeit von ihrer Seite bedingt iſt oder nicht,
macht keinen Unterſchied; es gilt z. B. auch für den Fall, da der
Anerbotene in der Zeit zwiſchen der Abgabe der Annahmeerklärung
und der Benachrichtigung des Anbietenden in Wahnſinn verfällt
oder zum Verſchwender erklärt wird. Damit iſt keineswegs ge=
ſagt, daß die bis dahin gepflogenen Verhandlungen vollkommen
wirkungslos werden. Denn wenn auch im Vormund ein neues
Willensorgan eintritt, ſo liegt doch kein Wechſel des Vermögens=
ſubjects vor. Daher hängt die Aufrechthaltung der bisherigen
Vertragsunterhandlungen von der Genehmigung des jetzigen Wil=
lensträgers ab. Dieſelbe kann auch ſtillſchweigend geſchehen; aber
unter allen Umſtänden ſetzt ſie Kenntniß der Verhandlungen in
der Perſon des Genehmigenden voraus. Bis dahin iſt die Voll=
endung des Geſchäfts verſchoben und damit auch die Möglichkeit
des Widerrufs auf der andern Seite verlängert. Auch hieher
ſind jedoch die Ausnahmen anzuerkennen, welche für die Hinde=

rung des Vertragsabſchluſſes durch den Tod eines Theils angeführt wurden (§§. 20. 21. 23).

Daß der Vertragsabſchluß durch die Eröffnung des Konkurſes
über das Vermögen der einen Partei vereitelt werde, kann nicht
blos im Intereſſe der Gläubiger ſondern auch des Vertragsgegners
liegen, nur freilich für jeden Theil gerade unter den entgegengeſetzten Vorausſetzungen. Für denjenigen, welcher mit dem Gemeinſchuldner in Unterhandlung getreten iſt, kann bei Anträgen
auf eine gegenſeitige Obligation die Unverbindlichkeit ſeiner bisherigen Schritte wünſchbar ſein, um ſo mehr wenn man von
der noch immer ſehr verbreiteten Anſicht ausgeht, daß das Re-
tentionsrecht im Konkurſe wegfalle (vgl. dagegen die Ausführung von Fuchs, das Konkursverfahren S. 37 — 42). Nun
iſt aber ſo viel gewiß, daß dieſe Unverbindlichkeit nicht damit begründet werden kann, daß die Unterhandlungen unter Vorausſicht
ſolcher Vermögensumſtände nie gepflogen worden wären; die clausula rebus sic stantibus verſteht ſich nicht von ſelbſt. Iſt demnach dieſer Vertragstheil nicht in der Lage einen unabhängig
vom Konkurſe zuſtehenden Widerruf einzubringen, ſo bleibt er
gebunden, falls nicht das Verhältniß des Gemeinſchuldners zu
ſeinen Gläubigern die Entſtehung des Vertrags hindert. Um aber
darüber zur Klarheit zu kommen, wird eine genauere Unterſuchung
über den Umfang der mit der Konkurseröffnung verbundenen
Verfügungsunfähigkeit unumgänglich, zumal ſich mit dieſer Frage
die Theorie viel weniger beſchäftigt hat, als ſie wegen ihrer prak-
tiſchen Bedeutung verdient. (Gute Bemerkungen bei Fuchs a.
a. O. §. 9.)

Nach den Grundſätzen des klaſſiſchen römiſchen Rechts büßte
der Schuldner die rechtliche Verfügungsfähigkeit über ſein Vermögen weder durch missio in bona noch durch cessio bonorum
ein; die Gläubiger konnten nur auf thatſächlichem Wege durch
custodia das Vermögen vor Verminderung ſchützen (*Cicero* pro
Quinct. c. 27. L. 3 §. 23 de adq. poss. 41, 2. L. 15 de reb.
auct. jud. 42. 5. L. 3 de cess. bon. 42. 3 C. 4 qui bonis cedere 7, 71). Aber auch im ſpätern unſerm heutigen Konkurs-
prozeſſe viel verwandteren Verfahren knüpfte ſich an missio in
bona oder cessio bonorum eine rechtliche Verfügungsunfähigkeit
des Schuldners nicht; daher konnten Veräußerungen, welche der

Schuldner nach diesem Zeitpunkt vorgenommen hatte, nur nach den Grundsätzen der actio Pauliana angefochten werden, sie waren nicht nichtig (L. 9 quae in fraud. cred. 42, 8). Der Verlust der rechtlichen Verfügungsfähigkeit des Gemeinschuldners ist erst ein Erzeugniß neuerer Rechtsentwicklung, er hat sich im Anschluß an ältere germanische Rechtsgrundsätze herausgebildet (Literatur bei Fuchs a. a. O.). Aber es tritt diese Wirkung der Konkurs= eröffnung nur insoweit ein, daß das gegenwärtige Vermögen des Schuldners nicht zum Nachtheil der Konkursgläubiger vermindert und belastet werden kann (Seuffert, Arch. XVIII. 285 u. cit.); nur insoweit wird durch die Konkurseröffnung die Vertragsfähig= keit des Gemeinschuldners beschränkt (Seuffert, Arch. XV. 52 u. cit.). Daher ist soviel gewiß: Veräußerungen, welche der Ge= meinschuldner nach diesem Zeitpunkt vorgenommen hat, sind nichtig, die Gläubiger können die Sache jedem Inhaber abfordern. Ob jener auch jetzt noch einen angebotenen Erwerb zum Nachtheil der Gläubiger ausschlagen könne, ist zwar bestritten; aber selbst diejenigen Rechtslehrer, welche sich im Ganzen zu Gunsten der Gläubiger aussprechen, anerkennen doch die volle Entschließungs= freiheit des Gemeinschuldners hinsichtlich desjenigen Erwerbs, welcher durch eine Handlung von seiner Seite bedingt ist z. B. Acceptation einer Schenkung (Dabelow, Vom Konkurs der Gläubiger S. 460, welcher freilich eine große Unklarheit über wirkliche Rechte und bloße Erwerbsmöglichkeiten zeigt). Da man ferner jetzt von der Ansicht zurückgekommen ist, daß die Konkurs= gläubiger zum Gemeinschuldner im Verhältniß von Universal= und Singularsuccessoren stehen, da nicht einmal sie oder der Kon= kurskurator als Stellvertreter desselben in allen Vermögensan= gelegenheiten etwa wie ein Vormund betrachtet werden können (vgl. Fuchs a. a. O. §§. 8—10): so scheinen sich mir für unsere Frage folgende Sätze mit Sicherheit zu ergeben:

a) Vertragsunterhandlungen, welche für den Gemeinschuldner reinen Erwerb zum Ziele haben, bleiben von der Konkurseröffnung unberührt.

b) Auch über Angebote andrer Art, welche vom oder an den Gemeinschuldner gestellt sind, erhalten weder die Gläubiger noch der Konkurskurator ein Verfügungsrecht. Sie können daher die Entstehung des Vertrags, insoweit diese nicht durch die Konkurs=

eröffnung unmöglich geworden iſt, weder hindern noch herbei=
führen.

c) Verträge, welche auf Veräußerung eines zur Konkurs=
maſſe gehörigen Gegenſtands abzwecken, ſind nichtig, wenn ihre
Vollendung zur Zeit der Konkurseröffnung noch nicht eingetreten
war. Das Stadium, in welchem ſich gerade die Vertragsunter=
handlungen befinden, iſt gleichgültig; der Vertrag kommt nicht zu
Stande, auch wenn die Annahmeerklärung des Anerbotenen ſchon
unterwegs ſein ſollte. Doch gilt das Geſagte nur von Verträgen
über individuelle Gegenſtände, welche in den Bereich der Kon=
kursmaſſe fallen, und über generell beſtimmte Gegenſtände, wenn
das ganze Genus der Konkursmaſſe angehört. Dagegen bezieht
ſich der ausgeſprochene Satz nicht auf diejenigen Veräußerungs=
verträge, durch welche der Gemeinſchuldner zu einer generell be=
ſtimmten Leiſtung andrer Art verpflichtet werden ſoll. Sie ſind
gültig, nur kann natürlich der Schuldner den Leiſtungsgegenſtand
z. B. die Geldſumme nicht aus der Konkursmaſſe entnehmen und
der andere Vertragstheil ſeine Befriedigung nicht daraus bean=
ſpruchen; Letzterer bleibt damit auf den ſpäteren Vermögenserwerb
des Gemeinſchuldners verwieſen. Hierin liegt für ihn eine ge=
wiſſe Härte, falls er die Vermögenslage ſeines Vertragsgegners
nicht gekannt hat; denn ſeine Leiſtung fällt wie jeder andere vom
Gemeinſchuldner während des Konkurſes gemachte Erwerb in die
Maſſe (Fuchs §. 13 a. E.), und kann ſogar von den Gläu=
bigern beziehungsweiſe dem Konkurskurator durch Klage erzwun=
gen werden, inſoweit nicht, was allerdings in den meiſten Fällen
zutreffen wird, exceptio non impleti contractus entgegenſteht.
Allein das iſt das Loos eines Jeden, welcher einer zahlungs=
unfähigen Perſon ſein Vertrauen ſchenkt, und man kann hier
anwenden, was Ulpian über einem verwandten Fall bemerkt: si
postea (i. e. post capitis deminutionem quis contraxerit) im=
putare quis sibi debebit, cur contraxerit (L. 2 §. 2 de cap.
min. 4, 5). Ich kann darin wenigſtens keinen juriſtiſchen Grund
für die Unverbindlichkeit eines ſolchen Vertrags erblicken. Nicht
einmal die Vergünſtigung der L. 8 quae in fraud. credit. 42, 8
kann hier Platz greifen; ſie hat die Aufhebung des Rechts=
geſchäfts zwiſchen dem zahlungsunfähigen Schuldner und dem=
jenigen, deſſen Gegenleiſtung zurückerſtattet werden ſoll, zur Vor=

aussetzung, während in unserm Fall der Vertrag aufrecht bleibt. Wen dieses Ergebniß stört, der möge erwägen, daß der Gemein=schuldner seine Verpflichtungsfähigkeit doch nicht für immer ein=büßen kann. Wann soll sie wieder eintreten? Und wo ist der Rechtssatz, welcher bestimmt, daß sie auch nur während des Kon=kursverfahrens ganz aufgehoben sein soll?

Wie der Konkurs dem Schuldner über alle in seinem Ver=mögen befindliche Gegenstände die Verfügungsgewalt raubt, so wird durch die Verhängung eines Arrests der einzelne davon be=strickte Gegenstand der Willensmacht seines Eigners entrückt. Folglich hemmt die Arrestanlage die Entstehung eines Vertrags über den arrestirten Gegenstand, wenn derselbe im Zeitpunkt der richterlichen Arrestverfügung noch nicht vollendet war (Seuffert XIV. 15).

II. Ueber die Vertragsunterhandlungen und Vorverträge.

§. 25.

Bremen, de tractatibus. Jenae 1681.
Koch, Recht der Forderungen Bd. II. §. 70.

Nicht immer folgt auf das Angebot sofortige Annahme oder runde Ablehnung. Es entspinnen sich zuweilen zwischen den Parteien Verhandlungen über den einzugehenden Vertrag von größerer oder geringerer Ausdehnung. Die gebräuchliche Bezeichnung für diese dem ursprünglichen Angebot nachfolgenden der endgültigen Annahme vorausgehenden Parteierklärungen ist Traktate; wir wollen dieses Fremdwort durch „Vertragsunterhandlungen" ersetzen.

Auf die Frage über die rechtliche Bedeutung der Vertragsunterhandlungen kann keine einfache Antwort gegeben werden, wie doch ziemlich einmüthig geschieht; die Beschaffenheit der einzelnen Erklärungen ist zu verschieden.

Unverbindlich und rechtlich bedeutungslos sind die Unterhandlungen, wenn sie sich auf bloße Erkundigungen über den Vertragsgegenstand in Haupt- und Nebensache, auf Anfragen über die Geneigtheit zur Aenderung des Angebots u. s. w. beschränken, mit einem Wort wenn sie einen bestimmten Willensentschluß des Erklärenden nicht enthalten. Daß darüber die Frist des Angebots verfließen kann, ist eine Sache für sich.

Häufig wird dem Angebot eine bedingte oder beschränkte Annahmeerklärung des Anerbotenen folgen. Da aber eine solche nach früherer Feststellung (§. 16) eine Ablehnung in Verbindung mit einem neuen Antrag enthält, da ferner ein Angebot schon vor der Annahme für seinen Urheber verbindlich sein kann, so ist bei dieser Antwort eine doppelte rechtliche Wirkung möglich: Entbindung des Antragstellers von seinem Angebot und Behaftung des Anerbotenen bei seinem Antrag.

Aus den gegenseitigen Unterhandlungen kann sich ferner ein Einverständniß der Parteien über einzelne Punkte des einzugehenden Vertrags ergeben. Umfassendere und verwickeltere Vertragsverhältnisse pflegen überhaupt nur stückweise zur Entstehung zu gelangen. Doch ist im Zweifel als Meinung der Parteien anzunehmen, daß das einzelne Stück nur im Zusammenhang mit allen übrigen Geltung haben und daß daher die verpflichtende Kraft ausgesetzt sein soll, bis über alle wesentlichen Punkte Einigung erzielt ist. Erfahrungsgemäß pflegt sich eine Partei die volle Bedeutung eines Geschäfts erst in dem letzten Moment, wo von ihr das Schlußwort gesprochen werden soll, zu rechtem Bewußtsein zu bringen, und wer auf das Ganze einzutreten geneigt ist, will darum nicht einen Theil für sich annehmen. Eine ausdrückliche Entscheidung hierüber enthält das Zürcher privatr. Gesetzbuch §. 910. Die gegentheilige Absicht ist freilich nicht ausgeschlossen, und so kann sich insbesondere ein Punkt als fester Kern aus den Beredungen herausheben, die Uebereinkunft, daß zwischen den Parteien ein Vertrag der beregten Art abgeschlossen werden soll, sog. pactum de contrahendo oder Vorvertrag. Die Gültigkeit eines solchen Uebereinkommens beurtheilt sich ganz und gar nach den allgemeinen Vertragsgrundsätzen, namentlich wird der Inhalt dem Erforderniß der gehörigen Bestimmtheit entsprechen müssen. Wenn daher A sich verpflichtet dem B sein Haus zu verkaufen ohne Angabe des Preises und ohne eine Hinweisung, wie sie in einem pactum protimiseos oder de retrovendendo enthalten ist, so entbehrt das Versprechen allerdings der verbindlichen Kraft. Wieviel aber der Vorvertrag um gültig zu sein von dem Inhalt des Hauptgeschäfts in sich aufnehmen muß, läßt sich nur mit Rücksicht auf die einzelne Vertragsart bestimmen und nur in dieser Beschränkung die Frage beantworten, ob der Vorvertrag bei allen Vertragsverhältnissen Anwendung leide.

Den Römern war der Vorvertrag wohl bekannt, aber wegen der Unverbindlichkeit der bloßen Pakta nicht in dem Umfange wie

uns. Um demselben rechtliche Wirkung zu verschaffen, waren sie
genöthigt, das Versprechen in Stipulationsform zu kleiden, wo=
fern es nicht zum Nebenbestandtheil eines contractus bonae fidei
gemacht werden konnte. Der letztere Weg ist eingeschlagen in
L. 75 C. E. 18, 1 und L. 21 §. 5 AEV. 19, 1. Für die rö=
mische Anschauung sind namentlich belehrend zwei Aussprüche von
Paulus:

L. 30 R. C. 12, 1 — lib. V ad Plaut. —

Qui pecuniam creditam accepturus spopondit credi-
tori futuro, in potestate habet, ne accipiendo se ei
obstringat.

Zwischen S (Stipulator) und P (Promissor) wurde ein pactum
de mutuo dando abgeschlossen, auf Grund dessen S sofort die
Rückgabe stipulirte. Zerschlägt sich das Darlehnsgeschäft, so ent=
behrt die Stipulation des materiellen Grunds, der Klage steht
die exceptio doli entgegen (Gai. IV. 116 §. 2 Inst. de exc. 4, 13
u. v. a.). Nun ist die Entstehung des Darlehnsvertrags durch
das Geben und Nehmen des Geldes bedingt, mithin von der
Willkür beider Theile abhängig. Der Promittent verliert aber
durch die Weigerung der Annahme seine Einrede nicht.

Würde die Entscheidung anders lauten, wenn S auch die
Annahme des Darlehns stipulirt hätte? Wir lesen in L. 68
V. O. 45, 1 (*Paul.* libr. II ad Ed.):

Si poenam stipulatus fuero, si mihi pecuniam non
credidisses, certa est et utilis stipulatio. Quodsi ita
stipulatus fuero: pecuniam te mihi crediturum spon-
des? incerta est stipulatio, quia id venit in stipula-
tionem, quod mea interest.

Der Darlehnsucher hat die Auszahlung des Darlehns vom Kapi=
talisten stipulirt. Weigert sich der Letztere das Versprechen zu
erfüllen, so hat Jener eine Klage auf das Interesse oder die etwa
verabredete Strafsumme, nicht aber auf die Eingehung des Ver=
trags. Wir sind wohl zu der Folgerung berechtigt, daß auch aus
der Stipulatio auf Annahme des gewünschten Darlehns (eine
Verabredung, welche bei Festsetzung der Verzinslichkeit guten Sinn
hat) keine Klage auf Annahme des Geldes und folgerecht auf Ab=
schluß des Darlehnsvertrags sondern nur ein Anspruch auf das
Interesse entspringt. Ich habe an einem früheren Ort (Zur

Lehre vom Altersvorzug der Pfandrechte S. 48) behauptet, daß in diesem praktischen Erfolg das heutige Recht der Vorverträge von den römischen Grundsätzen nicht abweiche, weil auch für uns eine Execution auf den Betrag des zugesagten Darlehns unthunlich sei, oder man müßte möglicher Weise dem Promittenten im Exekutionsweg Hab und Gut verkaufen lassen, damit er — Gläubiger werde. Ich muß diese Behauptung auch jetzt noch aufrecht halten, obwohl eine verbreitete Praxis aus einem solchen Versprechen zunächst nur eine Klage auf Erfüllung und blos eventuell auf das Interesse zuläßt (vgl. Seuffert II. 165. X. 37; jedoch auch XIX. 35). Dabei dürfte aber eine Verwechslung zu Grunde liegen zwischen einer alternativen Obligatio und einer einfachen Obligatio mit facultas alternativa. Diese zweite Obligationsform haben wir in unserm Fall vor uns. Gegenstand der Rechtsverfolgung kann nur sein, worauf unmittelbarer oder mittelbarer Zwang möglich ist, letzterer z. B. durch Strafandrohung. Mir aber scheint mit dem Wesen der in Frage befindlichen Verpflichtung auch nicht einmal ein mittelbarer Zwang vereinbar. Folglich liegt die Sache so. Der Berechtigte kann seine Klage nur auf das Interesse richten, wogegen der Belangte die Befugniß hat, die Interesseleistung durch Hingabe des Darlehns beziehungsweise Bereiterklärung zur Annahme abzulösen. Diese Vergünstigung fällt aber weg, wenn die Vollziehung des Vertrags selbst für den Berechtigten ein Interesse nicht mehr bietet, z. B. weil er sich mittlerweile anderweit mit dem Kapital versorgen mußte.

Anders verhält es sich mit den Vorverträgen bei Konsensualkontrakten. Hier kann der Vollzug gegen den Widerspenstigen durch den richterlichen Ausspruch, daß der Vertrag als geschlossen anzusehen sei, erzwungen werden. Darum gilt nicht blos heutzutage die Entscheidung noch vollkommen, welche L. 75 C. E. 18, 1 enthält:

> Qui fundum vendidit, ut . . . . si vendat, non alii
> sed sibi distrahat vel inde simile aliquid paciscatur,
> ad complendum id quod pepigerunt ex vendito agere
> poterit —

sondern auch das Urtheil wird jetzt geradezu auf den Abschluß des Vertrags zu stellen sein.

9 *

Ist das richtig, was oben über den Klaganspruch aus dem einem Realkontrakt vorausgehenden Vorvertrag bemerkt worden ist, dann erscheint die heutige Unterscheidung zwischen pactum de mutuando und mutuum u. s. w. doch nicht als eine so müßige Sache, wie es Neuere (z. B. Keller, P. §. 222 g. E.) darzustellen versuchen. Auch die neuesten Untersuchungen über das Fortbestehen der Realkontrakte im heutigen Recht (Brinz, krit. Blätter Nr. I S. 19 fg.; Demelius in den Jheringschen Jahrb. III. 5; Unger ebendaselbst VIII. 1) weichen nur hinsichtlich des Umfangs dieser Obligationsform im praktischen Recht, nicht über das Vorkommen selbst ab. Die Gleichstellung des Vorvertrags mit dem Hauptvertrag, der man in der Praxis zuweilen begegnet, beruht mehr auf Mangel an richtiger Einsicht als bewußter Nichtanerkennung dieses Gegensatzes; so wenn z. B. ein oberstrichterliches Erkenntniß in der Eröffnung eines Kredits auf laufende Rechnung ein wirkliches Darlehn auf den Betrag der Krediteröffnung erblickt (Seuffert A. XIII. 113). In Wirklichkeit liegt in der Verpflichtung für eine Person bis zu einem gewissen Betrag in Vorschuß zu gehen nur ein pactum de mutuo dando.

Nicht einmal die Beschränkung der Vorverträge auf das Gebiet der Realkontrakte (z. B. Koch a. a. O. Holzschuher, Theorie und Kasuistik III. §. 236 Z. 3) ist haltbar. Wenn man auch die Berufung auf das pactum de cambiando nicht gelten lassen will, weil der Wechselvertrag wegen der nothwendig damit verbundenen Uebergabe der Wechselurkunde nicht reiner Konsensualkontrakt sei, so wird man doch dem pactum de retroemendo, de retrovendendo, protimiseos den Character eines Vorvertrags nicht bestreiten können (Seuffert II. 171). Auch das Uebereinkommen, wodurch sich Jemand verpflichtet von einem Antiquar ein gewisses Werk abzunehmen, wenn es ihm zu einem bestimmten Preis geliefert werde (Jhering, Civilrechtsfälle Nr. 37), die Aushändigung einer Eintrittskarte zum Besuch einer Sammlung, Vorstellung u. s. w., wofür der Preis nur im Fall wirklicher Benutzung zu zahlen ist (Jhering a. a. O. Nr. 56), die Verpflichtung eines Kaufmanns oder Fabrikanten Jemanden bis zu einem gewissen Betrage nach Verlangen Waaren auf Kredit zu verabfolgen — diese und ähnliche Verabredungen fallen unter den Gesichtspunkt von Vorverträgen zu Konsensualkontrakten.

Die Vorverträge sind anerkannt im
Preußischen Landrecht Thl. I. Tit. 11 §§. 653—661,
Oesterreichischen Civilgesetzbuch §. 936 mit §§. 971 und 983,
Zürcher privatr. Gesetzbuch §§. 1109—1112,
Sächsischen bürgerlichen Gesetzbuch §§. 1067—1069. 1173
und 1174.

Noch verdient die Frage Erwägung, ob die Verpflichtung zur Eingehung des Hauptvertrags wegfalle, wenn seit dem Abschluß des Vorvertrags die Verhältnisse sich so wesentlich geändert haben, daß zweifellos bei Voraussicht dieser Aenderung die Verbindlichkeit nicht übernommen worden wäre. Im Allgemeinen ist dieß zu verneinen. So wenig wie in sonstigen Vertragsverhältnissen bildet die clausula rebus sic stantibus hier einen selbstverständlichen Bestandtheil der Verabredung. Nur eine wahre Unredlichkeit in dem Verhalten des einen Vertragstheils berechtigt den andern den Abschluß des Vertrags zu weigern. Ferner ist jede Partei zur Eingehung des Hauptgeschäfts nur dann gehalten, wenn die andere sämmtliche von ihr versprochenen Verpflichtungen übernehmen, insonderheit die zugesagten Sicherheiten bieten kann (Seuffert IV. 32). Einige Partikularrechte huldigen jedoch milderen Ansichten z. B. das österreich. bürgerl. G.B. §. 936, welches den Vorvertrag für unverbindlich erklärt, wenn „die Umstände inzwischen dergestalt verändert worden sind, daß dadurch der ausdrücklich bestimmte oder aus den Umständen hervorleuchtende Zweck vereitelt oder das Zutrauen des einen oder anderen Theils verloren wird". Aehnlich das preußische Landrecht, welches übrigens auch bei andern Verträgen die Einrede der veränderten Umstände zuläßt (Thl. I. Tit. 11 §§. 656 und 657 mit Tit. 5 §§. 377—384). Diese weitgehende Anfechtung ist bedenklich, geeigneter die Festsetzung einer kurzen Verjährungsfrist für die Ansprüche aus den Vorverträgen (1 Jahr nach österr. Recht). — Im sächsischen Civilrecht §. 1174 findet sich die billige Bestimmung, daß das Versprechen einer Gebrauchsleihe nicht erfüllt zu werden braucht, wenn der Versprechende die Sache wegen unvorhergesehener Fälle selbst bedarf. —

III. Von der Punktation.

Müller, de minuta vulgo von Punctationen. Jenae 1690.

Hildebrand, de Punctationibus vulgo von Entwürffen oder ersten Aufsätzen. Altdorffi 1699.

Puchta W. H., Handbuch des gerichtlichen Verfahrens in nichtstreitigen bürgerlichen Rechtssachen. Bd. I. §. 60.

Eichhorn, Einleitung in das deutsche Privatrecht. §§. 93 u. 94.

Thöl, Handelsrecht Bd. I. §§. 58—62.

§. 26.
Von der Schrift als Vertragsform.

Drei Momente sind es, welche die Entstehung (Vollendung, Perfektion) eines Schuldvertrags bedingen; daß die Partcien über alle wesentlichen Punkte des Geschäfts übereingekommen, daß sie sich dieser Uebereinstimmung bewußt geworden sind, und daß sie ihren Willen in bindender Absicht und in der erforderlichen Form erklärt haben.

Die Erheblichkeit eines Punkts in der Verabredung bestimmt sich nicht blos nach der allgemeinen Natur des Geschäfts und durch positive Rechtsvorschrift sondern ebenso sehr durch den Willen der Parteien. Jede derselben kann ihre Zustimmung zu dem in der Hauptsache vereinbarten Vertrag von der Einigung über einen Umstand abhängig machen, welcher vom allgemeinen Standpunkt nebensächlich erscheint. Es ist nach den gesammten Umständen des Geschäfts zu beurtheilen, wann ein Punkt in der Anschauung der Parteien diese Bedeutung hat; ausdrücklicher Vorbehalt ist keineswegs erforderlich. Mangelnde Einigung über Nebenpunkte in diesem Sinn des Worts hemmt die Entstehung des Vertrags nicht; sie wird nach den ergänzenden Rechtsvorschriften oder nach billigem richterlichen Ermessen ergänzt. Daß

davon eine Ausnahme gelte, wenn ein Nebenpunkt einmal zur
Sprache gebracht sei, behauptet ohne Grund Koch, Recht der
Forderungen §. 70; vgl. dagegen das belehrende Erkenntniß
des Appellationsgerichts zu Köln vom 19. Juni 1834, mit=
getheilt im Archiv für das Civil= und Criminalrecht der preu=
ßischen Rheinprovinzen Bd. XX. S. 276—278.

Wir müssen demnach den Grundsatz über die Vollendung
der Schuldverträge genauer so fassen:

> Der Schuldvertrag ist entstanden, wenn über alle nach
> der Natur des Geschäfts nach positiver Rechtsvorschrift
> oder nach der Absicht der Parteien wesentlichen Punkte
> eine Einigung unter den Parteien mit gegenseitigem
> Bewußtsein erzielt und dieser Wille in bindender Ab=
> sicht und in der erforderlichen Form erklärt ist.

Nur ein Moment dieser Begriffsbestimmung soll einer ein=
gehenderen Betrachtung unterworfen werden, die Form der
Willenserklärung. Sie kann ganz frei, sie kann durch Rechts=
satz oder durch Parteiübereinkunft bestimmt sein.

Gesetzliche Formvorschriften bilden für Schuldverträge im
heutigen Recht die seltene Ausnahme. Die Regel des römischen
Rechts, daß nur der formale Willensausdruck civilrechtliche Wir=
kung erzeuge, hat in Deutschland gegenüber der von Altersher
bestehenden entgegengesetzten Anschauung (Stobbe, zur Ge=
schichte des deutschen Vertragsrechts S. 12 fg.) keine Wurzeln
zu fassen vermocht, und bis auf den heutigen Tag widerstrebt
die deutsche Natur dieser Fesselung des Verkehrs. In der That
wird der Gesetzgeber nur im Anschluß an eine bestehende Ver=
kehrssitte mit Erfolg allgemeine Vertragsformen vorschreiben
können. Wo solcher Anknüpfungspunkt fehlt, da wird er mit
seinen Geboten schwerlich mehr erreichen als die Redlichen zu
belästigen und den Unredlichen eine erwünschte Handhabe zu
bieten, wie neuere Versuche zur Genüge gezeigt haben. Man
höre, was ein so erfahrener Praktiker wie Koch über die Be=
stimmungen des preußischen Rechts urtheilt (a. a. O. §. 90).
Zweckmäßig hat daher das deutsche H.G.B. Art. 317 die
gemeinrechtliche Regel der Formlosigkeit für die Handelsgeschäfte
bestätigt. —

Eine Formvorschrift, die gesetzliche wie die vertragsmäßige

kann eine doppelte Bedeutung haben: entweder der Vertrags=
wille soll erst erklärt gelten, wenn er in die bestimmte Form
gebracht ist; oder die Form soll nur den Beweis des anderweit
entstandenen Vertrags sichern. Im ersten Fall bringt die Form
den Vertrag erst zum Dasein, im zweiten tritt sie zum voll=
endeten Vertrag hinzu; dort ist sie Vertragselement, hier Beweis=
mittel. Welchen Character die Formvorschrift habe, entscheidet
sich in erster Linie nach gesetzlicher Bestimmung, in deren Er=
manglung nach dem Willen der Parteien.

Bei denjenigen Verträgen, deren Entstehung durch die Form
bedingt ist, fällt die in materieller Hinsicht vollendete Verein=
barung der Parteien, so lange ihr die formale Fassung fehlt, in
das Bereich der Vertragsunterhandlungen (§. 25). Jedoch pflegt
man die unfeierliche Aufzeichnung eines materiell vollendeten
aber durch eine feierliche schriftliche Form bedingten Schuld=
vertrags unter dem Namen Punktation auszuzeichnen. In=
deß hat dieser Ausdruck verschiedene Bedeutungen:

1) Zuweilen wird ein in allen Stücken vollendeter schrift=
licher Vertrag Punktation genannt. Diese Anwendung ist selten.

2) Auch schriftliche Bemerkungen über einzelne vereinbarte
Punkte eines in Unterhandlung begriffenen Vertrags werden so
bezeichnet. Was davon gilt, hat im vorigen Paragraphen seine
Erledigung gefunden.

Gewöhnlich aber versteht man unter Punktation

3) die Aufzeichnung eines in allen wesentlichen Punkten
vereinbarten Vertrags, dessen Vollendung entweder von der
Einigung über Nebenpunkte oder von feierlicher Fertigung
(Reinschrift, Sieglung, Unterschrift von Zeugen, notarieller oder
gerichtlicher Beurkundung) abhängig ist (sächsisches Gesetzbuch
§. 827). Aeltere Schriftsteller haben hiefür die Bezeichnungen:
Entwurf, Project, minuta, Konzept, Aufsatz u. s. w.

Selbst im Sinn der unfeierlichen Aufzeichnung eines materiell
vollendeten Vertrags ist das Wesen der Punktation noch sehr un=
bestimmt. Nur nach oben hin sind die Grenzen sicher, die Punk=
tation hat nicht alle Erfordernisse der förmlichen Urkunde. Welches
Minimum von Förmlichkeiten aber die Punktation besitzen muß,
um rechtliche Wirkungen zu erzeugen, ist kaum noch gefragt ge=
schweige denn befriedigend beantwortet worden. Wir fühlen hier

recht lebendig, daß uns diejenige Quelle verläßt, der wir die festen und scharf herausgebildeten Rechtsbegriffe zu entnehmen gewohnt sind. Die Römer scheinen dem Zwitterding von Formlosigkeit und Form nicht hold gewesen zu sein. Für die gesetzlichen Formalkontrakte versteht sich die rechtliche Bedeutungslosigkeit des unvollendeten Geschäfts von selbst, die Uebereinkunft war nudum pactum, so lange auch nur das Geringste an der gesetzlichen Form fehlte. Aber auch da, wo die Form auf Wahl der Parteien beruhte, blieb das Geschäft so lange ganz unverbindlich, als nicht sämmtliche Förmlichkeiten erfüllt waren. So schon in der ältesten uns bekannten gesetzlichen Vorschrift über die Erfordernisse einer Privaturkunde, in einem Senatuskonsultum aus der Zeit Nero's (*Paul.* R. S. V. 25 §. 6: Aliter tabulae prolatae nihil momenti habent. cf. *Sueton.* Nero 17). Ebenso entschieden spricht sich in dieser Richtung Justinian aus in der noch genauer zu betrachtenden Const. 17 de fide instr. 4, 21. Die ersten Spuren rechtlicher Anerkennung der Punktationen finde ich bei den deutschen Juristen aus dem Ende des siebzehnten und Anfang des achtzehnten Jahrhunderts. In dieser Zeit schrieben *Müller* und *Hildebrand* die an der Spitze dieses Abschnitts angeführten Dissertationen. Der wenig jüngere *Augustin Leyser* äußert sich in den Medit. ad Pand. Spec. 273 über unsern Gegenstand folgender Maßen:

> Solent contrahentes simulac convenerunt summa conventionis suae capita confestim in chartam conjicere et rudi quasi penicillo delineare, ut solemne deinde ex iis instrumentum conficiatur. Ea scriptura communiter ein Entwurf, ein Project, eine Punctation appellatur . . . Delineatio consensu jam perfecta est atque eum ipsum in finem conficitur, ut hic consensus deinde in dubium revocari et capita de quibus semel conventum fuit, retractari nequeant . . . Gignit eam (sc. actionem) delineatio si ex hac de consensu satis constet.

Danach scheint es, als ob die Punktation von jeder Förmlichkeit entbunden sei. Gleichwohl dürfte die im modernen Rechtsbewußtsein so festgewurzelte Anschauung, daß einer Urkunde erst die Unterfertigung durch die betheiligten Personen oder wenigstens durch den Vertragsgegner des Inhabers Kraft verleihe, auch für die Punktationen gelten. Schon *Müller* de minuta p. 39 sagt: Etenim scriptura demum a contrahentium subscriptione robur accipit.

Damit stimmen die neueren Gesetzgebungen.

Was die rechtlichen Wirkungen der Punktation anlangt, so scheint es zweckmäßig, diese Frage in einem größeren Zusammenhang zu prüfen und die Aufgabe für die nachfolgende Untersuchung so zu stellen:

Welche Bedeutung hat die materiell vollendete Uebereinkunft vor der formellen Fertigung?

Wir trennen die Betrachtung nach dem doppelten Grund des Erfordernisses formeller Verabfassung, Rechtsvorschrift und Parteiwillen.

§. 27.

1. Gesetzliche Formen.

Nach einem unglücklichen Sprachgebrauch pflegt man unter Formalkontrakten Verträge zu verstehen, bei denen die Form nicht das Characteristische und wie ich glaube sogar ein entbehrliches Moment ist. Man bezeichnet so die Schuldverträge, für deren rechtliches Dasein die Hervorhebung des Schuldgrunds unwesentlich ist, wie die Stipulation und der Literalkontrakt des römischen, der Wechsel und die Inhaberpapiere des heutigen Rechts. Dieser Sprachgebrauch spiegelt einerseits die Unklarheit der Einsicht in das Wesen dieser Kontrakte wieder, und hat andererseits wesentlich den noch nicht beigelegten Streit verschuldet, ob reine (abstracte, materiell nicht individualisirte) Schuldversprechen, wenn sie in formloser Weise abgegeben sind, heutzutage rechtlich verbindlich seien. Ist aber dieser Zweifel in bejahendem Sinne zu lösen — und dafür mehren sich die Stimmen in neuerer Zeit merklich (vgl. Witte in der Münchner krit. Vierteljahrsschr. VI. S. 330 fg. und Windscheid, Pand. §. 318 Note 3 und §. 319 Note 2) —: so haben die sog. Formalkontrakte zur Form keine engere Beziehung als die zurückbezogenen (individualisirten, individuell characterisirten) Schuldverträge. Es kann sich deßhalb die nachfolgende Untersuchung über beide Klassen unausgeschieden erstrecken.

Die Entscheidung unserer Frage, ob die materiell vollendete Uebereinkunft vor Beifügung der gesetzlichen Form rechtliche Wirkung habe und welche diese seien, hängt von der Bedeutung ab, welche die Formvorschrift für die einzelne Vertragsart hat, und diese bestimmt sich wesentlich durch den Zweck, welchen der Gesetzgeber mit der Aufstellung des Formerfordernisses anstrebte. Nach diesen Gesichtspunkten lassen sich bei Beschränkung der Betrachtung auf die Schriftlichkeit als Formvorschrift, diese aber in dem weiteren Sinn der einfachen und gerichtlichen oder notariellen Beurkundung genommen, folgende Unterschiede machen.

1) Die Urkunde ist der Träger des Forderungsrechts und demnach für dessen Entstehung wie Fortdauer gleich wesentlich. Es ist die höchste Bedeutung, welche die Schrift für das Rechtsverhältniß haben kann. Sie findet sich beim Wechsel, dem in neuerer Zeit andere Ordrepapiere mehr und mehr gleichgestellt werden (z. B. deutsches H.G.B. Art. 301—305). Ob die Inhaberpapiere unter diese oder die folgende Klasse von Schriftobligationen gehören, ist bestritten (Thöl, Handelsr. §. 54 b Note 2 §. 56 a. E.), kann aber hier nicht weiter erörtert werden.

So lange für solche Schuldverträge nicht alle Förmlichkeiten erfüllt sind, ist das Forderungsverhältniß noch gar nicht vorhanden; doch können vorgängige Verabredungen unter den Parteien die Natur von Vorverträgen besitzen mit der Verpflichtung auf Eingehung der Schriftobligation (z. B. Wechselschluß). Hiebei haben aber die aufgezeichneten vor den blos mündlichen Vereinbarungen nichts voraus.

2) Die Schrift ist wesentlich für die Entstehung, nicht für die Fortdauer des Forderungsrechts. Die Willenserklärung kann nur durch die Schrift erfolgen, aber der einmal förmlich erklärte Wille wirkt fort unabhängig von dem Fortbestand seiner ursprünglichen Erscheinungsform. Dahin gehört die alte literarum obligatio und die Stipulationsurkunde der spätern Zeit, wo die Form sich wesentlich in die Schrift zurückgezogen hatte. Aus dem geltenden Rechte sind hieher zu zählen die gerichtliche Verlautbarung der Schenkungen über 500 Solidi, die partikularrechtlich vielfach vorgeschriebene schriftliche oder gerichtliche Errichtung von Verträgen über unbewegliche Sachen. Wenn nun hiebei

a) der Gesetzgeber durch das Gebot der Form eine Einwirkung auf den Willen der Parteien beabsichtigt, wenn er ihnen dadurch Zeit und Anlaß zur ruhigen und ernstlichen Ueberlegung des Geschäfts verschaffen will, so kann der Uebereinkunft, bevor sie in die vorgeschriebene Form eingekleidet ist, noch gar keine verbindliche Wirkung zukommen; die beigefügte Strafverabredung ist nichtig weil einem gesetzlichen Verbot widerstreitend (L. 13 §. 26 A. E. V. 19, 1. L. 61. L. 134 pr. V. O. 45, 1. C. 2 de inut. stip. 8, 39); die mit Rücksicht auf solche Uebereinkunft gegebene Arrha (arg. C. 5 de sponsal. 5, 1) sowie jede Leistung daraus kann zurückgefordert werden (L. 7 §. 2. L. 8 §. 22 transact. 2, 15. L. 23 §. 2 condict. indeb. 12, 6. C. 34 pr. §. 2. C. 36 §. 3 de donat. 8, 54). Ob aber der Mangel der Form auch von demjenigen geltend gemacht werden könne, welcher das Ge= schäft eidlich bekräftigt hat, ist eine Frage, deren Beant= wortung verschieden ausfallen muß je nach der Ansicht, welche man von dem Inhalt der kanonischen Rechtsvorschriften über die eidliche Bekräftigung nichtiger Rechtsgeschäfte hat (vgl. Wind= scheid P. §. 324 Note 5). Wer darin den allgemeinen Grund= satz ausgesprochen findet, daß durch den Eid jedes Rechtsgeschäft gültig werde, sofern sein Inhalt nicht nach Sitten= und Rechts= gesetzen unerlaubt ist, der muß die aufgeworfene Frage bejahen. Ich halte die beschränkende Auslegung für richtig und komme damit zum entgegengesetzten Ergebniß. —

Es ist nun freilich nicht immer leicht festzustellen, welchen Zweck eine Formvorschrift nach der Absicht des Gesetzgebers ver= wirklichen soll, um so mehr als möglicher Weise mehrere Zwecke neben einander ins Auge gefaßt waren. Indeß gehören von den gemeinrechtlichen Formgeboten unzweifelhaft in die hier bezielte Klasse die gerichtliche Verlautbarung der Schenkungen über 500 Solidi (C. 34 pr. cit: hoc quod superfluum est, . . non valere . . . pro non scripto vel intellecto esse credatur. §. 4 i. f.: aliter minime convalescere. C. 35 §. 3 i. f. eod: superfluum evanescat. C. 36 §. 3 eod.) und die besondere Form für die Intercessionen der Frauen (C. 23 §. 2 ad SC. Vell. 4, 29: Sin autem extra eandem observationem mulieres susceperint intercedentes, pro nihilo habeatur huiusmodi scriptura vel sine scriptis obligatio, tanquam nec confecta nec penitus scripta, ut nec senatusconsulti auxilium imploretur, sed sit libera et

absoluta, quasi penitus nullo in eadem causa subsecuto).
Auch im ersten Fall steht dem Richter nur eine beurkundende
Thätigkeit und kein Bestätigungsrecht zu. Es wäre also das
Gesetz ohne alle Bedeutung, wenn schon die außergerichtliche
Uebereinkunft verpflichtende Kraft für die Parteien besäße, sei es
auch nur zur Verlautbarung des Geschäfts. Aus dem reicheren
Gebiet der partikularrechtlichen Formvorschriften ist besonders
hieher zu zählen das häufig wiederkehrende Gebot schriftlicher
Verabfassung der Verträge über Veräußerung von Liegenschaften.
Wenn durch diese Form schon die obligatorische Verpflichtung
bedingt ist, — die Entstehung des dinglichen Rechts unterliegt
regelmäßig noch ganz andern Erfordernissen — so kann der
Gedanke wohl kein andrer sein als daß bei so wichtigen Geschäften die Parteien vor Uebereilung behütet werden sollen (vgl.
das österreichische §§. 434 und 435, zürcher §. 912 und
sächsische Recht §. 822). Ich vermag deßhalb die Entscheidung
des O.A.G. zu Oldenburg bei Seuffert XVIII. 203 nicht zu
billigen. Wenn anders der Inhalt der Eutinschen Verordnung
richtig mitgetheilt ist, so geht die vorgeschriebene gerichtliche Mitwirkung auf bloße Beurkundung. Welche Bedeutung soll aber
diese haben, wenn der Privatvertrag schon für die Vertragstheile
verbindlich ist? Eine Usualinterpretation in diesem Sinn stünde
mit einer Aufhebung des Gesetzes auf einer Linie.

Anders wo das Geschäft von einer Genehmigung durch den
Richter oder Notar abhängt. Da ist die Unverbindlichkeit der
außergerichtlichen Parteiverabredung keineswegs logisch geboten.
Im Gegentheil, wenn die Gültigkeit des Vertrags nur im Interesse einer Partei an die obrigkeitliche Gutheißung gebunden ist,
wie z. B. bei dem Vergleich über Ablösung letztwillig hinter-
lassener Alimente, so würde die Wirkungslosigkeit der außergerichtlichen Uebereinkunft auch dem andern Theil das Mittel an
die Hand geben, um die Entstehung des Vertrags zu vereiteln,
was doch dem Interesse der begünstigten Partei nicht entspricht.
Nach der bekannten Auslegungsregel der L. 25 de legibus 1, 3
darf ein Gesetz im Zweifel nicht in diesem Sinn verstanden
werden. Genauer zugesehen findet auch auf eine Vorschrift
dieser Art der oben angegebene gesetzgeberische Gesichtspunkt keine
Anwendung, da sie nicht sowohl die Form als den Inhalt des

Rechtsgeschäfts betrifft. Auch schadet ein übereilter Entschluß der zu schützenden Partei nicht. Der Richter muß die Genehmi= gung versagen, sobald er sich von der Schädlichkeit des Geschäfts für diesen Vertragstheil überzeugt hat. Ihm diese Ueberzeugung zu verschaffen, dazu gibt die vorausgehende Prüfung genügende Gelegenheit.

In diesen Fällen kann daher, wo nicht das Gegentheil im Gesetz klar ausgesprochen ist, auf Grund einer zwischen den Parteien materiell vollendeten gleichviel aber ob schriftlichen oder mündlichen Uebereinkunft jeder Vertragstheil selbst beim Wider= streben des andern die richterliche Prüfung veranlassen. Ich rechne dahin den schon erwähnten Vergleich über die Abfindung für letztwillig hinterlassene Alimente (L. 8 de transact. 2, 15); die reichsgesetzliche Vorschrift über die Schuldverschreibung eines Christen an einen Juden (Reichsabschied von 1551 §§. 78 und 79), deren praktische Geltung freilich mit Grund bezweifelt wird; die Bestimmung über die gerichtliche Bestätigung der Einkind= schaftsverträge, wenn überhaupt diese den gemeinrechtlichen In= stituten beigezählt werden dürfen.

b) Zuweilen ist mit der rechtlichen Vorschrift einer be= stimmten formellen Abfassung des Vertrags nur beabsichtigt, das Geschäft seinem ganzen Inhalt nach zweifellos zu machen, Streitig= keiten darüber vorzubeugen oder deren Schlichtung zu erleichtern. Bei dieser Bedeutung des Formerfordernisses besteht kein Grund, der materiell vollendeten aber noch nicht förmlich geschlossenen Uebereinkunft jede rechtliche Wirkung zu versagen. Sie erzeugt vielmehr vor Allem eine Klage auf Vollziehung der Form. Eine Strafverabredung ist gültig. Die freiwillige Leistung desjenigen, was erst aus dem förmlichen Vertrag geschuldet wird, kann zwar die Beifügung der Form nicht ersetzen, und selbst bei gegen= seitiger Leistung tritt der Hauptvertrag mit seinen Wirkungen z. B. Ersatzansprüchen wegen Entwährung oder wegen natür= licher Mängel nicht ins Leben; publicum jus privatorum pactis mutari nequit. Da aber die Unförmlichkeit des Vertrags kein Hinderniß für den Eigenthumserwerb an den mit dieser Absicht übergebenen Sachen bildet (L. 36 A. R. D. 41, 1), so kann höchstens mit einer condictio der Rückforderungsanspruch geltend gemacht werden. Allein auch damit wird schwerlich durchzureichen sein, sobald nur der Empfänger sich bereit erklärt, den Vertrag nach der Forderung des Gesetzes fertigen zu lassen. Denn entweder geschah die Erfüllung in Voraussetzung nachträglicher Vollziehung der Form, dann hat überhaupt der Empfänger die Leistung nicht ohne rechtfertigenden Grund (L. 3 §. 3. L. 8 cond. causa data c. n. s. 12, 4). Oder es wurde in der irrigen Meinung geleistet, daß der Vertragsabschluß in jeder Hinsicht vollendet sei; in diesem Fall steht dem Empfänger ein Rückbehaltungsrecht zu (arg. L. 26 §. 13 cond. indeb. 12, 6. L. 2 §. 1 V. O. 45, 1). Wollte endlich die gesetzliche Vorschrift umgangen werden, so greift kein Rückforderungsrecht Platz, selbst wenn der Empfänger an dem Bewußtsein der Ungesetzlichkeit Theil hat; denn das Geschäft in Frage ist vom Gesetz nicht für unerlaubt sondern nur für unverbindlich erklärt (Vangerow, Pand. §. 628 Anm.). Eine Benachtheiligung des leistenden Vertragstheils kann aber in dieser Versagung der Condictio nicht gefunden werden, da nach unsrer Voraussetzung die Vollendung des Vertrags nur von seiner Bereitwilligkeit abhängt. Wenn dagegen der Empfänger sich weigert zur Vervollkommnung des Geschäfts die Hand zu bieten, so ist zwar in den beiden ersten Fällen der Anspruch auf Rückgabe, im letzten aber nur die Klage auf förmliche Errichtung begründet. Ein so unbedingtes Reurecht, wie es den römischen Innominatkontrakten eigenthümlich war, ist dem heutigen Recht fremd.

In diese Klasse ist aus dem gemeinen Recht zu stellen das Gebot schriftlicher Verabfassung der emphyteutischen Verträge, welche außergewöhnliche Bestimmungen enthalten (C. 1—3 de jure emphyt. 4, 66) oder das Grundstück einer Kirche betreffen. Als partikularrechtliche Beispiele mögen erwähnt werden die Vorschrift des preußischen Landrechts über die gerichtliche oder notarielle Fertigung von Verträgen über die Veräußerung eines Grundstücks, indem aus einem außergerichtlichen aber schriftlichen Uebereinkommen (Punktation) eine Klage auf Verlautbarung zugelassen wird (Thl. I. Tit. 10 §§. 15—17 mit Tit. 11 §§. 1066—1068); aus dem österreichischen Gesetzbuch die Bestimmung des §. 1178, daß Gesellschaftsverträge, welche sich nur auf das gegenwärtige oder nur auf das zukünftige Vermögen beziehen, ungültig sind, wenn das von dem einen oder andern Theil eingebrachte Gut nicht ordentlich beschrieben und verzeichnet worden ist.

3) Die Beifügung der Form verleiht dem Vertrag nur einen höheren Grad der Wirksamkeit, bildet aber kein Erforderniß für seinen Bestand an sich. Das römische Recht gibt dem pignus publicum und quasipublicum einen Vorzug vor andern Pfand= rechten (C. 11 qui pot. 8, 18). Manche Partikularrechte (öster= reichisches G.B. §. 943; zürcher G.B. §. 1091) lassen aus einem Schenkungsversprechen eine Klage auf Erfüllung nur bei schriftlicher Verabfassung zu und schaffen damit eine Art natür= licher Verbindlichkeiten. Hieher gehören auch die eigenthümlichen Vorschriften des preußischen Landrechts über Verträge von einem fünfzig Thaler übersteigenden Werth. (Thl. I. Tit. 5. §§. 131. 146. 155—168. 185). Durch ihre zum Theil un= genügende Fassung sind sie die Quelle von manchen Streitfragen geworden. Folgendes dürften die Grundzüge sein:

a) Verträge der erwähnten Art bedürfen zu ihrer vollen Gültigkeit schriftlicher Errichtung. Doch sind gewisse Vertrags= arten ausgenommen.

b) Aus dem blos mündlich abgeschlossenen Vertrag entspringt keine Klage, auch nicht auf Vollziehung der Form. Auch dieser Grundsatz gilt nicht unbeschränkt. Vor Allem kann

c) derjenige den Mangel der urkundlichen Abfassung nicht geltend machen, welcher schriftlich die Geltung des mündlich ge= schlossenen Vertrags anerkannt hat. Das bloße Zugeständniß der Thatsache des Abschlusses hat diese Wirkung so wenig als eine mündliche Genehmigung z. B. Erfüllungsversprechen, selbst wenn sie von beiden Theilen ausgegangen sein sollte.

d) Die vollkomme Erfüllung des Vertrags — des zwei= seitigen durch beide Theile — hebt den Mangel der Beurkundung, ausgenommen Verträge über unbewegliche Sachen.

e) Bei unvollständiger Erfüllung des Vertrags hingegen kann der Leistende wie der Empfänger, jener wenn er seiner Verpflichtung auch schon ganz nachgekommen sein sollte, dieser selbst dann wenn er bereits eine Abschlagszahlung gemacht hat, frei wählen, ob er den Vertrag durch Entgegennahme der Leistung des andern Theils, beziehungsweise durch seinerseitige Erfüllung anerkennen oder von demselben zurücktreten wolle jedoch unter

Rückerstattung desjenigen, was er auf Grund des Geschäfts vom Gegner erhalten hat. (Dieser Satz ist unter den Lehrern des preußischen Rechts besonders bestritten; vgl. Bornemann a. a. O. §. 147 und Koch a. a. O. §. 86). —

Die processualischen Vortheile, welche mit der Beurkundung eines Rechtsgeschäfts verbunden sind (Sicherung des Beweises, günstigere Prozeßart z. B. Executivprozeß), fallen nicht unter diesen Gesichtspunkt. Sie sind einerseits nicht durch die Errich= tung des Vertrags in einer Urkunde bedingt, haben mit andern Worten keine Dispositivurkunde zur Voraussetzung, in welcher die Willenserklärung der Parteien selbst verkörpert ist, sondern erfordern blos urkundlichen Nachweis über das Vorhandensein des Rechtsverhältnisses, wozu auch ein schriftliches Geständniß (Schuldschein, Brief) dienlich ist. Andrerseits werden diese Vor= theile durch die schriftliche Errichtung noch gar nicht erworben; es kommt vielmehr darauf an, daß der urkundliche Nachweis im Zeitpunkt des Prozesses vorhanden ist. Ein Beispiel bildet die Bestimmung des französischen Rechts über die Beurkundung von Verträgen, deren Gegenstand den Werth von 150 Franken übersteigt. Der blos mündlich geschlossene Vertrag wird nicht für unverbindlich, auch nicht für klaglos erklärt; es sind nur beim Beweis solcher Verträge Zeugen und Vermuthungen ausge= schlossen, dagegen nicht die Eideszuschiebung (Code civil art. 1341 —1365). Auch gewisse Ausnahmen, welche im Gesetz gemacht sind (art. 1347. 1348 Nr. 4) lassen deutlich entnehmen, daß es sich um bloße Beweis= und nicht um Vertragsgrundsätze handelt, wenn gleich der Gesetzgeber auf die Beobachtung schriftlicher Ver= abfassung bei diesen Verträgen hinwirken wollte. —

§. 28.

2. Gewillkürte Form.

Die Gründe, welche wir als gesetzgeberische Motive für die Aufstellung eines Formgebots kennen gelernt haben, können bei gesetzlich formfreien Geschäften die Parteien bestimmen, für ihren Vertrag eine gewisse Form zu verabreden. Fällt ihre Wahl auf schriftliche Verabfassung, so entsteht die Frage, ob die Beurkundung Vertragselement oder bloses Beweismittel sei.

Regelsberger, Vorverhandlungen.   10

Im letztern Fall liegen im Grunde zwei in ihrem Vollzug unabhängige Verträge vor; der eine begründet das materielle Rechtsverhältniß mit dem Anspruch auf Erfüllung des Hauptversprechens, der andere die Verpflichtung zur Mitwirkung bei Fertigung der Urkunde. Wo dagegen der Vertrag erst mit der Schrift ins Dasein tritt, ist nur so viel gewiß, daß vor Beifügung der Form die Klage auf Erfüllung des Hauptversprechens nicht zusteht; im Uebrigen aber bleibt zweifelhaft, ob die vorgängige unförmliche Uebereinkunft noch jeder Verbindlichkeit entbehre oder zur Vollziehung der Form verpflichte.

Wir stehen vor einer Auslegungsfrage. Allein möglicher Weise greifen in deren Lösung gesetzliche Vorschriften ein, sei es, daß sie die Parteiwillkür beschränken, indem sie bestimmen, welche Auffassung dem Parteiübereinkommen überhaupt beigelegt werden darf, oder daß sie den Parteiwillen nur unterstützen, indem sie nur bei undeutlicher Erklärung der Auslegung zu Hilfe kommen wollen. Wir werden daher vor Allem zu untersuchen haben, ob im gemeinen Rechte solche positive Sätze bestehen. Dabei dürfen wir in den Oellen des römischen Rechts nur eine Entscheidung darüber erwarten, ob die Urkunde die Bedeutung eines Vertragselements oder Beweismittels habe. Die mittlere Wirkung, Verpflichtung der unförmlichen Uebereinkunft zur Verlautbarung konnte nach dem römischen Kontraktssystem nur dann eintreten, wenn die Parteien die Uebereinkunft auf Abschluß eines bestimmten Kontrakts in Stipulationsform gekleidet hatten; außerdem war sie nudum pactum.

Als entscheidend für unsere Frage ist vor Allem folgende Stelle angeführt worden.

> L. 4 de fide instrumentorum 22, 4 (auch als L. 4 de pign. et hypoth. 20, 1 vorkommend) *Gai.* lib. sing. ad form. hypoth. —
>
> In re hypothecae nomine obligata ad rem non pertinet, quibus fit (al. sit) verbis, sicuti est in his obligationibus, quae consensu contrahuntur; et ideo et sine scriptura si convenit, ut hypothecae sit, et probari poterit, res obligata erit, de qua conveniunt. Fiunt enim de his scripturae, ut quod actum est per eas facilius probari possit; et sine his autem valet, quod actum

est, si habeat probationem, sicut et nuptiae sunt, licet testatio sine scriptis habita est.

Dem Juristen ist es um die Entscheidung der Frage zu thun, ob die Gültigkeit des hypothekarischen Pfandvertrags durch eine bestimmte Form bedingt sei. Er verneint dieß. Ein Bedenken gegen die Richtigkeit dieser Ansicht, daß schriftliche Abfassung doch üblich sei, beseitigt er mit der seiner praktischen Erfahrung entnommenen Bemerkung, daß solche Urkunden nur des Beweises halber gefertigt zu werden pflegen, obwohl sie gar nicht das ausschließlich zulässige Beweismittel seien. Ob sie indeß nur diese Bedeutung haben können, ob sie auch nur im Zweifel in diesem Sinn aufzufassen seien, wird in keiner Weise entschieden. Ja, könnte man einwenden, dem Gaius mag Weiteres fern gelegen haben; in der Justinianischen Gesetzsammlung aber, im Titel, der u. A. von der Kraft der Urkunden handelt, komme der Stelle ein weiter gehender Inhalt zu. Mit Nichten. Die Kompilatoren beabsichtigten an diesem Ort nur die vollkommene Ebenbürtigkeit aller Beweismittel bei dem Erweis des hypothekarischen Pfandrechts festzustellen, wie im titulus de pignoribus die Formfreiheit des Vertrags. Hätten sie an die bestrittene Bezugnahme gedacht, so würde unsere Stelle sicher eine Einschiebung auf Grund von C. 17 de fide instrum. erfahren haben.

Die letztgenannte Stelle war von Alters her vielfach Gegenstand der Auslegung. Wir besitzen aus der neuesten Zeit eine eigene Schrift darüber (Setzer, Abhandlungen aus dem Civilrecht I: Ueber die Verabredung der Schrift, insbesondere von der C. 17 Cod. de fide instrumentorum. Bremen. 1860). Der Verfasser geht mit einer anerkennenswerthen Gründlichkeit zu Werk. Gleichwohl hat mich seine Ausführung nicht überzeugt, und ich kann mich daher nicht entschlagen, genauer auf die Betrachtung der Stelle einzutreten. Die Justinianische Verordnung ist uns doppelt mitgetheilt, ausführlich im Tit. Cod. de fide instrum. 4, 21, in Anwendung auf den Kaufvertrag im Tit. Inst. de emtione et venditione 3, 23. Zur leichteren Vergleichung sollen beide Texte neben einander gestellt werden.

Imp. Justinianus A. Mennae P. P. anno 528.

Princ. Instit. de emt. et vend.

Emtio et venditio contrahitur simulatque de pretio

10 *

Contractus venditionum vel permutationum vel donationum, quas intimari non est necessarium, dationis autem arrharum vel alterius cuiuscunque causae. illos tamen, quos in scriptis fieri placuit, transactionum etiam, quas in instrumento recipi convenit, non aliter vires habere sancimus. nisi instrumenta in mundum recepta subscriptionibusque partium confirmata et, si per tabellionem conscribantur, etiam ab ipso completa et postremo partibus absoluta sint, ut nulli liceat prius quam haec ita processerint, vel a scheda conscripta, licet literas unius partis vel ambarum habeat, vel ab ipso mundo quod necdum est impletum vel absolutum. aliquod jus sibi ex eodem contractu vel transactione vindicare; adeo ut nec illud in huiusmodi venditionibus liceat dicere, quod pretio statuto necessitas venditori imponatur vel contractum venditionis perficere vel id quod interest ei persolvere.

convenerit, quamvis nondum pretium numeratum sit, ac ne arrha quidem data fuerit; nam quod arrhae nomine datur, argumentum est emtionis et venditionis contractae.

Sed haec quidem de emtionibus et venditionibus, quae sine scriptura consistunt, obtinere oportet; nam nihil a nobis in huiusmodi venditionibus innovatum est. In iis autem, quae scriptura conficiuntur, non aliter perfectam esse venditionem et emtionem constituimus. nisi et instrumenta emtionis fuerint conscripta, vel manu popria contrahentium vel ab alio quidem scripta, a contrahentibus autem subscripta, et si per tabelliones fiunt, nisi et completiones acceperint et fuerint partibus absoluta. Donec enim aliquid ex his deest, et poenitentiae locus est et potest emtor vel venditor sine poena recedere ab emtione.

Quae tam in postea confi-
ciendis instrumentis quam in
his, quae jam scripta nondum
absoluta sunt, locum habere
praecipimus, nisi jam super
his tractatum sit vel judica-
tum, quae retractari non possunt exceptis emtionalibus instrumentis jam vel in scheda
vel in mundo conscriptis, ad
quae praesentem sanctionem
non extendimus, sed prisca
jura in his tenere concedimus.

Illud autem adiicientes, ut
et in posterum, si quae arrhae
super facienda emtione cuiuscunque rei datae sunt sive
in scriptis sive sine scriptis,
licet non sit specialiter adjectum, quid super iisdem arrhis non procedente contractu
fieri oporteat, tamen et qui
vendere pollicitus est, venditionem recusans in duplum
eas reddere cogatur, et qui
emere pactus est, ab emtione
recedens, datis a se arrhis
cadat, repetitione earum de-
neganda.

Ita tamen impune iis re-
cedere concedimus, nisi jam
arrharum nomine aliquid fuerit
datum; hoc etenim subsecuto
sive in scriptis sive sine scriptis venditio celebrata est, is
qui recusat adimplere contractum, si quidem est emtor,
perdit quod dedit, si vero venditor, duplum restituere com-
pellitur, licet super arrhis
nihil expressum est.

Man vgl. damit noch

C. 15 de contrah. emt. 4, 38. Justinianus a. 530
. . . venditionem ad effectum pervenire sive in scriptis contractus celebretur scilicet si huiusmodi pactum,
quum in scriptis fuerit redactum, secundum nostrae
legis definitionem per omnia completum et absolutum sit.

§. 3 Inst. de emtione.

Quum autem emtio et venditio contracta sit (quod
effici diximus, simulatque de pretio convenerit, quum

sine scriptura res agitur) periculum rei venditae statim
ad emtorem pertinet . . .

Während die älteren Ausleger an der Verordnung Justinians
fast ausschließlich die Entscheidung der Frage hervorheben, welche
Bedeutung die vertragsmäßige Feststellung schriftlicher Abfassung
für den materiell vollendeten Vertrag habe, findet Setzer darin
nur die Bestimmung, was zur Vollendung der schriftlichen Form
als Vertragselement gehöre; daß die Schriftlichkeit nach der Ab=
sicht der Parteien die Entstehung des Vertrags bedinge, werde
vom Gesetzgeber vorausgesetzt.

Beide Auffassungen sind einseitig. Allerdings zeichnet Ju=
stinian in diesem Gesetz die formellen Erfordernisse einfacher oder
materieller Vertragsurkunden vor. Wenn aber dieß der einzige
Inhalt und Zweck seiner Vorschrift wäre, so bliebe unerklärlich,
warum der Kaiser blos die vertragsmäßige Schriftlichkeit berück=
sichtigt, warum er der damals so üblichen Stipulationsurkunden
mit keiner Silbe gedenkt. Es mag immerhin zugegeben werden,
daß vor C. 17 cit. die Unterschrift der Parteien und des Tabellio
eine wesentliche Förmlichkeit nicht gebildet habe. Aber wenn die
Unterzeichnung der Vertragsurkunden durch die Betheiligten dem
Kaiser so wichtig schien, daß er eine weitläufige Verordnung
darüber erläßt: warum hat er dieses Erforderniß nicht für alle
Urkunden aufgestellt? Bei der sonstigen Ausführlichkeit Justi=
nianischer Verordnungen erklärt sich dieß nur dadurch, daß der
fragliche Gesetzerlaß zunächst durch einen andern Zweifelspunkt
veranlaßt war. Dafür mag auch Nov. 44 Zeuge sein, in welcher
für alle durch Tabelliones zu fertigenden Urkunden ohne Unter=
schied Bestimmung getroffen wird. Andrerseits mußte in einer
Zeit, wo die Sitte schriftlicher Abfassung für gesetzlich formfreie
Verträge immer allgemeiner wurde, die Frage häufig der gericht=
lichen Beurtheilung entgegentreten, ob durch die Verabredung der
Schriftlichkeit das Dasein des Vertrags von der Vollziehung der
Form abhängig werde; für Stipulationen konnte dieser Zweifel
gar nicht auftauchen.

Auch der Wortlaut der Codex= und Institutionenstelle spricht
gegen Setzer. Jene beginnt: Contractus venditionum . . .
non aliter vires habere sancimus. Wäre der Ausdruck passend,
wenn die Absicht der Parteien vorausgesetzt würde, daß der Ver=

trag nur durch die Urkunde zur Entstehung gelangen soll? Müßte
es nicht vielmehr heißen: Instrumenta super contractibus
venditionum rlq.? Bei Setzer's Unterstellung ist auch nicht recht
abzusehen, warum mit soviel Nachdruck und Aengstlichkeit betont
wird, daß vor Vollendung der Schrift die Verabredung noch gar
keine Wirkung erzeugen, daß jedem Theil der willkührliche Rücktritt noch offen stehen solle:

Coderstelle: ut nulli liceat — ei persolvere.

Institutionenstelle: donec enim — recedere ab emtione.
In jener Zeit verstand sich die Unverbindlichkeit eines pactum
de contrahenda emtione von selbst. Wie reimt sich ferner damit
der aus der gesetzlichen Formfreiheit des Kaufvertrags entnommene
Zweifel (Coderstelle: adeo ut — persolvere)? Wo ist die Brücke
von der Feststellung der Form einer Urkunde zur Vorschrift über
die Wirkung einer vor vollendetem Kaufvertrag gegebenen Arrha,
womit sich der Kaiser am Schluß beschäftigt? Die Ausdrücke

    contractus in scriptis fieri
    in instrumento recipi
    scriptura consistunt
    scriptura conficiuntur
    in scriptis celebrari
    scriptura res agitur

haben im Justinianischen Sprachgebrauch keineswegs immer den
ihnen unterlegten engern Sinn. Man vgl. Nov. 73 praef. §. 1:

    deposito scriptura celebrato

    cap. 8: si quis sine scriptura contractum facere velit,
wo nichts Anderes gesagt werden will, als daß über den Vertrag
eine Urkunde aufgenommen oder nicht aufgenommen wird. Hiegegen darf C. 12 de probat. 4, 19 nicht verfangen, denn erstens
ist die Stelle von Diocletian und Maximian, und dann unterliegt
auch nach unserer Auffassung der C. 17 cit. keinem Zweifel, daß
eine Urkunde blos als „testimonium rei gestae" verfaßt werden
kann. Im L. 2 §. 1 C. E. 18, 1 endlich steckt zwar eine hand-
greifliche Interpolation, die Stelle giebt aber über unsere Frage
keinen Aufschluß.

Ihrem wesentlichen Inhalt nach erstreckt sich daher die Verordnung Justinians auf drei Punkte:

    1) in welchem Sinn die von den Parteien bei Abschluß eines

gesetzlich formfreien Vertrags getroffene Uebereinkunft schriftlicher
Abfassung zu verstehen sei;

2) welche Förmlichkeiten eine von den Parteien oder von
einem Tabellio gefertigte Vertragsurkunde an sich tragen müsse;

3) welche rechtliche Wirkung die mit Hinblick auf einen beabsichtigten Vertrag gegebene Arrha habe.

Da der zweite und dritte Punkt uns hier nicht weiter interessiren, so steht nur zu untersuchen, ob nach Justinians Entscheidung die verabredete schriftliche Beurkundung die Vollendung
des Vertrags bedingen oder ein bloßes Zeugniß über den anderweit entstandenen Vertrag bilden soll. Geht man von der Ansicht aus, daß der Kaiser sich diese Frage vorgelegt habe, so wird
man nicht im Zweifel sein können, daß sie von ihm im Sinn
der ersten Alternative beantwortet wurde. Aber noch mehr. Justinian wollte nicht blos eine Regel aufstellen, wie im Zweifel
eine solche Parteiverabredung zu deuten sei, nicht blos eine Wil-
lensvermuthung <u>sondern eine zwingende Auslegungsvorschrift
geben, welche die Berücksichtigung einer abweichenden Parteiabsicht
ausschließt, also eine Willensfiktion,</u> praesumtio juris et de jure.
Die entschiedenen Ausdrücke

> Contractus . . . non aliter vires habere
>
> Ut nulli liceat prius . . . aliquod jus sibi . . . vindicare
>
> Non aliter perfectam esse venditionem
>
> Donec aliquid ex his deest, et poenitentiae locus est et
> potest emtor vel venditor sine poena recedere ab emtione

werden ohne jeden Vorbehalt gegentheiliger Willensmeinung der
Parteien hingestellt, Ausdrücke, welche ihr rechtes Licht bei Vergleichung mit Stellen erhalten, die zweifellos nur einen Aus-
legungsbehelf geben, z. B. C. 9 quae res pign. S. 17 — gleichfalls aus dem Jahre 528 —

> Quum sit justum voluntates contrahentium magis quam
> verborum conceptionem inspicere
>
> Ad servandam contrahentium voluntatem sancimus rlq.

Wir dürfen uns nicht durch die Erwägung stören lassen, daß
ein solches Gesetz einen bedenklichen Eingriff in die Freiheit des
Verkehrs enthält. Einerseits entspricht die Inschutznahme der
Parteien gegen die aus mangelnder Einsicht entspringende Gefahr
der bevormundenden Richtung der Justinianischen Gesetzgebungs-

thätigkeit. Andrerseits fehlen dafür keineswegs beachtenswerthe innere Gründe. Ich kann mir nicht versagen, die Worte hieher zu setzen, mit welchen Keller (Pand. §. 222) diesen Motiven mit der ihm eigenthümlichen feinen Beobachtungsgabe einen unvergleichlichen Ausdruck gegeben hat.

„Es kommt nach Art und Sitte der Menschen gar häufig vor, daß Kontrahenten nach mündlicher Besprechung und Einigung in Voraussicht der noch bevorstehenden schriftlichen Abfassung (die man sich als gar leicht vorzustellen pflegt) gegen einander Aeußerungen thun, welche einen vollendeten Abschluß zu involviren scheinen, während sie sich doch für die ganze Fassung des Vertragsinstruments völlig freie Prüfung und Entschließung vorzubehalten gemeint sind. Noch öfter geschieht es, daß sie, nachdem sie über die Hauptsache einig geworden, in der That definitiv abschließen und die Nebenpunkte oder überhaupt die Entwicklung der speciellen Bestimmungen als etwas, das sich so gut als von selbst ordnen werde, der späteren schriftlichen Abfassung anheim stellen, während sich dann erst bei dieser selbst die Schwierigkeiten zeigen, indem auch nach Festsetzung der Hauptsache noch über manche mehr oder weniger wichtige Nebenpunkte verschiedene Bestimmung und daher auch verschiedene Willensmeinung der Kontrahenten möglich ist, und indem überhaupt nicht Jeder die rechte Fähigkeit besitzt, aus einer gegebenen Gesammtvorstellung das Einzelne gehörig herauszuwickeln und umgekehrt in der Gesammtvorstellung schon zum Voraus das Einzelne vollständig und genau zu übersehen. Nimmt man nun in solchen Fällen schon die mündliche Erklärung als bindend an, so ist eine gedoppelte Gefahr vorhanden — ein Mal, daß ein blos scheinbarer Konsens wie ein wirklicher behandelt werde; und zweitens tritt gar zu leicht der Uebelstand ein, daß ein Rechtsverhältniß, welches einzig der Kontraktswille zur Existenz gebracht hat, anstatt seine volle Gestaltung, soweit die Kontrahenten es wollen und vermögen, auf dem Wege des Vertrags und gleichsam aus einem Gusse zu erhalten, vielmehr auf halbem Wege und gleichsam in un=

reifer Ausbildung stehen bleibt, und seine Ergänzung und
Vollendung auf dem zwar möglichen, aber immerhin un-
erwünschten Wege des richterlichen Ermessens suchen muß.“

Zur Ergänzung unserer Auffassung der Justinianischen Verordnung ist noch zu erwähnen. Einerseits bezieht sich das Gesetz
nur auf diejenige Vereinbarung schriftlicher Abfassung, welche vor
oder bei der materiellen Vollendung des Hauptgeschäfts getroffen
wird; es geht dieß aus der ganzen Haltung wie aus einzelnen
Aeußerungen hervor (z. B. C. 17 cit. adeo ut nec illud rlq.;
pr. Inst. cit. quae scriptura conficiuntur). Andrerseits macht
die Verordnung keinen Unterschied, ob die Uebereinkunft noch ganz
auf der mündlichen Beredung steht oder in nicht vollkommen
förmlicher Weise aufgezeichnet ist (arg. verb. C. 17: licet literas
unius partis vel ambarum rlq.).

Das Ergebniß unsrer Auslegung können wir in folgenden
Ueberblick zusammenfassen:

1) Justinian bestimmt in C. 17 cit. sowohl die rechtliche Kraft
eines Vertrags, für welchen von den Parteien Schriftlichkeit verabredet wurde, bevor er in diese Form gebracht ist, als auch die Förmlichkeiten einer solchen Schrift als Privat- oder Notariatsurkunde.

2) Die Vorschrift gilt nur für den Fall, da die Schriftlichkeit vor Vollendung des Vertrags verabredet wird.

3) Es wird der Vereinbarung über das Hauptgeschäft vor
vollkommner Fertigung der Urkunde jede Verbindlichkeit abgesprochen; eine entgegengesetzte Willensmeinung der Parteien darf
nicht berücksicht werden.

4) Die Unverbindlichkeit besteht ebenso für die blos mündliche wie für die schriftliche aber noch nicht förmliche Uebereinkunft.

§. 29.

2. Gewillkürte Form. — Fortsetzung.

Die vorstehend begründete Auffassung der C. 17 cit. ist weit
entfernt, allgemein anerkannt zu sein. Im Gegentheil, seit der
Wiederbelebung des Studiums des römischen Rechts hat man sich
einer andern Auslegung zugewandt, die unserige tritt nur ganz
vereinzelt auf. An sich ist ohne praktisches Interesse, wie Andere
das Gesetz verstanden haben. Allein es wäre möglich, daß der
abweichenden Auffassung ein modernes Rechtsbewußtsein zu Grunde

liegt, welches ſich nur in dem Gewand falſcher Geſetzesauslegung
kund gibt. Aus dieſem Grund ſollen die neueren Anſichten über
unſere Geſetzſtelle in ihren Hauptvertretern kurz betrachtet werden.

Unter den Gloſſatoren ſchon beſtand eine Meinungsverſchie=
denheit über die Bedeutung der Ausdrücke contractus in scriptis
fieri u. ſ. w. Die Einen verſtanden darunter die Uebereinkunft
mit der nachweisbaren Abſicht der Parteien, ut aliter non valeat
contractus nisi scriptura facta. Die Andern bezogen die Ge=
ſetzesworte auf die Verabredung ſchriftlicher Abfaſſung überhaupt,
wenn dieſelbe nur nicht erſt getroffen wird, nachdem der Haupt=
vertrag bereits ſeine Vollendung erlangt hatte; ſie hielten über=
dieß der erſtern Anſicht entgegen, daß ſie der Uebung im Verkehr
nicht entſpreche. Ob ſie aber in der Juſtinianiſchen Verordnung
ſogar ein Willenskorrektiv erblickten, iſt mit Sicherheit nicht zu
erſehen (Glossa in scriptis ad const. 17 de fide instr. und Gl.
scriptura conficiuntur ad pr. Inst. de emtion. Vgl. auch die
Turiner Gloſſe, abgedruckt bei Savigny, Geſch. des röm. Rechts
in M.A. Bd. II. S. 471, wobei jedoch nicht zu überſehen iſt,
daß dieſe Stelle dem neueren erſt aus dem 12. oder 13. Jahr=
hundert ſtammenden Theil angehört: Placebat in scriptis contrahere i. e. contractum in testimonio scripturae conferre. Sed
non ut tunc demum vim haberet contractus, quum scriptura
completa esset. Si enim hoc vellent non oporteret Justinianum
ex novo constituere sed ex eorum voluntate hoc esset).

Die ſpäteren Italiener haben die erſtere Auffaſſung gebilligt.
Hierüber berichtet *Jacobus Menochius* († 1607) de praesumt.
lib. III. pr. 148:

Permulti scripserunt quod contractus non est condi-
tionalis et imperfectus, cum non praesumatur,
contrahentes noluisse contrahere nisi conficeretur in-
strumentum.

Dafür wird ſich bezogen auf die Gloſſe, Bartolus, Baldus, Solicetus,
Socinus sen., Phil. Decius und auf die Praxis der Rota Romana.
Nachdem M. einige abweichende Juriſten erwähnt hat, fährt er fort:

Retinenda est itaque illa prima opinio, quae ut dixi
communis est.

Während *Cuiacius* (Parat. in lib. Cod. IV. 21 und 22)
dem beipflichtet, vertheidigt wiederum *Donellus* (Comm. jur. civ.

lib. XXV. cap. 14 §§. 5—7) die hier verworfene Präsumtion; aber auch er meint, der Kaiser habe nur die Zweifel beseitigen wollen, welche sich über die Absicht der Parteien ergeben können.

Ganz entschieden tritt auf die Seite der Italiener der niederländische Jurist *Ulr. Huber* (geb. 1636 † 1694). Die Const. 17 de fide instr. — so führt er in den Prael. ad tit. Dig. de transact. N° 8 und de contrah. emt. N° 2—4 aus — komme nur zur Anwendung, wenn die Parteien die Geltung des Vertrags von der Fertigung der Schrift abhängig gemacht haben. Er beruft sich dafür u. A. auf den französischen Juristen *Mornacius* († 1619) auf die *Curia Parisiensis* und auf den „zweifellosen Gerichtsgebrauch". Einige Juristen der damaligen Zeit fühlten, daß damit der Inhalt der C. 17 cit. nicht in Einklang stehe, und behaupteten geradezu eine Aufhebung dieses Gesetzes durch Gewohnheitsrecht. *Huber* selbst erkennt einen Zwiespalt zwischen dem geschriebenen und geltenden Recht nicht an.

Derselben Auslegung huldigen die deutschen Juristen des 17. und 18. Jahrhunderts:

Brunnemann, Comm. in Cod. Just. lib. IV. 21 l. 17.

Hildebrand a. a. O. p. 8. 21 sq., welcher sich dafür namentlich auf Stryk, de caut. contr. I. c. 6 §. 1 beruft.

Puffendorff, Observ. T. II. Obs. 52.

Höpfner, Comm. zu den Heineccischen Institutionen §. 860 a. E.

Glück, Pandektencommentar IV. §. 344. XVI. §. 974 Note 86. Brunnemann und Stryk begnügten sich gar nicht mit der erweislichen Absicht der Parteien, daß das Uebereinkommen erst mit der Schrift bindend sein solle; sie forderten wörtliche Erklärung dieses Willens, widrigenfalls der Vertrag sofort volle Wirkung äußere. Vergebens kämpfte dagegen Wilhelm Leyser (der Vater); nach Augustin Leyser's (des Sohns) Bericht (Med. ad Pand. Spec. 272. Med. 1—3) nahm die damalige Praxis durchaus jene Ansicht an.

In unserm Jahrhundert trat mit der Rückkehr zu einer unbefangeneren Auffassung des römischen Rechts auch eine Wendung in der Auslegung der C. 17 cit. ein. Zunächst finde ich bei Mühlenbruch (doctrina pandect. §. 114 i. f. §. 600) den Satz, daß in allen Fällen, wo eine bestimmte Vertragsform entweder gesetzlich vorgeschrieben oder freiwillig beliebt ist, das Geschäft vor Vollziehung der Form noch gar keine Wirkung habe. In der deutschen Ausgabe des Lehrbuchs ist aber §. 331 die Beschränkung beigefügt: „Doch bringt es die Natur der Sache mit sich, daß man den Zweck der Solennität berücksichtigt und daher unter Umständen eine Klage auf Vollziehung zuläßt".

Molitor (les obligations en droit Romain chap. 3 Nr. 50 et 51) stimmt Mühlenbruch vom Standpunkt des römischen Rechts bei, glaubt aber, daß heutzutage im Zweifel das Geringere d. h. die bloße Beweiseigenschaft der Urkunde als Absicht der Parteien zu unterstellen sei.

Der einzige Schriftsteller, welcher die Auslegung der L. 17 cit. im Sinn eines Willenskorrektivs noch für das geltende Recht festhält, ist m. W. Keller (Pand. §. 222).

Größeren Anklang hat neuerdings die Ansicht gefunden, daß die L. 17 cit. eine Rechtsvermuthung für die Unverbindlichkeit des Vertrags vor Einkleidung in die verabredete Form aufstelle:

Seuffert, prakt. Pandektenrecht §. 274

Sintenis, gemeines Civilrecht §. 96 Note 7

Arndts, Pandekten §. 232, namentlich Anm. 3

Unger, System des österr. allg. Privatr. II. §. 86 Note 16.

Puchta (Pand. Lehrb. §. 251 Note a und c sowie Vorl. zu §. 251 a. E.) will dieß nur für den Fall gelten lassen, da die Uebereinkunft blos auf der mündlichen Verhandlung beruht. Sobald dieselbe in eine Punktation gefaßt sei, müsse die entgegengesetzte Vermuthung Platz greifen. Er sucht auf diese Weise L. 4 de fide instrum. und C. 17 cit. zu vereinigen; allein beide Stellen stehen wie oben gezeigt in gar keinem Widerspruch, und wenn dieß der Fall wäre, müßte der bestimmte Ausdruck der Justinianischen Verordnung entscheiden.

Windscheid (Pand. §. 312 a. E.) faßt die fraglichen Gesetzstellen im Sinne Setzers und nimmt nur nach allgemeinen Auslegungsgrundsätzen für den Zweifelsfall Freiheit des Rücktritts vom formell noch unvollendeten Vertrag an.

———— ————

Der vorstehende Ueberblick gewährt ein ziemlich buntes Bild. Gleichwohl hebt sich ein Punkt als festes Ergebniß für das geltende Recht heraus, daß nämlich die Neuerung Justinians beim Uebergang des römischen Rechts auf das mo-

derne Europa nirgends volle Wirksamkeit erlangt
hat. Es sträubte sich dagegen das praktische Leben, welches immer
auf Befreiung von allen die Bewegung des Verkehrs hemmenden
Fesseln hinstrebt, es sträubte sich dagegen die tiefgewurzelte Anschauung, daß die formlose Uebereinkunft bindende Kraft besitze.
Unter ihrem Einfluß haben auch die Ausleger nicht den ungetrübten
Blick für die Erfassung des Justinianischen Gesetzes gewinnen können.

Mit dieser Negative ist freilich für die Rechtsanwendung
wenig erreicht, zumal sich auf dem heutigen Standpunkt die weitere Möglichkeit anreiht, daß die Uebereinkunft der Parteien vor
Beifügung der verabredeten Form den rechtlichen Charakter eines
bindenden Vorvertrags habe.

Der Gerichtsgebrauch ist nicht einiger als die Doktrin. Nur
darüber finden sich gleichartige Entscheidungen, daß die Beurkundung, welche erst nach dem Inkrafttreten des Hauptvertrags verabredet wird, im Zweifel nicht als Vertragselement aufzufassen
sei (Seuffert I. 198. VIII. 350. XII. 259. XVI. 102). Dieß
entspricht auch einer verständigen Auslegung. Es ist nicht abzusehen, welcher Vortheil für die Parteien aus der Aufhebung
eines bereits bestehenden Rechtsverhältnisses entspringen soll, wenn
sie ein anderes mit demselben Inhalt an die Stelle setzen wollen;
darum ist auch dieser Wille nicht anzunehmen. Man darf sich
nur nicht auf den Satz berufen, daß die Novationsabsicht nicht
vermuthet werde. Aufhebung eines obligatorischen Verhältnisses
und Gründung eines neuen ist etwas Anderes als Aufhebung
durch Gründung eines neuen. Jene bilden selbst dann keine
Novation, wenn die zweite Obligatio die Bestimmung haben
sollte, an die Stelle der ersteren zu treten (L. 15. R. C. 12, 1).
Bei der Novation fließt die aufhebende und begründende Wirkung
aus einer Thatsache und zwischen ihrem Eintritt findet kein
Zwischenraum statt. In unserm Fall dagegen würden, wenn
überhaupt Ersetzung des einen Vertrags durch den andern beabsichtigt wäre, den beiden Wirkungen zwei selbständige Rechtsakte
entsprechen, welche zeitlich nach einander ins Dasein treten (Dieß
namentlich gegen die Ausführung bei Seuffert A. I. 198 und
Thöl Handelsr. §. 60 a. E., welch Letzterer überdieß auf die
ausdrückliche Erklärung des Novationswillens einen mir bedenklichen Nachdruck legt. In Auslegung der C. 8 de novat. 8, 42

trete ich vollkommen Salpius, Novation und Delegation nach
römischem Recht §§. 42—44, bei).

In der Beurtheilung der Beurkundungsverabredung, welche
beim Abschluß des Hauptgeschäfts getroffen wurde, gehen die An=
sichten der Gerichte sehr aus einander. Das O.A.G. in Olden=
burg (Seuffert I. 198) entschied sich für die Ansicht, daß vor
Vollendung des Vertrags durch Beifügung der Form im Zweifel
noch keine Partei gebunden sei; ebenso beiläufig das O.A.G. zu
Kiel am 27. März 1858 (Seuffert XII. 259), dann (wie ich
Setzer entnehme) das Kieler Stadtgericht und das Hol=
steinische Obergericht. Dem stehen aber entgegen Erkennt=
nisse des O.A.G. in Lübeck (Frankfurter Rechtssachen Bd. I.
Heft 2 S. 173), ein Urtheil des Kieler O.A.G. aus dem Jahr
1845 und des Bremer Obergerichts vom 17. April 1845.

Was folgt? Der Richter ist in der rechtlichen Würdigung
der Uebereinkunft über die schriftliche Abfassung eines noch nicht
in Kraft getretenen Vertrags durch keinen besonderen Rechtssatz
gebunden und lediglich auf die allgemeinen Auslegungsgrundsätze
verwiesen. Mit der beliebten Regel, daß im Zweifel das Mindere
anzunehmen sei, kommt man freilich nicht weit. Was ist das
Mindere? die Ungebundenheit der Parteien? die Beweiseigenschaft
der Urkunde? die Geltung des Uebereinkommens als Vorvertrag?
Einen zuverlässigern Anhaltspunkt gewährt die Beobachtung des
praktischen Lebens, die Erforschung der im Verkehr herrschenden
Auffassung. Die Erfahrung lehrt, daß bei Geschäften mit schrift=
licher Abfassung die Unterzeichnung des Aufsatzes durch die Partei
als der Zeitpunkt fester Einwilligung betrachtet wird. Hieraus
folgt, daß aus der über einen materiell vollendeten Vertrag er=
richteten und von den Parteien unterschriebenen Urkunde für jeden
Theil Gebundenheit und eine Klage auf Vollziehung der Form
entspringt, es müßte denn das Gegentheil unverkennbar ausge=
sprochen sein. Die Erfahrung bestätigt aber, wenn ich nicht irre,
noch weiter, daß den Parteien überhaupt bei Verträgen, welche
schriftlich geschlossen werden sollen, die Unterzeichnung als die
Schwelle zwischen den unverbindlichen Unterhandlungen und der
festen Abmachung gilt. Nicht selten zerschlägt sich die Uebercin=
kunft noch in dem Moment, wo eine Partei schon die Feder zur
Beifügung ihrer Unterschrift angesetzt hat, weil man jetzt noch

den Rücktritt als offen ansieht. Darum wird der Richter eher
geneigt sein dürfen, der blos mündlichen Vereinbarung eines
schriftlich zu verabfassenden Vertrags noch keine verbindliche Kraft
beizulegen. Freilich darf man das Gewicht dieser Sätze nicht
überschätzen, und derjenige Richter würde sehr fehl gehen, welcher
sich dadurch von der Prüfung und Abwägung aller Momente des
einzelnen Falls entbunden glaubte. Der Gesetzgeber aber wird
am besten sich jedes Eingreifens in diese Auslegungsfrage enthalten.

Die Partikulargesetzgebungen haben dieser Versuchung nicht
ganz widerstanden. Indeß bestätigen ihre Vorschriften die von
uns aufgestellten Behauptungen, daß die Strenge des Justinianischen Gesetzes der heutigen Rechtsanschauung fremd ist, und
daß einer Punktation eine höhere Bedeutung beigelegt wird als
der mündlichen Vereinbarung. Es finden sich nämlich die Sätze:

> Wenn bei der Unterhandlung über einen Vertrag die
> schriftliche Abfassung vereinbart worden ist, so wird im
> Zweifel der Vertrag erst durch den schriftlichen Vollzug
> gültig.

> Eine die wesentlichen Bestandtheile des Vertrags und
> die Unterschrift der Parteien enthaltende Punktation steht
> in der Wirkung dem förmlichen Vertrag gleich.

So das preußische Landrecht Thl. I. Tit. 5 §§. 116—126
das österreichische bürgerliche Gesetzbuch §§. 884. 885
das zürcher privatrechtl. Gesetzbuch §§. 913. 915.
Das sächsische bürgerl. Gesetzbuch stimmt damit blos im zweiten
Punkt (§. 827), stellt dagegen für den ersten die entgegengesetzte
Vermuthung auf (§§. 823. 824).

§. 30.

Erfüllung des Vertrags vor der verabredeten Beurkundung.

Wenn im Sinn der Parteien die schriftliche Abfassung des
gesetzlich formfreien Vertrags dessen Vollendung bedingt, so kann
selbstredend vor Fertigung der Schrift Leistung aus dem Haupt-
versprechen nicht gefordert werden. Wie aber, wenn sie freiwillig
in dieser Lage des Geschäfts erfolgt?

Wir werden unterscheiden müssen. Geschieht die Erfüllung
und Annahme im Bewußtsein der mangelnden Vollendung und

ist sie eine vollständige d. h. bei zweiseitigen Verträgen eine bei=
derseitige, so liegt darin eine ausdrückliche oder stillschweigende
Aufhebung der über die formelle Errichtung geschlossenen Ueber=
einkunft eine Erhebung des unvollendeten Geschäfts zum voll=
kommenen. Solche Erfüllung enthält mithin zwei sonst zeitlich
aus einander liegende Rechtsakte, Begründung des Vertrags und
Tilgung der daraus entspringenden Forderungen.

Anders wenn bei einem zweiseitigen Vertrag nur eine Ver=
bindlichkeit durch Leistung und Annahme obwohl in gleichem Be=
wußtsein getilgt wurde. Wir sind nicht sicher, daß jene oder diese
nicht sowohl im Hinblick auf den geschlossenen als den zu schließen=
den Vertrag erfolgte, und würden daher mit der Unterstellung eines
Verzichts auf die verabredete Form über den Willen der Parteien
hinausgehen. Gleichwohl ist die theilweise Erfüllung nichts weniger
als bedeutungslos. Der Leistende hat kein Rückforderungsrecht,
weil selbst wenn er nur unter der Voraussetzung nachträglicher
Beurkundung des Vertrags zahlte, dieser Erfolg noch immer ver=
wirklicht werden kann. Aber auch dem Empfänger ist durch die
vorbehaltlose Annahme der Leistung der willkürliche Rücktritt vom
Geschäft, der ihm bis dahin vielleicht zustand, abgeschnitten. Die
Berufung, daß er damit irgend welche Gebundenheit nicht habe
übernehmen wollen, wäre arglistig und darum nicht zu beachten
(L. 26 §. 1 de pign. et hyp. 20, 1).

Nehmen wir aber an, eine der beiden Parteien war im ent=
schuldbaren Irrthum über die mangelnde Vollendung des Vertrags
z. B. der Erbe eines Vertragstheils, so entsteht für sie aus der
Leistung oder Annahme keine Verbindlichkeit. Nur wird auch in
diesem Fall dem Leistenden die Rückforderung zu versagen sein,
wenn kraft der bisherigen Uebereinkunft eine Verpflichtung zur
Vollziehung der Form besteht (arg. L. 26 §. 13 cond. indeb.
12, 6). —

Anhang I.

Von der Versteigerung.

Quellen und Literatur.

Die Versteigerung als Mittel, um durch Versammlung vieler Mitbewerber einen lästigen Vertrag unter möglichst günstigen Bedingungen zum Abschluß zu bringen, war im alten Rom nicht nur bekannt sondern sehr in Uebung. Sie fand Anwendung bei Verkäufen Verpachtungen Verdingungen in öffentlichen und Privatangelegenheiten. So wurden die Güter der wegen Verbrechens Verurtheilten (*Liv.* III. 58 i. f. IV. 15 i. f. XXV. 4) der Proscribirten (*Cic.* de offic. II. c. 8; pro S. Roscio Amerino c. 43; de lege agraria II. c. 21; *Pseudo-Ascon.* in Verr. II. 1 §. 52) der indefensi (*Cic.* pro Quinctio c. 6. 15; in Verr. II. c. 19) öffentlich unter Zuziehung eines praeco publicus mit vorgängiger Bekanntgabe der Steigerungsbedingungen (tabulae auctionis seu auctionariae. *Cic.* pro lege agrar. II. c. 25; in Catil. II. c. 8) an den Meistbietenden (penes quem licitatio remansit L. 19 §. 3 comm. divid. 10. 3; qui licitatione obtinuit L. ult. J. F. 49, 14) verkauft. So wurden die Staatsgefälle verpachtet (*Cic.* pro lege agrar. I. c. 3 II. c. 21; *Liv.* XXXIX. 44; *Ovid.* lib. IV ex Pont. Eleg. 5. 9; *Columella* praef.) und die öffentlichen Arbeiten an den Wenigstnehmenden vergeben (*Cic.* in Verr. I. c. 54—56 und Mommsen, Stadtrechte von Salpensa und Malaca S. 475). Auch Privatauktionen z. B. der bonorum emtores (*Cic.* pro S. Roscio Amer. c. 8 i. f.)

müssen sehr gebräuchlich gewesen sein (*Plaut.* Menaechm. V. v. 91—99), so daß unter den neuen Einnahmsquellen, welche nach den Bürgerkriegen der erschöpften Staatskasse eröffnet wurden, auch eine Abgabe von den Auktionen erscheint (*Sueton.* Calig. 16: ducentesimam auctionum Italiae remisit; *Tacit.* Annal. I. 78; II. 42). Das äußere Zeichen der öffentlichen Versteigerung war ein aufgepflanzter Speer, ein Gebrauch, der von dem öffentlichen Verkauf der Beute herrührt (*Festus* s. h. v.: Hastae subjiciebantur, quae publice venundabant, quia signum praecipuum [belli] est hasta). Daß dieses Zeichen nur bei den von Staatswegen veranstalteten Versteigerungen zur Anwendung kam, und daß subhastatio und auctio den bestimmten Gegensatz von öffentlichem und Privatverkauf bezeichneten, wie z. B. Puchta (Curs. der Instit. Bd. II. §. 239 N. c) behauptet, wird durch *Cic.* pro lege agrar. I. c. 1. 2 nicht erwiesen und durch andere Stellen mehr als zweifelhaft (vgl. *Cic.* eod. II. c. 21; de offic. II. c. 8; C. 1 C. Th. de domibus ad rem priv. pert. 10, 2; C. 16 C. J. de resc. vend. 4, 44).

Bei der Häufigkeit der Versteigerung in Rom ist auffallend, daß unsere Quellen nur sehr wenige Bestimmungen über die mannigfachen dabei in Betracht kommenden Rechtsfragen enthalten. Wir finden nur Vorschriften darüber, wann diese Form des Vertragsabschlusses gewählt werden soll, und Entscheidungen über die Wirkung des Zuschlags bei fiskalischen Versteigerungen (z. B. Tit. Cod. de fide et jure hastae fiscalis 10, 3. C. 3 si propter publ. pensitat. 4, 46). Diese Wahrnehmung ist allerdings geeignet in der Meinung zu bestärken, daß die Römer die Versteigerung unter dem Gesichtspunkt der addictio in diem auffaßten; wir werden uns aber unten von der Unhaltbarkeit dieser Ansicht überzeugen. Ich erkläre mir jene Erscheinung daraus, daß von Altersher die einschlagenden Fragen in der Praxis eine feste und unzweideutige Lösung gefunden hatten, so daß Streitigkeiten hierüber sich nicht leicht entspannen. Gehören doch auch bei uns Prozesse über Versteigerungen zu den Seltenheiten. Dabei ist nicht zu übersehen, daß die Versteigerung keine eigne Art von Schuldvertrag wie Kauf Tausch Miethe bildet, nicht einmal ein pactum adjectum wie in diem addictio oder lex commissoria u. s. w.

11 *

Mehr Aufmerksamkeit hat dem Institut die moderne Juris=
prudenz zugewandt; namentlich haben sich die älteren Praktiker
mit ihm beschäftigt wenn auch nicht immer in fruchtbarer Weise.
Später lag diese Lehre wieder so ziemlich brach und fand nur
in den Lehr= und Handbüchern Berücksichtigung. Erst in der
neuesten Zeit ist die rechtliche Natur der Versteigerung Gegen=
stand eingehender Untersuchung geworden. Diese Abhandlungen
sind:

Seuffert, E. A. De auctione. Dissert. pro impetr. facult.
legendi. Monachi 1854.

Merkel, Julius, im Rechtslexikon Art.: Subhastation. Bd. X.
S. 600—654.

Kindervater: ein Beitrag zur Lehre von der Versteigerung.
Jhering's Jahrb. VII. Abh. 1.

Jhering: Bemerkungen zur vorgenannten Abhandlung, eben=
daselbst Abh. 4.

Kindervater: Entgegnung auf Jhering's Bemerkungen; eben=
daselbst Abh. 7.

Jhering: Bemerkungen zu dieser Entgegnung; ebendaselbst
Abh. 8.

Unger: Noch ein Wort zur Versteigerung; in denselben
Jahrb. VIII. Abh. 5.

§. 32.

Wesen der Versteigerung im Allgemeinen.

Die thatsächliche Beschaffenheit der Versteigerung ist bekannt.
Um sich den Vortheil der Mitbewerbung zu sichern macht der=
jenige, welcher einen gegenseitigen Schuldvertrag abzuschließen
im Falle ist, diese seine Absicht öffentlich oder durch Mittheilung
an eine Mehrzahl von Personen bekannt unter der Aufforderung,
ihm die Bedingungen kund zu geben, unter welchen Jeder ge=
neigt ist mit ihm den Vertrag einzugehen. Dieß setzt selbstredend
nähere Bezeichnung des beabsichtigten Geschäfts voraus; es
müssen sogar vom Einladenden alle Bedingungen des Vertrags=
abschlusses bestimmt werden mit Ausnahme der einen der beiden
Leistungen, welche eben den Gegenstand der Gebotslegung von
Seite der vertragslustigen Personen bilden soll. Meistens wird

zu dem letztgenannten Zweck eine Tagsfahrt bezielt, weil erfah=
rungsgemäß das mündliche Legen von Geboten in einer Ver=
sammlung auf die übrigen Anwesenden einen gewissen Anreiz
zum Ueberbieten ausübt (das Auktionsfieber, calor licitantis
L. 9 pr. de publican. 39, 4). In solchem Fall pflegen die
Gantbedingungen genauer erst im Termin selbst unmittelbar vor
dem Ausgebot bekannt gegeben zu werden, die Einladung be=
schränkt sich auf eine allgemeine Bezeichnung des Steigerungs=
gegenstands. In den Gantbedingungen kann die Zeit bestimmt
sein, innerhalb welcher Gebote angenommen werden. Ist dieß
nicht der Fall, so hängt die Schließung der Steigerung von der
Willkür des Veranstalters ab, es müßten denn besondere Uebun=
gen hierüber bestehen (Schlag 12 Uhr auf einem bestimmten
Thurm, Verbrennen eines Kerzenlichts — Code de procédure
civile art. 707. 708), welche eine stillschweigende Ergänzung
der Gantbedingungen bilden. Ueber den ganzen Hergang pflegt
ein Protokoll aufgenommen zu werden, namentlich wenn die Ver=
handlung von einer öffentlichen Person (Richter, Notar, Gemeinde=
beamten) geleitet wird.

Bei Werkverdingungen und Lieferungskäufen wird häufig
der Weg geheimer und schriftlicher Gebotslegung gewählt, sog.
Vergebung im Submissionsweg. Die ausführlichen Bedingungen
des Vertragsabschlusses (Submissionsbedingnisse, Pflichtheft, cahier
des charges) werden dann entweder bei der Aufforderung zur
Gebotslegung mitgetheilt oder auf Verlangen zur Einsicht vor=
gelegt.

Der Abschluß des Vertrags geschieht mit demjenigen Bieter,
welcher das dem Einladenden vortheilhafteste Gebot legt. Dieß
ist der Meistbietende, wenn beim Aufwurf diejenige Leistung un=
bestimmt gelassen wurde, welche vom Bieter an den Auffordernden
zu erfüllen ist (Verkauf Vermiethung Verpachtung). Es ist der
Mindestfordernde (Wenigstnehmende), wenn dasjenige, was der
Bietende als Gegenleistung erhalten soll, den erst durch die
Gebotslegung festzustellenden Gegenstand bildet. Nur für den
erstern Fall paßt streng genommen die Bezeichnung Versteigerung
oder Gant (aus dem Romanischen inquantus, incanto, encans,
Du Cange glossarium v. encantare, Jak. Grimm Rechts=
alterthümer S. 610), doch ist sie auch für die Vergebung an

den Wenigstnehmenden gebräuchlich. Andere Ausdrücke sind Lici=
tation, Verstrich, auch Auktion und Subhastation, heutzutage
jene bei beweglichen, diese bei unbeweglichen Sachen gebräuchlich.

Die beschriebene thatsächliche Erscheinung der Versteigerung
ergibt folgende rechtliche Merkmale.

1) Die Versteigerung ist weder noch erzeugt sie eine eigene
Art von Obligatio. Sie stellt sich nur als eine eigenthümliche
Einleitungsform zu einem der bekannten Schuldverträge dar und
tritt dadurch mit der im zweiten Anhang zu betrachtenden Aus=
lobung zusammen. Dieß rechtfertigt auch, im System Versteige=
rung und Auslobung im Anschluß an die Vorverhandlungen bei
Verträgen zu besprechen. Eine wichtigere Folge dieser Natur der
Versteigerung ist, daß das auf diesem Wege zu Stande gekommene
Vertragsverhältniß von den Grundsäzen derjenigen Obligations=
art beherrscht wird, unter welche es seiner materiellen Beschaffen=
heit nach fällt. Hienach sind die Fragen zu entscheiden über die
gegenseitigen Verbindlichkeiten der Parteien, über Tragung der
Gefahr, Haftung wegen Entwährung und wegen natürlicher
Mängel, Anfechtung wegen Verletzung über die Hälfte u. s. w.
Allerdings darf dieser Einleitungsform nicht jede Bedeutung
für die materielle Seite des Geschäfts abgesprochen werden.
So ist der Steigerungskauf im Zweifel Baarkauf (zürcher
privatr. G.B. §. 1477), Zahlungsunfähigkeit des Meistbietenden
ein Hinderniß für die Gültigkeit des Vertrags; so begründet
nach Partikularrecht der redliche Erwerb in öffentlicher Verstei=
gerung entweder völligen Ausschluß (preuß. Landr. Thl. I.
Tit. 15 §§. 36, 42; österreich. G.B. §. 367) oder eine Be=
schränkung der Vindikation (sächs. G.B. §. 315); Letzteres wird
von Voet (Comm. lib. VI. tit. 1 Nr. 13) sogar für das ge=
meine Recht vertheidigt. Mit Unrecht behauptet man dagegen
vom gemeinrechtlichen Standpunkt als weitere Abweichung des
Steigerungskaufs vom gewöhnlichen Kauf den Wegfall der Haf=
tung für rechtliche und thatsächliche Mängel und der Anfechtung
wegen Verletzung über die Hälfte.

Für die erste dieser Behauptungen fehlt es bei der
freiwilligen Versteigerung an jedem Grund, und die Beschrän=
kung, welche Partikularrechte in dieser Richtung für Zwangs=
versteigerungen anerkennen (preuß. Landr. Thl. I. Tit. 11

§. 344; sächs. G.B. §. 950; zürcher G.B. §. 1478 mit
§. 1479), ist nicht sowohl auf die Natur der Versteigerung als
auf den doppelten Gesichtspunkt zurückzuführen, daß der Verkauf
gegen den Willen des Uebertragungspflichtigen und daß er unter
öffentlicher Beglaubigung stattfindet. Aber auch dabei waren für
den Gesetzgeber nur Billigkeits- und Zweckmäßigkeits- nicht Rechtsgründe bestimmend, da die Haftung des Verkäufers für rechtliche
und natürliche Mängel sich nicht auf eine Verschuldung desselben
gründet. Darum kann gemeinrechtlich selbst für Zwangsversteigerungen keine Ausnahme von den gewöhnlichen Grundsätzen anerkannt werden.

Nicht besser steht es mit dem behaupteten Ausschluß der Anfechtung wegen Verletzung über die Hälfte. Daß bei der Gestattung freier Mitbewerbung immer zum wenigsten der allgemeine
Verkehrswerth erzielt werde, ist eine durch die Erfahrung wider-
legte Unterstellung. Bei freiwilligen wie bei Zwangsversteigerungen können die Voraussetzungen des Gesetzes (C. 2 de
rescind. vend. 4, 44) zutreffen, und es ist nicht einzusehen,
warum dann, so lange überhaupt dieses gesetzgeberisch allerdings
wenig zu billigende Anfechtungsrecht besteht, Gläubiger und
Schuldner davon ausgeschlossen sein sollen. Ganz ungerecht-
fertigt ist die Zumuthung an jene, sich durch Selbstbieten gegen
den nachtheiligen Verkauf zu schützen (so z. B. Merkel a.
a. O. S. 616 Note 88). Soll z. B. ein Hypothekgläubiger,
welcher dem Gelehrtenstande angehört oder in einem entfernten
Lande feste Niederlassung hat, ein größeres landwirthschaftliches
Gut erstehen? Wird er immer mit den hiezu erforderlichen Geld-
mitteln versehen sein? Die gerichtliche Schätzung, welche dem
Zwangsverkauf vorherzugehen pflegt, steht der Anwendung des
Rechtsmittels aus C. 2 cit. nicht entgegen, und dem gemeinen
Recht wenigstens ist der Satz unbekannt, daß der Zuschlag nur
dann erfolgen dürfe, wenn das Meistgebot nicht unter der Taxe
bleibt; er wäre auch für einen zweiten und dritten Versteigerungs-
termin widersinnig. Da ferner die Schätzung auf unrichtiger
Grundlage beruhen kann, so liefert sie weder für noch gegen das
Vorhandensein einer übermäßigen Verletzung einen sichern An-
haltspunkt. Für diese Ansicht hat sich jetzt auch die überwiegende
Rechtsprechung entschieden (Seuffert VI. 323 und die Erkennt-

nisse zweier deutscher Spruchkollegien in XIII. 244. Abweichend dagegen IV. 213. IX. 17). Einige Partikularrechte, welche die Anfechtung wegen Verletzung über die Hälfte im Allgemeinen aufgenommen haben, lassen nur für Zwangsversteigerungen eine Ausnahme eintreten (preuß. Landr. Thl. I. Tit. 11 §. 343; österr. G.B. §. 935).

2) Die Versteigerung ist nur anwendbar bei Verträgen, welche auf gegenseitige Leistung gerichtet sind. Daran darf nicht irre machen, daß der Submissionsweg zuweilen auch bei Aufnahme von größeren Darlehen z. B. durch einen Staat oder eine Aktiengesellschaft gewählt wird. Die Einladung geht hier auf Abschluß eines pactum de mutuo dando.

3) Die Gantbedingnisse müssen sich in bestimmter Weise auf alle Bestandtheile des beabsichtigten Vertrags erstrecken mit Ausnahme der einen von den beiden Leistungen. Die Aufstellung geschieht einseitig vom Unternehmer der Versteigerung, sie bildet die lex contractus, auf welche jeder Bieter durch die vorbehaltlose Abgabe seines Gebots stillschweigend eintritt.

4) Die Wahl dieser Einleitungsform hängt regelmäßig von der Willkür des Vertragslustigen ab. Nur in wenigen Fällen ist sie rechtlich geboten, häufiger in den Partikulargesetzgebungen als im gemeinen Recht. Die noch praktischen gemeinrechtlichen Fälle sind folgende:

a) Verkauf gerichtlicher Pfänder. Dieß folgt weniger sicher aus den dafür angezogenen Gesetzstellen (C. 3 de exec. rei jud. 7, 53 C. 2 si in causa judic. pign. 8, 23) als aus einer langjährigen Praxis, welcher gute Zweckmäßigkeitsgründe zur Seite stehen.

b) Veräußerung der Sachen seiner Schuldner durch den Fiscus (C. 1. 2. 5 de fide et jure hastae fisc. 10, 3).

c) Verkauf unbeweglicher Güter einer Kirche oder milden Stiftung behufs Deckung drückender Schulden. (Nov. 120 c. 6 §. 2).

Für die letztangeführte Vorschrift mag gezweifelt werden, ob sie nicht blos ein Administrativgesetz sei, welches der heutigen Geltung entbehrt. Hinsichtlich der Bestimmung der C. 3 de locat. praed. civ. 11, 70, daß Gemeindegrundstücke im Weg öffentlicher Steigerung verpachtet werden sollen, scheint mir dieß

sicher. Blos fakultativ ist die Versteigerung bei der gerichtlichen
Theilung von Miteigenthum (C. 3 comm. divid. 3, 37 und
Seuffert XX. 31).

Das deutsche Handelsgesetzbuch enthält hieher gehörige
Normen in den Art. 310. 311 (dazu Laband in Zeitschr. für
das gesammte Handelsr. Bd. XI. S. 263 fg.) und im Art. 343.

§. 33.
Das Ausgebot des Versteigerers.

Die Rechtssätze, welche die Versteigerung bestimmen, sind
zum überwiegenden Theil nur ergänzende Vorschriften, treten
also nur in Ermanglung vertragsmäßiger Regelung durch die
Gantbedingungen in Kraft. Dieß gilt namentlich für die recht=
liche Beurtheilung der zwei Hauptfragen: Wird der Versteigerer
durch ein Gebot gebunden? Befreit ein Mehrgebot den Vor=
bieter? Nur in diesem Sinn sind die nachfolgenden Erörterungen
aufzufassen.

Die Versteigerung wird eingeleitet durch die Aufforderung
des Unternehmers (Versteigerers) unter den bekannt gegebenen
Steigerungsbedingungen Gebote zu legen, das sog. Ausbieten
oder Feilbieten des Vertragsgegenstands. Es liegt nahe, hierin
ein wirkliches Vertragsangebot zu erblicken. Daß die Auffor=
derung regelmäßig an eine ganz unbestimmte Zahl von Personen
gerichtet ist, stände dieser Auffassung nicht entgegen (§. 9). Es
würde aber hiernach jedes Gebot, sofern es nur den Steigerungs=
bedingungen entspricht, eine Annahme des Angebots und damit
die Vollendung des Vertrags zwischen dem Versteigerer und dem
Bieter enthalten, jedoch unter der stillschweigenden Bedingung,
daß kein Mehrgebot erfolgt.

Wirklich hat man sich auf diese Weise das Ausgebot zurecht
gelegt und darauf sogar einen Gegensatz zwischen dem heutigen
und dem römischen Recht gebaut. Das Letztere habe den Ver=
tragsabschluß mit einer persona incerta nur ausnahmsweise für
zulässig anerkannt, nicht bei der Versteigerung; daher könne
damals das Ausgebot des Versteigerers nur eine Aufforderung
zu Angeboten gebildet haben. Heutzutage sei diese Engherzigkeit
des römischen Rechts überwunden und darum der Aufruf als

wahres jedoch bedingtes Angebot anzusehen (Kindervater
S. 5 fg. S. 364 fg.).

Es soll hier nicht untersucht werden, inwieweit diese Ansicht
für das römische Recht zutrifft. Jedenfalls würde, wie schon
Savigny (Obligationenrecht Bd. II. S. 92) bemerkt hat, nicht
der Vertragsschluß mit einer unbekannten Person sondern
nur das Angebot an eine solche das Hinderniß der Vertragsvollendung durch die Gebotslegung gewesen sein, denn „zur Zeit
des Abschlusses des Vertrags ist der Käufer eine bestimmte bekannte Person." Was aber diese Auffassung in Beziehung auf
das heutige Recht anbelangt, so ist ihre rechtliche Möglichkeit
zuzugeben, zu leugnen aber daß sie die einzige rechtlich zulässige,
ja daß sie die regelmäßig zutreffende sei.

Die Aufforderung zu einem Vertrag erhält ihre rechtliche
Bedeutung neben objectiven Momenten durch die Absicht, welche
ihr Urheber mit ihr verbindet (S. 9); sie kann demnach ein wirkliches Angebot oder eine blose Einladung zur Stellung von Angeboten sein. In dem Wesen der Versteigerung liegt nichts,
was diesen doppelten Character des Ausgebots ausschlösse. Da
wir aber im Rechtssatz die muthmaßliche im Zweifel zu unter-
stellende Absicht der Parteien auszusprechen haben, so fragt sich:
geht derjenige, welcher einen Gegenstand zur Versteigerung bringt,
von der Meinung aus, denselben auf jedes Gebot hin, auch um
einen Schleuderpreis loszuschlagen? will sich derjenige, welcher
die Lieferung von Waaren oder die Erstellung einer Arbeit zur
Wettbewerbung ausschreibt, zum Abschluß mit jedem Uebernahms-
lustigen oder auch nur mit dem Bestbietenden gebunden haben?

Ich glaube, diese Frage wird Jeder, der den Verkehr zu
beobachten Gelegenheit hatte, als Regel entschieden verneinen.
Ich habe, meiner eigenen Erfahrung mißtrauend, mich an eine
Reihe von Versteigerungsbeamten aus sehr verschiedenen Gegenden
gewendet und einstimmig die Antwort erhalten: „das Ausgebot
ist nichts Anderes als eine Anfrage an die Steigerungslustigen,
ob und wieviel Jemand auf die dem Strich unterstellte Sache
biete. Jedes Gebot ist nur eine Antwort auf diese Frage, also
nur ein Angebot; der Versteigerer dadurch nicht gebunden und
der Vertragsabschluß hängt von seiner Erklärung ab, daß er
das Angebot (Meistgebot) genehmige und darauf den Zuschlag

ertheile; er kann diesen jedem Bieter auch dem Meistbietenden
verweigern, die Sache zurückziehen, anderweit verkaufen verpachten
oder vermiethen". Dieß stimmt vollständig mit den von Jhering
eingezogenen und in der zweiten Abhandlung S. 383 mitgetheilten
Erkundigungen. Wenn in seltenen Fällen dem Ausgebot der
gegentheilige Wille zu Grunde liegt, wenn z. B. ein Kurzwaaren-
händler oder ein Antiquar sein Lager von Ladenhütern räumen
will und erklärt, daß er das einzelne Stück um das jedesmalige
Meistgebot, wie hoch es auch sei, abgeben werde, so ist freilich
nicht abzusehen, warum dieß nicht rechtlich bindend sein soll.
Das Bedenken, daß einem solchen Angebot die erforderliche Bestimmtheit mangle, weil die Angabe des Preises fehle (Jhering
S. 176), ist eine Folge der unrichtigen Ansicht, es müsse das
Angebot so beschaffen sein, daß zur Vertragsvollendung ein einfaches Ja genüge (vgl. §. 9). Auch braucht diese Absicht nicht
gerade wörtlich erklärt zu werden, sie muß nur unzweideutig zu
erkennen sein, da im Zweifel allerdings das den Erklärenden
minder Beschränkende anzunehmen ist. Mit Unrecht hat man
dahin die fast in allen Versteigerungsankündigungen vorkommende
Bemerkung ausgelegt, daß die Sache an den Meistbietenden verkauft oder verpachtet oder versteigert werde; damit wird nur das
Wort Versteigerung umschrieben oder näher beschrieben. Es ist
neuerdings die Behauptung aufgestellt worden, daß die Feilbietung unter einem Aufwurfspreis den Willen, ein bindendes
Angebot zu stellen, genügend bekunde (Unger a. a. O.). So
allgemein ist auch dieß nicht richtig. Nicht selten wird man mit
der Angabe eines Mindestpreises oder einer Taxe nur auf eine
Abkürzung der Versteigerungsverhandlung abzielen, indem jedem
geringern Gebot von vorherein die Aussicht auf Genehmigung
entzogen werden soll, ohne daß damit auch der Wille verbunden
ist, auf jedes die Taxe erreichende oder übersteigende Gebot hin
den Vertrag abzuschließen. Daß aus der Taxe hierauf nicht geschlossen werden kann, lehrt auch die Zwangsversteigerung von
Grundstücken. Hiebei ist allgemeine Uebung, dieselben nur unter
einer durch amtliche Schätzung festzustellenden Taxe auszubieten.
Gleichwohl erkennt man an, daß der Meistbietende vor dem Zuschlag noch keinen vertragsmäßigen Anspruch habe, auch wenn sein
Gebot die Taxe erreicht. (Seuffert VIII. 38; entgegen freilich

die sächsische Praxis, worüber die Literaturnachweise bei Dern=
burg, Pfandrecht Bd. II. S. 263 Note 12).

Das Verhältniß von Regel und Ausnahme stellt sich dem=
nach gerade umgekehrt als es häufig z. B. von Puchta (Vorl.
§. 252) geschildert wird, welcher sogar so weit geht, die bindende
Natur des Aufwurfs für ein wesentliches Merkmal der Verstei=
gerung zu erklären.

Die neueren Gesetzgebungen haben mit einer Ausnahme die
hier vertretene Ansicht.

Allg. preußische Gerichtsordnung Thl. I. Tit. 52 §. 38:
> Der Meistbietende erlangt hiedurch (durch sein Gebot)
> kein vollständiges Recht auf den Zuschlag, sondern es
> soll ... noch immer von den Gläubigern abhängen, ent=
> weder in den Zuschlag zu willigen oder auf Verlänge=
> rung der Subhastation anzutragen.

Zürcher privatr. G.B. §. 1470:
> Abgesehen von besondern Gantbedingungen ist jedes wäh=
> rend der Versteigerung erklärte Angebot für den Bieter
> bindend unter der zweifachen Bedingung, daß nicht ein
> höheres Angebot erfolge und daß der Verkäufer zusage.

Entwurf eines allgemeinen deutschen Obligationenrechts
Art. 79:
> Der Vertrag im Wege der öffentlichen Versteigerung an
> den Meistbietenden oder Wenigstnehmenden gilt, sofern
> nicht in den Versteigerungsbedingungen etwas Anderes
> bestimmt ist, erst dann, wenn auf das Angebot der Zu=
> schlag erfolgt ist, als geschlossen.

Dagegen bestimmt das sächsische G.B. §. 819:
> Bei Versteigerungen an den Meistbietenden oder Wenigst=
> nehmenden ist, wenn die Versteigerungsbedingungen nicht
> etwas Anderes bestimmen, sobald ein Gebot gethan wird,
> der Vertrag mit dem Bietenden unter der Bedingung
> geschlossen, daß innerhalb der vorausbestimmten Zeit oder
> bis zum Zuschlage kein besseres Gebot geschieht. —

§. 34.
Das Gebot des Steigerers.

Wer auf die Aufforderung des Versteigerers ohne besonderen

Vorbehalt bietet, will nicht blos hören, ob dieser geneigt sei, um das Gebot mit ihm in das Vertragsverhältniß einzutreten, seine eigene Verpflichtung späterem Entschlusse vorbehaltend; er thut dieß in der bestimmten Absicht, dadurch, soviel an ihm liegt, den Vertragsabschluß unmittelbar herbeizuführen, um den gebotenen Preis und unter den bekannt gegebenen Gantbedingungen die Sache zu kaufen, das Grundstück zu pachten, die Lieferung zu übernehmen, das Werk zu erstellen. Dieser Wille gibt der Gebotslegung den Character einer wahren Vertragserklärung.

Ob Angebot oder Annahme bestimmt sich durch die rechtliche Natur der vorausgegangenen Feilbietung; regelmäßig wird demnach die Gebotslegung nur ein Vertragsangebot enthalten. Für diesen Fall entsteht die Frage, ob dem Bieter vor Ertheilung des Zuschlags willkürlicher Rücktritt zustehe. Aus der allgemeinen Natur des Angebots folgt die Lösung nicht. Es kann wie wir vernommen haben (§. 13) ein Antrag einseitige Behaftung des Antragstellers im Gefolge haben. Die Entscheidung muß daher in der besonderen Beschaffenheit des Steigerungsgebots gesucht werden.

Stellen wir uns zunächst auf den Zweckmäßigkeitsstandpunkt, so ist kaum zu verkennen, daß die freie Widerruflichkeit des Gebots dem Zweck der Versteigerung sehr gefährlich ist. Damit kann die Verhandlung immer wieder auf den Anfang zurückgeworfen werden, zumal nach der Annahme, daß ein Mehrgebot den Vorbieter befreit. Wird nicht dadurch muthwilligen und boshaften Umtrieben ein erwünschtes Feld eröffnet? Es ist sich aber auch in Wirklichkeit jeder Steigerer bewußt, daß sein Wort ihn vorerst bindet, und daß die Entkräftung des Gebots nicht mehr in seiner Macht steht.

Wir gelangen daher zu dem Satz: das Steigerungsgebot ist entweder Vertragsannahme oder ein den Widerruf des Bieters ausschließender Vertragsantrag; jenes die Ausnahme, dieses die Regel.

Für das heutige Recht wird diese Auffassung ziemlich allgemein getheilt. Ich finde nur bei einem amerikanischen Schriftsteller eine abweichende Meinung, eine Folgerung aus der falschen Ansicht, daß jedes Angebot vor der Annahme willkürlichem Widerruf unterliege. *Kent* (Commentaries on American law 5th edit. II p. 537) sagt:

A bidding at an auction may be retracted before the hammer is down. Every bidding is nothing more than an offer on one side, which is not binding on either side until it is assented to, and that assent is signified on the part of the seller by knocking down the hammer.

Daß das Steigerungsgebot auch nach römischem Recht wenigstens regelmäßig für den Versteigerer unverbindlich war, ist aus L. 9 pr. de publican. et vectig. 39, 4 noch bestimmter als aus C. 2 si in causa jud. 8. 23 zu entnehmen. Dagegen muß beim Mangel von Nachrichten dahin gestellt bleiben, ob der Steigerer dadurch gebunden wurde. Juristisch möglich wäre es gewesen unter dem Gesichtspunkt entweder einer emtio venditio sub conditione, si placuerit venditori oder einer emtio venditio sub pacto nisi displicuerit venditori. Freilich kommt ein Beispiel eines auf die erste Weise bedingten Kaufs in den Quellen nicht vor, wohl aber die Verstellung des Kaufs in die Willkür des Käufers, der vielbesprochene Kauf auf Probe. Die Bedingung si res emtori placuerit greift in die allgemeinen Vertragsgrundsätze nicht weniger scharf ein als die andere si negotium venditori placuerit, und da §. 4 J. de emtione 3. 23 keinen Anhaltspunkt enthält, daß jener Fall nur auf ausnahmsweiser Anerkennung beruhe, so möchte ich mich für die Rechtsgültigkeit eines durch die Billigung des Verkäufers bedingten Kaufs erklären (vgl. auch Windscheid, Pand. §. 93 Anm. 1). Um die emtio venditio zu vervollständigen, muß man in der einen und andern Gestalt zu jedem Gebot die Annahme des Versteigerers stillschweigend ergänzen.

Von den neueren Gesetzgebungen hat die Verbindlichkeit des Steigerungsgebots vollständig anerkannt das zürcher privatr. G.B. §. 1470 (S. 172) und selbstverständlich das sächsische bürgerl. G.B. §. 819 (S. 172), bei welchem es nur Folge der Ansicht ist, daß das Angebot vom Feilbieter ausgehe. Nach preußischem Recht stehen der unbedingten Geltung des gemeinrechtlichen Satzes zwei Vorschriften entgegen, einmal daß Verträge und einseitige Willenserklärungen über Gegenstände von einem 50 Thaler übersteigenden Werth schriftlich abgefaßt werden müssen, und dann daß mündliche Willenserklärungen und

Verträge über das Eigenthum an einem Grundstück überhaupt
keine Wirkung äußern (Thl. I. Tit. 5 §§. 131. 133; Tit. 10
§§. 15. 17). Hienach ist bei Versteigerungen, welche einen Ver=
trag der genannten beiden Klassen zum Gegenstand haben, das
mündlich gelegte Gebot wegen Formmangels unverbindlich (Koch,
Recht der Forderungen §. 331).

§. 35.
Vom Einfluß des Mehrgebots auf die Verpflichtung des Vorbieters.

Ein innerhalb der Steigerungshandlung gelegtes besseres Ge=
bot kommt jedenfalls dem Versteigerer zu gute. Wo die Feil=
bietung ein wahres Angebot und die Gebotslegung die Annahme=
erklärung enthält, da gilt der Vertrag unter der stillschweigenden
Bedingung geschlossen, daß ein besseres Gebot nicht erfolgt (nisi
quis meliorem conditionem fecerit). Dagegen bleibt fraglich,
ob durch das Mehrgebot die Verpflichtung des Vorbieters auf=
gehoben werde. Prinzipiell läßt sich diese Frage nicht lösen, Be=
jahung und Verneinung sind mit den allgemeinern Rechtsgrund=
sätzen gleich vereinbar. Alles was man in dieser Richtung vor=
gebracht hat, kommt nur auf eine juristische Erklärung dessen hin=
aus, was Uebung wirklich ist oder als solche angesehen wurde.
Es handelt sich mithin um eine Frage der Zweckmäßigkeit, deren
Entscheidung nur durch positive Vorschrift gegeben werden kann.

Findet sich ein solcher Ausspruch in den römischen Rechts=
quellen? Aeltere und neuere Schriftsteller haben dieß bejaht und
so begründet. Das Rechtsverhältniß zwischen Versteigerer und
Steigerer falle unter den Gesichtspunkt eines Vertrags unter
Vorbehalt eines besseren Gebots, emtio venditio etc. sub pacto
de in diem addictione. Hieraus gewinnt aber im Fall eines
besseren Gebots nur der Veräußerer ein Recht, nämlich die Wahl,
entweder den Vertrag mit dem Mehrbietenden abzuschließen unter
Entlassung des ersten Käufers von seiner Behaftung, oder das
Mehrgebot abzulehnen und im ersten Vertrag zu bleiben (L. 9.
L. 14 §. 2 i. f. de in diem addict. 18, 2).

Hievon ist nun der Vordersatz falsch und damit der Schluß,
denn

1) ist das Ausgebot regelmäßig kein Vertragsantrag und der
Versteigerer durch das Gebot noch gar nicht, auch nicht bedingt

gebunden. Beim Verkauf unter Vorbehalt eines besseren Käufers aber besteht sofort ein wirklicher Kaufvertrag, wovon der Verkäufer nicht willkürlich abgehen kann (arg. L. 4 §. 5 L. 14 pr. de in diem add.).

2) Dort muß der Vorbieter, welcher sich den Vertragsabschluß sichern will, das Mehrgebot überbieten; hier kann er sich durch die Annahme der gleichen Bedingungen im Vertrag erhalten. Dieß wird zwar nicht durch die gewöhnlich dafür angezogenen L. 6 §. 1 — L. 8 eod. bewiesen, da plus adiicere so zweideutig ist wie adversus secundum emtorem licitari, wohl aber durch L. 14 pr. eod.

> Si venditor simulaverit meliorem allatam conditionem,
> cum minoris vel etiam tantidem alii venderet,
> utrique emtori in solidum erit obligatus.

3) Daß die Versteigerung von den Römern nicht als eine Kette von emtiones venditiones sub pacto de in diem addictione aufgefaßt wurde, lehrt auch die Untersuchung in L. 11 pr. eod.

> Quod autem Sabinus scribit, fundum in diem addici
> non posse rursus qui semel fuerit in diem addictus,
> ratione eiusmodi defendit. quia prioris, inquit, emtoris
> statim fit, scilicet quasi non videatur melior conditio
> allata, si non secure secundo emtori fundus addicitur
> sed alia licitatio prospicitur. Sed Julianus libro XV°
> Digestorum scripsit, interesse multum, quid inter con-
> trahentes actum sit, nec impedire quidquam vel hoc
> agi, ut saepius fundus collocetur, dum vel prima vel
> secunda vel tertia adjectione res a venditore discedat.

Sabinus erklärte die Aneinanderreihung mehrerer Kaufverträge unter Vorbehalt eines bessern Käufers geradezu für unzulässig. Dieß mißbilligt zwar Julian; wenn aber er oder der berichtende Ulpian in der Versteigerung einen Fall zusammenhängender Kauf= geschäfte mit Vorbehalt besseren Gebots erblickt hätten, würden sie dieses geläufige Beispiel mit Stillschweigen übergangen haben?

Allen Zweifel zerstreut übrigens

4) Paulus in L. ult. de jure fisci 49, 14. Er entscheidet die Frage, wem die zwischen dem ersten und letzten Steigerungs= gebot anfallenden Früchte gehören, unter Berufung auf die Ana= logie der in diem addictio. Die hieher bezüglichen Worte sind:

Plane si medio tempore inter primam licitationem et
sequentem adiectionem percepti fuissent, ad venditorem
pertinere, sicut solet dici quum in diem addictio facta est, deinde melior conditio al-
lata est.

Die geschriebenen Quellen des gemeinen Rechts lassen uns
demnach im Stich. Gibt es eine gemeine Rechtsgewohnheit über
diesen Punkt? Hierauf ließe sich allerdings eine ganz befriedi=
gende Antwort nur geben auf Grund von Erhebungen aus allen
deutschen Ländern, in welchen unsere Frage nicht durch ein Par=
tikulargesetz entschieden ist. An solch erschöpfendem Material fehlt
es auch mir. Wenn man jedoch die Bestimmungen der Partikular=
rechte zu Hilfe nimmt, was unbedenklich ist, da der Gesetzgeber
in solchen Punkten der im Verkehr herrschenden Anschauung zu
folgen pflegt, so ist nicht zu verkennen, daß die Befreiung des
Bieters durch ein Mehrgebot entschieden die Regel bildet. Da=
für sprechen sich die von mir eingeholten Gutachten erfahrener
Gantbeamten aus Süddeutschland und der Schweiz aus, dafür
die Mehrzahl der von Jhering berathenen ostfriesischen Fach=
männer, dafür im Grundsatz die neueren Gesetzgebungen, es ist
mir nicht ein abweichendes Landesrecht zur Kenntniß gekommen.

Zürcher G.B. §. 1470 (S. 172).

Sächsisches G.B. §. 819 a. E.: der Versteigernde ist nicht
berechtigt, das bessere Gebot zurückzuweisen und den früheren
Bieter an sein Gebot zu halten.

Entwurf eines bürgerl. G.B. für das Großherzogthum
Hessen Abth. IV. Buch I. Tit. 2 Art. 83.

Bayerischer Entwurf Thl. II. Art. 16.

Entwurf eines gemeinsamen deutschen Obligationenrechts
Art. 79.

Auch der code de procédure civile hat diese Bestimmung:

Art. 707: L'enchérisseur cesse d'être obligé, si son
enchère est couverte par une autre, lors même que
cette dernière serait déclarée nulle.

Dagegen sind die Schriftsteller seit *Bartolus* und *Baldus*
bis auf den heutigen Tag in zwei Lager geschieden. Die Gründe,
auf welche sich die Anhänger der entgegengesetzten Ansicht stützen,

sind doppelter Art, dem Rechts= und dem Zweckmäßigkeitsstandpunkt entnommen. In ersterer Hinsicht stützen sie sich auf die Vorschrift des römischen Rechts über das Wahlrecht des Veräußerers bei der in diem addictio (S. 175). Dieser Grund fällt mit der Un= haltbarkeit der Auffassung der Versteigerung als eines contractus sub pacto de in diem addictione. Dann ist für sie insbe= sondere das Bedenken bestimmend, daß ein zahlungsunfähiger Mehrbieter für den Versteigerer keinen Werth hat; die Verstei= gerung könne daher sehr leicht ergebnißlos werden, wenn der Versteigernde nicht berechtigt sei, auf die Vorbieter zurückzugreifen. So schon *Perez* (praelect. in libr. Cod. XI. tit. LXXII. N. 12), dann *Schilter* (praxis jur. Rom. Exerc. XXX. §. 49). Darauf läuft auch der Einwand Jherings gegen Kindervater hin= aus. Sind wir wirklich nur durch dieses Bedenken von unsern Gegnern geschieden, dann dürfte eine Verständigung nicht so schwierig sein; denn m. E. bildet die Zahlungsfähigkeit des Steigerers eine stillschweigende Gantbedingung.

Ich weiß wohl, daß diese Behauptung nicht so leicht Aner= kennung finden wird; allein man erwäge. Zahlungsunfähigkeit steht dem Geschäftsmann mit Vertragsunfähigkeit auf einer Linie; er will sich mit dem Einen so wenig wie mit dem Andern in ein Vertragsverhältniß begeben. Wenn nun Jemand die Einladung zu einem Vertragsabschluß an eine bestimmte Person richtet, so darf angenommen werden, daß er über deren ökonomische Lage kein hinreichendes Bedenken hat. Dabei kann zwar immerhin Täuschung unterlaufen, allein diese Gefahr vermag dem Einzelnen kaum abgenommen zu werden, ohne die Sicherheit des Verkehrs wesentlich zu gefährden. Ganz anders bei der Versteigerung. Hier wendet sich der Auffordernde an eine unbestimmte Menge, wo eine solche Prüfung unmöglich ist. Selbstverständlich will er Ge= bote Zahlungsunfähiger nicht annehmen. Soll nun dieser zweifel= lose Wille keine Berücksichtigung finden, wenn er nicht in aus= drückliche Worte gefaßt ist? Ist sich nicht jeder Anwesende dieser Bedingung bewußt?

Nun würde freilich eine bedenkliche Ungewißheit für den Vor= bieter entstehen, wenn auf ihn der Versteigerer noch jederzeit wegen Zahlungsunfähigkeit des Ueberbieters zurückgreifen könnte. Das ist aber nicht der Fall. Mit dem Zuschlag heißt der Versteigerer die Persönlichkeit des Meistbietenden gut, wofern er nicht einen besondern Vorbehalt macht; er steht bei diesem Akt einer bestimmten einzelnen Person gegenüber und hat jetzt dieselbe Stellung wie ein Privatverkäufer (fidem ejus cui addicit sequitur). In dieser Hinsicht gilt auch kein Unterschied zwischen der stillschweigenden und ausdrücklichen Bedingung der Zahlungsfähigkeit. Ein Steigerer freilich, welcher den zahlungsunfähigen Adjudikatar selbst vorgeschoben hat, könnte daraus seine Befreiung nicht ableiten. Dafür dürfen wir uns auf die analogen Bestimmungen des römischen Rechts über die addictio in diem berufen (L. 14 §. 1 §. 2 h. t.).

Uebrigens ist unser Satz gar nicht neu. Brunnemann (Comm. in pand. libr. XVIII tit. 2 ad leg. quod autem 11 §. 2) berichtet, daß schon *Bartolus* und *Damhouderus* den Rückgriff auf den überbotenen Steigerer nur bei Zahlungsunfähigkeit des Mehrbieters zuließen. Das heißt aber doch juristisch gefaßt nichts Anderes als Zahlungsfähigkeit des Steigerers ist eine stillschweigende Gantbedingung. Dasselbe ist in der Rechtsprechung der braunschweigischen Gerichte längst anerkannt (Seuffert XII. 221), und hat in der preußischen Verordnung vom 6. März 1834 gesetzlichen Ausdruck gefunden. Es heißt hier §. 11 (nach Kindervater S. 372):

> Personen, deren Zahlungsfähigkeit einer der Subhastationsinteressenten nicht für genügend erachtet, werden nur dann zum Mitbieten zugelassen, wenn sie sofort eine Kaution zum Betrage des zehnten Theils der Taxe baar oder in inländischen öffentlichen Papieren nach dem Kurswerthe niederlegen.

Da man Zahlungsunfähigen nicht den Mund verschließen kann, so besagt jene Vorschrift, daß ein Gebot wegen Zahlungsunfähigkeit des Bieters verworfen werden kann, ohne daß ein deßfallsiger Vorbehalt in den Gantbedingungen gemacht zu sein braucht. Nur muß die Ablehnung des Gebots sofort geschehen. Vgl. damit allg. preuß. Gerichtsordnung Thl. I Tit. 52 §. 44:

> Bedenklichkeiten gegen die Person und die Besitzfähigkeit des Licitanten müssen nach Vorschrift des §. 42 sofort erledigt werden.

12 *

§. 42. Der Meistbietende muß zuvörderst (vor dem Ad=
judikationsbescheid) seine Fähigkeit zum Besitz des Grund=
stücks nachweisen.

Juristisch hat man sich die Befreiung jedes Bieters durch ein
Mehrgebot so zu erklären, daß jedes Gebot unter der (ausdrück=
lichen oder stillschweigenden) Bedingung gelegt werde, daß das=
selbe nicht von einem zahlungsfähigen Steigerer überboten werde.
Indem wir aber unter dem die Haftung des Bieters begründen=
den Vertrag nicht den Kaufvertrag sondern einen dem Angebot
zur Seite gehenden Vorvertrag verstehen, stellt sich uns die Be=
dingung nicht als aufschiebende (wie sie *Seuffert*, dissert. cit.
pag. 15 faßt) sondern als auflösende dar.

§. 36.
Einfluß des Mehrgebots auf die Verpflichtung des Vorbieters. — Schluß.

Die im vorigen §. enthaltene Ausführung bedarf nach meh=
reren Seiten genauerer Bestimmung.

1) Der Satz, daß durch ein Mehrgebot der Vorbieter seiner
Haftung entledigt werde, gilt nur für die Versteigerung i. e. S.,
wo die Gebote in Anwesenheit aller Vertragslustigen mündlich
und nach einander gelegt werden. Er ist unanwendbar auf die
Vergebung im Submissionsweg. Hier hat der einzelne Antrag=
steller gar kein Bewußtsein, daß ein günstigeres Angebot vorliege,
und darum kein Interesse dadurch befreit zu werden; er unter=
wirft sich vielmehr von vornherein der Gebundenheit bis zu der
Zeit, da der Unternehmer seine Entscheidung über die eingelangten
Gebote bekannt gibt. Die freie Auswahl, welche hier dem Ein=
ladenden unter den sämmtlichen Angeboten zusteht, ist aber auch
Bedürfniß, weil bei den meisten in dieser Form eingeleiteten Ver=
trägen nicht blos die Höhe des Preises und etwa die Zahlungs=
fähigkeit des Bieters sondern noch ganz andere Eigenschaften des
Letztern wie persönliche Tüchtigkeit zur Ausführung der über=
nommenen Verpflichtung (Akkordarbeit, Waarenlieferung) in Be=
tracht kommen.

2) Nur ein den Gantbedingungen entsprechendes Gebot wirkt
für den Vorbieter befreiend. Jeder Vorbehalt des Steigerers,
jede den Versteigerer beschränkende Bedingung hat zur Folge, daß

das Gebot nicht in die Kette der Steigerungsgebote eintritt. Nur bleibt selbstverständlich dem Versteigerer bei seiner Ungebundenheit gegenüber den gültig gelegten Geboten unbenommen, das ord- nungswidrig gestellte Gebot als Vertragsantrag anzunehmen unter Aufhebung der weiteren Versteigerungshandlung.

Es fragt sich indeß, ob ein Nachgebot dem Vorbieter zu gute kommt, welches zwar nicht eine Preissteigerung aber andere Vor- theile für den Versteigerer enthält (frühere Zahlung, Verzicht auf gewisse Früchte zu Gunsten des Verkäufers, auf Gewähr für recht- liche und thatsächliche Mängel u. s. w.).

Für die in diem addictio ist diese Frage bekanntlich dahin entschieden, daß das bessere Gebot in einem weiteren Sinn zu verstehen sei:

> L. 4 §. 5. L. 5 de in diem addict. 18, 2 . . . quid-
> quid enim ad utilitatem venditoris pertinet, pro me-
> liore conditione haberi debet.

Allein wir dürfen diese Entscheidung nicht sofort auf die Ver- steigerung übertragen, da das Mehrgebot dort nur den Verkäufer hier aber den Käufer einer übernommenen Verpflichtung entlastet. Das hat aber gerade für unsere Frage Bedeutung. Man wird dem Verkäufer nicht das Recht absprechen dürfen, die gebotenen besondern Vortheile als einen günstigern Antrag zu behandeln. Ihn aber auch nur mittelbar durch Freigebung des Vorbieters hiezu zwingen würde eine entschiedene Verletzung seiner Inter- essen enthalten. In den weitaus überwiegenden Fällen beabsichtigt der Versteigerer den der Gant unterstellten Gegenstand um mög- lichst hohen Preis zu versilbern. Wir können nicht beurtheilen, ob oder welchen Werth andere von einem Kauflustigen gebotene Vor- theile für ihn besitzen. Wenn ich mir bewußt bin, daß die von mir zur Versteigerung gebrachte Sache in meinem vollen Eigenthum steht, daß sie keine thatsächlichen Mängel hat, dann kann mir die Uebernahme der Haftung für Entwährung oder für die sonstigen Fehler sehr gleichgültig sein. Die Werthung solcher Vortheile hängt daher von subjektiven Momenten ab, welche sich der äußern Würdigung ganz entziehen können. Darum ist die aufgeworfene Frage richtiger zu verneinen. Außerdem paßt ein solches Gebot nicht in den Versteigerungsgang. Es wäre nicht zu sagen, ob ein weiteres Gebot, welches mit Weglassung der besonderen Vortheile einfach eine Preissteigerung enthält, seinerseits wieder ein Mehrgebot bilde. Kurz, es drängt sich uns das Ergebniß auf, daß, wenn das Gegentheil nicht in die Versteigerungsbedingungen aufgenommen ist, nur ein Hinaufgehen im Preis als Mehrgebot gilt.

3) Der Versteigerer hat keine Verpflichtung dem Meistbieten= den den Zuschlag zu ertheilen. Hieraus folgt:

a) Der Versteigerer ist befugt unter Ablehnung des Meist= gebots eine weitere Versteigerung zu veranstalten, oder auch ein Gebot anzunehmen, welches ihm erst nach dem Schluß der Ver= handlung aber vor dem Zuschlag zukommt, sog. Nachgebot i. e. S. Die bloße Stellung eines solchen Nachgebots befreit aber den Meistbietenden nicht von seiner Gebundenheit; und wird dasselbe vom Versteigerer angenommen, so hat jener keinen Anspruch auf Eintritt in den Vertrag an Stelle des Nachbieters gegen Ueber= nahme der von diesem gestellten Bedingungen, obwohl an ein= zelnen Orten die entgegengesetzte Uebung besteht.

b) Der Versteigerer kann auch mit einem der überbotenen Steigerer abschließen, vorausgesetzt nur daß dieser einverstanden ist, denn jetzt sind die Rollen vertauscht: der Versteigerer erscheint nunmehr als Antragsteller, der frühere Bieter als der Anerbotene.

Umgekehrt steht

c) einem Ueberbotenen keine Einsprache zu, wenn der Ver= steigerer hinterher mit dem Meistbietenden zu erleichterten Be= dingungen und sei es auch zu einem niedrigern Preis abschließt. Der entgegengesetzte Rechtssatz wäre praktisch gar nicht durch= führbar; denn wer könnte den Verkäufer hindern nach Abschluß des Vertrags an den Verbindlichkeiten des Käufers nachzulassen soviel ihm beliebt?

4) Der Meistbietende ist vorerst dem Versteigerer gegenüber gebunden. Auch Mehrere können neben und unabhängig von ein= ander Meistbietende sein, nicht blos wenn sie in demselben Mo= ment ihren Willen ausgesprochen haben; denn ein weiteres Ge= bot braucht um seinen Urheber zu verpflichten nicht ein Mehr= gebot zu sein; entlastet wird freilich nur der Ueberbotene.

Der Schwebezustand, in welchem sich der Meistbietende be= findet, wird durch die Erklärung des Versteigerers ob Zuschlag oder Ablehnung gehoben. Es kann aber derselbe die Entscheidung

nicht willkürlich verzögern, hier so wenig als bei andern binden=
den Anträgen. Ist hiefür in den Strichbedingungen ausdrücklich
eine Zeit vorgesehen, so hat der fruchtlose Verlauf dieser Frist
Befreiung des Meistbietenden zur Folge (vgl. Seuffert, Arch.
XI. 34, wo nur das Verhältniß unter den schiefen Gesichtspunkt
eines bedingten Kaufs gebracht wurde, so daß der Zweifel auf=
tauchen konnte, ob aufschiebende oder auflösende Bedingung). In
Ermanglung besonderer Festsetzung und einer örtlichen Uebung
kann der Zuschlag rechtswirksam nur in der Versteigerungstags=
fahrt selbst geschehen, darüber hinaus ist der Meistbietende nicht
gebunden (Seuffert VI. 183). Es steht namentlich nicht in
der Befugniß des Versteigerers nach Veranstaltung einer weiteren
Gant, welche kein günstigeres Ergebniß geliefert hat, auf das
frühere Meistgebot zurückzugreifen (die Entscheidung bei Seuf=
fert XI. 219 steht damit nicht in Widerspruch, denn in dem be=
richteten Fall hatte sich die versteigernde Gemeinde die spätere Ge=
nehmigung des Zuschlags ausdrücklich vorbehalten). Der ausge=
sprochene Satz findet seine Rechtfertigung in der Erwägung, daß sich
ein Steigerer durch das Gebot nicht auf unbestimmte Zeit dem Ver=
steigerer gebunden überliefern will; er darf und wird erwarten,
daß sein Schicksal am Ende der Gant entschieden werde, und
diese Willensmeinung bildet einen stillschweigenden Bestandtheil
seines Angebots.

5) Was die Dauer der Versteigerungsverhandlung betrifft,
so kann gegen eine willkürliche Verlängerung Einspruch erhoben
werden, wenn dadurch die Gebundenheit des Meistbietenden er=
streckt würde. War daher eine Gant zunächst auf den Vormittag
beschränkt, so wird derjenige, welcher zu dieser Tageszeit Meist=
bietender geblieben ist, seiner Haftung entledigt, wenn der Ver=
steigerer eine Fortsetzung der Gant für den Nachmittag beschließt.

Umgekehrt hat der zur Zeit Meistbietende insofern ein Inter=
esse, daß die Verhandlung nicht willkürlich abgekürzt werde, als
ein Uebergebot ihm Entlastung bringen kann. Kann derselbe aber
wegen vorzeitigen Schlusses der Gant dem Zuschlag die Aner=
kennung weigern? Für die Bejahung läßt sich anführen, daß
ein bestimmter Zeitraum für die Dauer der Gant zunächst nur
zum Vortheil des Versteigerers festgesetzt sei, daß ferner jeder
Bieter einen selbständigen Vertragsantrag stelle d. h. die Absicht

ausspreche, unter den bezeichneten Bedingungen den Vertrag mit dem Versteigerer abzuschließen; es geschehe ihm also kein Unrecht, wenn er rascher als gehofft zum angestrebten Ziele gelange und zwar mindestens in ebenso vortheilhafter Weise als bei Fort= setzung der Gant.

Gleichwohl muß die Frage verneint werden. Zwar darf man dagegen nicht einwenden, daß mit den angeführten Gründen auch die Befreiung des Steigerers durch ein Uebergebot bekämpft werden könnte. Was vom Standpunkt der Zweckmäßigkeit und Billigkeit dieser Befreiung das Wort spricht, ist die mit dem gegen= theiligen Grundsatz verbundene ungebührliche Verlängerung der Ungewißheit des Bieters, welche in unserm Fall eher abgekürzt wird. Entscheidend ist aber, daß jedes Gebot nur unter der still= schweigenden Bedingung gelegt wird, wenn sich nicht innerhalb der festgesetzten Zeit ein besserer Bieter meldet. Damit ist ein vertragsmäßiger Boden zwischen Versteigerer und Steigerer ge= legt, von dem der Erstere nicht einseitig abgehen kann ohne sein darauf fußendes Recht preis zu geben.

Vorstehend ist vorausgesetzt, daß eine bestimmte Dauer für die Steigerungsverhandlung entweder in den Gantbedingungen vorgesehen ist oder durch Uebung feststeht. Außerdem hängt der Schluß von dem einseitigen Willen des Versteigerers ab. Um sich aber nicht dem Verdacht willkürlicher Beschränkung der Ver= handlung auszusetzen wird er gut thun vorher die hergebrachte dreimalige Umfrage, ob kein besseres Gebot gelegt werde, zu stellen.

§. 37.

Stellung des Gantbeamten.

Der Unternehmer einer Versteigerung überträgt häufig die Leitung der Verhandlung einer andern Person; nach manchen Gesetzgebungen darf eine öffentliche Versteigerung überhaupt oder in gewissen Fällen nur durch öffentliche Organe vollzogen wer= den. Bei der freiwilligen Uebertragung kann die Mittelsperson ein Privatmann sein, Auktionater, Prollamator, Ausrufer. Oef= fentlich ermächtigt zur Leitung von Versteigerungen sind bald die Gerichte, in den Ländern nämlich, wo ihnen die Ausübung der

freiwilligen Gerichtsbarkeit überwiesen ist, bald die Gemeinde=
beamten, wie im Kanton Zürich, am häufigsten die Notare.

Ein Privatmann, der mit der Leitung der Gantverhand=
lungen beauftragt ist, kann bloser Bote oder Stellvertreter sein,
je nachdem die rechtlichen Handlungen (z. B. Feststellung der
Gantbedingungen, Ertheilung des Zuschlags) dem Unternehmer
vorbehalten oder dem Mittelsmann überlassen sind. Jedenfalls
regelt sich das Verhältniß des Letztern zum Unternehmer nach den
Grundsätzen des Mandats.

Die Stellung eines Gantbeamten, welcher wirkliches Organ
der Staatsgewalt ist, Richter oder Gemeindebeamter, kann weder
unter diesen noch überhaupt unter einen privatrechtlichen Gesichts=
punkt gebracht werden. Der Beamte steht nur in einem öffent=
lich rechtlichen Verhältniß zu den in seiner amtlichen Eigenschaft
mit ihm in Berührung tretenden Personen. Dieser Grundsatz
war gerade mit Hinblick auf die Veräußerung durch öffentliche
Beamten schon bei den Römern anerkannt:

> L. 49 fam. herc. 10, 2: Ceterum si officio distra-
> hentis fungitur, non debet adstringi (sc. duplae sti-
> pulationem interponere), non magis quam si quis ad
> exsequendam sententiam a Praetore datus distrahat
> (Ulp.).

> L. 50 de evict. 21, 2: Si pignora veneant per appa-
> ritores praetoris extra ordinem sententias sequentes,
> nemo unquam dixit dandam in eos actionem re evicta:
> sed si dolo rem viliori pretio proiecerunt. tunc de dolo
> actio datur adversus eos domino rei (Ulp.).

Zwar ist in diesen Stellen nur von den Amtsdienern, nicht von
den Magistraten (quibus jus jubendi fuit C. 1 si in causa
judic. pign. 8, 23) die Rede. Dieß beweist aber nur, daß den
Römern gar nicht der Gedanke kam an eine Verflechtung des
verfügenden Magistratus in ein kontraktliches Verhältniß. In
der zweiten Stelle ist zugleich der Weg gezeigt, auf welchem die
durch den Beamten geschädigte Partei an ihn wegen Schadlos=
haltung gelangen kann; es ist die Deliktsklage. Der Jurist nennt
die actio de dolo; dieselbe Klage haben wir in einer andern
Stelle Ulpian's zu verstehen, obwohl in dem Zusammenhang Ver=
suchung liegt, an die actio negotiorum gestorum directa zu denken:

> L. 3 §. 8 neg. gest. 3, 5: Si exsecutor a praetore in
> negotio meo datus dolum mihi fecerit, dabitur mihi
> adversus eum actio.

Heutzutage tritt der eine rechtswidrige Absicht voraussetzenden actio
doli die sog. Syndikatsklage ergänzend zur Seite. Wenigstens
gibt eine weitverbreitete Praxis diesem Rechtsmittel Ausdehnung
ebensowohl auf die Richter als Organe der freiwilligen Gerichtsbarkeit wie auf Schädigungen wegen jedes Versehens (Seuffert I. 168. V. 174. 287. XV. 189. 208. XVII. 120).

Eine Mittelstellung zwischen den Privatbevollmächtigten und
den Staatsbeamten (wozu ich auch die Gemeindebeamten rechne,
insoweit sie staatliche Verrichtungen vollziehen, Seuffert V. 287.
XV. 189) nehmen die Notare ein; sie kann namentlich das rechtliche Verhältniß des Notars zu dem seine Dienstleistung in Anspruch nehmenden Publikum zweifelhaft machen. Einerseits erlangen die Notare vor Allem die Befugniß zur Ausübung ihres
Berufs nur durch Ernennung der Staatsgewalt. Dieß allein
würde indeß das Notariat nur in die Reihe der obrigkeitlich kon-
zessionirten Gewerbe stellen und ihm noch keinen öffentlichen Charakter aufdrücken. Die Notare stehen ferner unter öffentlicher
Aufsicht und Disciplin. Das theilen sie mit manchen andern Be-
rufszweigen z. B. dem Anwaltsstand, dem man darum noch kein
Staatsamt zugeschrieben hat. Aber die Notare sind auch mit
öffentlichem Glauben ausgestattet; die innerhalb ihres Wirkungs-
kreises vorgenommenen Handlungen genießen dieselbe Beglaubigung wie die Handlungen der Staatsbeamten. Deßhalb hat man
auch noch nirgends ernstlich daran gedacht, die Ausübung der
Notariatspraxis frei zu geben und nur etwa von einer vorgän-
gigen Prüfung der persönlichen Befähigung abhängig zu machen,
wie es beim Anwaltsberuf in sehr vielen Staaten der Fall ist.
Es wird vielmehr für jeden Notar ein bestimmter Bezirk bezeichnet,
innerhalb dessen er entweder ausschließlich oder zunächst seine
Wirksamkeit entfalten soll, ein Amtskreis. Erwägt man endlich,
daß in vielen Staaten die Verrichtungen, welche in Ländern mit
selbständigem Notariat diesem zukommen, geradezu den Gerichten
vorbehalten sind, so scheint es nicht zu gewagt, ihre Thätigkeit
eine staatliche zu nennen und mit der Patrimonialgerichtsbarkeit
in Parallele zu stellen; beide enthalten eine Entäußerung staat-

licher Zuständigkeit zu Gunsten von Privatpersonen. Die Patri=
monialrichter bekleiden aber ein öffentliches Amt und unterliegen
hinsichtlich der Haftbarkeit gegenüber den Privatpersonen den für
die Staatsbeamten geltenden Grundsätzen, namentlich der actio
ex syndicatu (Holzschuher, Theorie und Kasuistik §. 329 a E.).

Auf der andern Seite bilden die Notare keine Glieder des
Organismus der Staatsbeamtenschaft; sie beziehen ihren Unter=
halt nicht vom Staat oder einem Gerichtsherrn sondern lediglich
aus den Gebühren der Privatpersonen, welchen sie ihre Dienste
leihen. Sie handeln auch nicht im Namen der Staatsgewalt,
so daß eine Verantwortlichkeit des Fiskus wegen Schädigungen
durch Notare höchstens (vgl. jedoch Windscheid, P. §. 470
Note 7) auf eine culpa in eligendo et custodiendo gestützt
werden kann. Mit der Einführung eines selbständigen Notariats
erklärt der Staat die Mitwirkung bei Geschäften der freiwilligen
Gerichtsbarkeit, soweit sie den Notaren zugewiesen sind, nicht
mehr als eine obrigkeitliche Aufgabe aufzufassen. Aber wegen
der Wichtigkeit dieser Thätigkeit für das Publikum und wegen
der damit verbundenen Gefahr der Benachtheiligung ernennt er
gewisse tauglich befundene und ständiger Aufsicht unterworfene
Personen, deren Handlungen allein er höhere Wirksamkeit zu=
erkennt. Die Grenzlinie, wieviel der Staat von der Unter=
stützung der Parteien in rechtlichen Angelegenheiten an sich ziehen
oder der Besorgung durch Privatpersonen überlassen will, ist
fließend weil nur durch Zweckmäßigkeitsrücksichten bestimmt; gibt es
doch Länder, wo der Parteivertreter in Prozessen ein Staatsbeamter
ist, und andere, wo die Zwangs=Schuldbetreibung in gewissem
Umfang nicht durch die Gerichte sondern durch staatlich angestellte
Privatpersonen vermittelt wird (die sog. Schuldenschreiber in der
Schweiz). Der Notar bekleidet demnach kein wahres Staats=
amt, sein Verhältniß zu den Personen, welche seine Hilfe in
Anspruch nehmen, ist ein privatrechtliches, er haftet denselben un=
beschadet seiner disciplinären Beahndung mittelst der actio man-
dati directa, also für Arglist und jedes Versehen. (Reichsnotariats=
ordnung von 1512 Tit. I §§. 1. 21. Bayer. Notar.=Gesetz
Art. 1. 46 und Zink's Kommentar hiezu bei den angeführten
Artikeln. Im Ergebniß einverstanden Windscheid, P. §. 404
Note 3 §. 470).

———————

In diesem Zusammenhang soll noch die Frage erwogen werden, ob der die Verhandlung leitende Beamte sei es in eigner Person oder durch einen Andern gültig mitbieten kann.

Der Gantbeamte ist zwar nicht bloßer Stellvertreter der einen oder andern Partei, aber er hat doch die Interessen Aller in unparteiischer Weise zu wahren, insonderheit die Sache zu möglichst hohem Preise zu verwerthen. Steht ihm nun die Befugniß zur Festsetzung der Gantbedingnisse und zur Ertheilung des Zuschlags zu wie bei Zwangsversteigerungen immer bei freiwilligen häufig, so ist mit seiner Stellung geradezu unverträglich, daß er selbst als Mitbewerber auftrete; er kann nicht Richter und Partei in einer Person sein. Es gilt dieß aber ebenso von dem Privatbevollmächtigten, welcher als wirklicher Stellvertreter die Verhandlung leitet:

> L. 34 §. ult. C. E. 18, 1: Tutor rem pupilli emere non potest: idemque porrigendum est ad similia id est ad curatores procuratores et qui negotia aliena gerit.

Vgl. damit L. 46 eod. C. 10 de distract. pign. 8. 28; dann preuß. Landr. Thl. I. Tit. 11 §. 22. Dernburg Pfandr. II. S. 263, welcher in Note 15 abweichende Schriftsteller anführt.

Welche Folge hat aber die Uebertretung dieses Verbots? Die Strafen, welche im römischen Recht darauf gesetzt sind, haben heutzutage keine Gültigkeit mehr; für die öffentlichen Beamten sind die Disciplinarvorschriften an die Stelle getreten. Wie aber emere non potest zu verstehen sei, dürfen wir aus der verwandten C. 10 cit. entnehmen, wo es heißt:

> Et qui sub imagine alterius personae quam supposuerat jugiter tenet, quum sibi negotium gerat, alienasse non videtur.

Nichtigkeit des Kaufs durch den versteigernden Beamten nimmt auch ein wohlbegründetes Erkenntniß des O.A.G. zu Oldenburg an (Seuffert XVIII. 222).

Nur eine Folge davon ist, daß der dem meistbietenden Gantbeamten vorausgehende Bieter als Meistbietender erscheint. Dagegen kann ein den Beamten überbietendes Gebot nicht angefochten werden, weil es sich als ein freiwilliger Antrag darstellt, es sei denn daß zwischen dem Unternehmer der Versteigerung und der dieselbe leitenden Person ein rechtswidriges Einverständniß bestand.

§. 38.
Von der Uebereinkunft auf Abstehen vom Mitbieten.

Es kommt bei öffentlichen Versteigerungen nicht selten vor, daß Einer der Vertragslustigen einem ernstlichen Mitbewerber etwas verspricht für den Fall daß er vom Mitbieten zurücktreten würde. Die Gerichte können mit der rechtlichen Würdigung eines solchen Uebereinkommens in einer doppelten Weise befaßt werden, rücksichtlich seiner Gültigkeit unter den Vertragschließenden selbst und wegen seiner Bedeutung für die Versteigerung beziehungsweise den Versteigerer. Wir wollen bei der Betrachtung die zwei Punkte trennen.

1) Ist der Vertrag, wonach Jemand sich verpflichtet, von der Theilnahme an einer Versteigerung zu Gunsten des andern Theils abzustehen, rechtlich wirksam?

Für die Bejahung läßt sich anführen. Niemand hat eine Verpflichtung, die Sache dem Versteigerer überhaupt oder gar zu einem bestimmten Preis abzunehmen. Indem ein Steigerungslustiger kraft Vertrags auf die Bewerbung um die Sache verzichtet, der andere sich dadurch einen Mitbewerber fern zu halten sucht, verletzen sie weder eine obligatorische Verbindlichkeit noch ein sonstiges Rechtsgebot. Selbst mit dem Maßstab der Sittlichkeit gemessen stellt sich die Handlungsweise nicht so verwerflich dar. Niemand würde den Vertrag beanstanden, in welchem der eine Theil ohne Entgelt seine Mitbewerbung aufzugeben verspricht. Ist nun das andere Uebereinkommen vom sittlichen Standpunkt so sehr verschieden? Der Gegenstand, welchen der Zurücktretende empfängt, ist im Grunde nur die Schadloshaltung für das Preisgeben des Vortheils, welchen ihm der Erwerb der Sache in Aussicht stellt. Der andere Theil gewinnt dadurch keinen Zwang gegenüber dem Versteigerer, die Sache ihm um den durch das Wegfallen des Mitsteigerers erzielten billigeren Preis abzulassen. Dem natürlichen Bestreben im Handel und Wandel, wonach der Eine so theuer als möglich zu verkaufen, der Andere so billig als möglich zu kaufen sucht, spricht das

Recht die Statthaftigkeit so wenig ab daß es sie vielmehr ausdrücklich anerkennt (L. 22 §. ult. locati 19, 2 C. 8 de rescind.
vend. 4, 46).

Die Gegengründe. Der Versteigerer betritt diesen Weg des
Vertragsabschlusses um die Werthung der von ihm angebotenen
Leistung im Verkehr möglichst sicher zu erfahren und darauf hin
zu handeln. Wenn nun hinter seinem Rücken die Mitbewerbung
geschwächt und dadurch in ihm eine Täuschung über die Werth-
schätzung seiner Leistung durch das Publikum erzeugt, wenn auf
diese Weise der Vertragsabschluß zu günstigern Bedingungen zu
erschleichen gesucht wird, so ist das ein Verfahren, welches unter
ehrenhaften Personen stets Verurtheilung findet. Das positive
Recht würde sich mit der sittlichen Anschauung des Volks in
Zwiespalt setzen, wenn es solchen Umtrieben nicht etwa nur nicht
entgegentreten sondern geradezu Unterstützung verleihen wollte.
Die Rechtspflege so oft in die mißliche Lage versetzt daß sie der
sittlichen Verurtheilung einer Handlungsweise auf ihrem Gebiete
keinen Nachdruck geben kann, hat um so mehr Ursache dieß da
zu thun, wo ihr die Handhabe geboten ist. Und wird denn
durch die rechtliche Mißbilligung eines solchen Vertrags ein berechtigtes Interesse verletzt? Bedarf der Handel und Wandel zu
seiner gedeihlichen Entwicklung solcher Schleichwege? Wird nicht
im Gegentheil durch die rechtliche Anerkennung solchen Verfahrens ein wichtiges Verkehrsmittel gefährdet und bei häufiger
Anwendung lahm gelegt?

Diese Erwägungen machen m. E. die Wagschale zu Gunsten
der Unsittlichkeit und darum Nichtigkeit des fraglichen Uebereinkommens neigen. Es kann also daraus nicht auf Erfüllung des
Versprochenen, freilich auch nicht auf Rückgabe des Geleisteten
geklagt werden, da die Unsittlichkeit auf Seite des Abfindenden
mindestens gleich groß ist. Damit stimmen zwei Erkenntnisse
des O.A.G. zu Wiesbaden bei Seuffert XII. 16. XVII. 201;
dagegen wird an dem letzteren Ort eine abweichende Entscheidung des obersten Gerichtshofs in München angeführt.

2) Kann der Versteigerer wegen des auf Abstehen eines
Mitbieters gerichteten Uebereinkommens den Zuschlag anfechten?
Oder von dem einen oder anderen Vertragstheil Schadenersatz
in Anspruch nehmen?

Die erste Alternative muß dann unbedingt verneint werden, wenn der Adjudikatar an jenem Vertrag keinen Theil hat. Zwang liegt nicht vor, und Arglist wirkt nur zwischen dem Betrüger und Betrogenen und deren Rechtsnachfolgern, überdieß was die Letzteren anbetrifft nur beschränkt. (L. 4 §§. 31—33 de doli m. exc. 44, 4). Wenn dagegen der Zuschlag demjenigen ertheilt wurde, welcher den Dritten zum Abstehen vom Mitbieten bestimmt hat, dann unterliegt der durch den Zuschlag geschlossene Vertrag der Anfechtung wegen Arglist durch die gewöhnlichen Rechtsmittel (Kontraktsklage und exceptio doli). Man darf dagegen nicht einwenden, daß das arglistige Verfahren des Käufers der Zeit vorausging, wo der Vertrag mit dem Versteigerer zu Stande kam, ja vielleicht der Zeit wo sie in Vertragsunterhandlungen traten. Die Anfechtung steht auch wegen einer vor diese Zeit fallenden rechtswidrigen Handlungsweise des einen Vertragstheils zu, vorausgesetzt nur daß sie mit Rücksicht darauf vorgenommen wurde und auf dessen Zustandekommen Einfluß gewann. Ebenso wenig steht entgegen, daß die Forderung der Aufhebung eines Vertrags wegen arglistigen Benehmens des andern Theils nur einer der Wege ist, um den Ueberlisteten für den ihm zugegangenen Nachtheil schadlos zu halten, während im vorliegenden Fall der Schaden mit Sicherheit nicht nachgewiesen werden kann. Es darf die Klage auf Aufhebung des Vertrags mit der auf Schadenersatz in dieser Hinsicht nicht auf eine Linie gestellt werden. Bei der letzteren ist selbstverständlich der bestimmte ich möchte sagen ziffermäßige Beweis eines verursachten Schadens unerläßlich. Dort aber genügt, daß nach Lage der Umstände eine Benachtheiligung des Betrogenen wahrscheinlich ist, was in unserm Fall kaum bezweifelt werden wird; am wenigsten kommt es auf das Wieviel an. Außerdem müßte man in hundert Fällen den trügerischen Vertragstheil die Früchte seines arglistigen Verfahrens genießen lassen.

Die letzte Ausführung überzeugt uns aber, daß der Versteigerer mit einem Anspruch auf Schadenersatz gegen die zu seinem Nachtheil sich beredenden Personen nicht durchdringen wird. Wie kann er darthun, zu welchen günstigeren Bedingungen ihm außerdem der Vertragsabschluß gelungen wäre? Ueberdieß wäre gegen denjenigen, welcher vom Mitbieten ab-

gestanden ist, nur die Deliktsklage actio doli denkbar. Daß ich
aber auf eine Sache nicht biete, kann mir als eine zur Schad=
loshaltung verpflichtende Arglist selbst dann nicht angerechnet
werden, wenn ich es kraft Vertrags thue und gegen Entgelt.
Bestimmt mich dabei die Absicht den Dritten zu schädigen oder
der Gedanke einen sichern Vortheil gegen einen unsichern ein=
zutauschen? Was unsittlich ist, ist nicht nothwendig arglistig.

§. 39.
Von der Aufstellung von Scheinbietern.

Zu den Umtrieben, welche die Versteigerer zuweilen zur
Herbeiführung eines für sie günstigeren Gantergebnisses an=
wenden, gehört die Aufstellung von Personen, welche nur zum
Scheine mitbieten sollen, um die Angebote der wirklichen Ver=
tragslustigen höher zu treiben. Die Beredung mit den Schein=
bietern ist gewissermaßen das Widerspiel von dem vorhin be=
trachteten Vertrag. Sie stellt sich auch von rechtlicher und sitt=
licher Seite betrachtet in demselben Lichte dar wie dieser und
unterliegt daher derselben rechtlichen Beurtheilung sowohl was
die Wirksamkeit der Uebereinkunft zwischen dem Versteigerer und
seinen Helfershelfern betrifft als ihren Einfluß auf den Vertrag
des Ersteren mit dem Ersteher des Gegenstandes. Das Letztere
wird bestätigt für das englische Recht von *Smith* Compendium
of mercantile law 4th ed. p. 468:

> As fraud vitiates every contract, it will be a suffi-
> cient excuse for the vendee's non-performance of
> his, that the vendor was guilty of fraud, as by em-
> ploying puffers at an auction to enhance the price
> without giving notice of his intention to do so.

Uebereinstimmend *Kent*, Commentaries on american law II.
5th ed. p. 537 sq.

§. 40.
Vom Eigenthumsübergang beim Kauf in der Versteigerung.

Den gemeinrechtlichen Eigenthumserwerb beherrscht der
Grundsatz:

Traditionibus et usucapionibus dominia rerum non
nudis pactis transferuntur. C. 20 de pactis. 2, 3.

Für den Kauf einer Sache vom Pfandgläubiger ist seine
Geltung ausdrücklich anerkannt:

Qui praedium obligatum a creditore comparavit, si
in vacuam possessionem inductus non est, nullam in
rem actionem habet. C. 13 de distr. pign. 8, 28;
dazu C. 15 cod.

Gewiß erzeugt auch der Zuschlag der Sache in einer von
Privatpersonen geleiteten Versteigerung nur ein obligatorisches
Verhältniß zwischen dem Versteigerer und dem Ersteher eine
emtio venditio. Der Eigenthumserwerb ist durch Besitzübertragung bedingt.

Verhält es sich auch so mit dem gerichtlichen Zuschlag? Sofort tritt uns die Parallele mit dem richterlichen Zuspruch im
Theilungsprozeß entgegen, wo sich der Eigenthumsübergang unmittelbar an das Erkenntniß nicht erst an den Besitzerwerb knüpft
(§. ult. Inst. de offic. jud. 4, 17). Da nun — so kann man
folgern — die auf Privatübereinkunft beruhende Theilung für
sich einen dinglichen Rechtsübergang nicht begründet, so kann
der Grund der entgegengesetzten Wirkung dort nur in der obrig-
keitlichen Machtvollkommenheit des Richters gefunden werden.
Der die Gantverhandlung leitende Richter handelt gleichfalls
nicht als bloser Parteivertreter sondern als Organ der Staatsgewalt, folglich muß seinem Spruch die gleiche Wirkung zukommen.

Die Folgerung ist gewagt. Die Adjudikatio im Theilungsprozeß gehört zu den altcivilen Eigenthumserwerbsarten (Ulp.
XIX. 16), für welche mit der selbstverständlichen Ausnahme der
Usucapion Besitzerwerb eine Voraussetzung des Eigenthumsübergangs nicht bildete. Ich möchte bezweifeln, daß bei der Veräußerung eines gerichtlichen Pfands der Zuschlag des Executionsrichters
den Käufer ohne Besitzübertragung zum Eigenthümer gemacht hat,
und finde einigen Anhaltspunkt dafür in dem Umstande, daß die
Einweisung des Käufers in den Besitz zu der Aufgabe des Exe-
cutors gehörte (L. 15 §. 6 de re judic. 42, 1). Nicht anders
wird es sich mit der richterlichen Zuweisung der Sache an den
Pfandgläubiger um den Betrag seiner Forderung verhalten haben
(arg. C. 3 de exec. rei jud. 7, 53: si . . . res soli, quae pig-

nori datae sunt, diu subhastatas . . . emtorem non invenire [praeses provinciae] in possessionem earum te mittet, ut vel hoc remedio res tam diu protracta ad effectum perducatur). Der Kaiser freilich kann vermöge seiner Allgewalt so gut wie das Gesetz den Eigenthumserwerb vom Besitzerwerb unabhängig machen und unmittelbar an seinen Spruch knüpfen (C. 1 de jure dominii impetrando 8. 34: bona debitoris dominio tuo . addicantur. C. 3 §. 3 eod.: habeat ex divino oraculo eam in suo dominio).

Alles dieß würde darauf hinführen, daß für den Erwerb einer Sache durch gerichtlichen Zuschlag außerhalb des Theilungs=prozesses eine Ausnahme von den gewöhnlichen Grundsätzen des abgeleiteten Eigenthumserwerbs nicht gilt. Indeß besteht ein allgemeines modernes Gewohnheitsrecht, welches dem richterlichen Zuschlagsbescheide in allen Fällen des gerichtlichen Verkaufs die Wirkung unmittelbaren dinglichen Rechtsübergangs beilegt. Die Nachweise dafür sind gesammelt bei Dernburg, Pfandrecht Bd. II. S. 263 Note 16; vgl. auch Merkel im Rechtslex. X. S. 619 Note 103. Anerkannt wurde dasselbe neuerdings in einem Er=kenntniß des O.A.G. zu Darmstadt (Seuffert XIX. 17). Dieß übersehen Puchta (Vorles. §. 151 Ziff. 4) und Holzschuher (Theorie und Kasuistik Bd. III. §. 283 zu Fr. 9). Hiezu ist noch Folgendes zu bemerken.

1) Die Entstehung dieses Gewohnheitsrechts lehnt sich wohl an die germanische Rechtsanschauung an, daß bei der Uebereig=nung von Grundeigenthum in dem feierlichen Akt vor Gericht (Auflassung) das Wesentliche und in der Besitzergreifung nur die Folge nicht die Voraussetzung des dinglichen Rechtserwerbs zu erblicken sei. Wirklich hat sich jenes Gewohnheitsrecht in be=stimmter Weise nur für den gerichtlichen Verkauf von Grund=stücken herausgebildet, und es dürfte der Mangel einer gleichen Uebung für bewegliche Sachen darin seinen Grund haben, daß bei dem gerichtlichen Verkauf fahrender Habe die einzelne Sache dem Käufer nur gegen Zahlung des Preises oder genügende Sicherheitsleistung dann aber auch sofort behändigt zu werden pflegt, so daß ein förmlicher Zuschlagsbescheid nicht ausgefertigt wird. Indeß spricht sich das oben angezogene oberstrichterliche Erkenntniß für die weitere Geltung des Gewohnheitsrechts aus.

In demselben Umfang hat den Satz das preußische Landrecht Thl. I. Tit. 11 §. 342.

2) Dieser Rechtserwerb hat sein Vorbild in der Wirkung des richterlichen Eigenthumszuspruchs im Theilungsprozeß. Er ist ein abgeleiteter, so daß Eigenthum auf den Käufer nur dann und insoweit übergeht, als die Sache im Eigenthum desjenigen war, welchem sie durch den gerichtlichen Verkauf entzogen werden sollte. In den Ländern ferner, wo das Eigenthum an Grund= stücken durch die Eintragung in die öffentlichen Bücher bedingt ist, gibt der gerichtliche Zuschlagsbescheid nur einen Titel auf Eintragung, ersetzt sie nicht.

3) Der für den Privatverkauf geltende stillschweigende Eigen= thumsvorbehalt bis zur Zahlung oder Stundung des Preises (L. 19 C. E. 18, 1) besteht auch für die Uebertragung des Eigenthums durch gerichtlichen Zuschlag (*Berger*, Oecon. jur. IV. tit. XXIX. th. VI. Note 2; ebenso Dernburg Pfandr. II. S. 263). Nur soll der Richter überhaupt den Zuschlagsbescheid nicht ausfertigen bevor der Preis berichtigt oder für seine Be= zahlung ausreichende Sicherheit geleistet ist (vgl. die Anweisung in L. 15 §. 7 de re jud. 42, 1). Man pflegt zunächst dem Meistbietenden nur zu eröffnen, daß sein Gebot genehm sei und daß ihm der Zuschlag ertheilt werde, sobald er für die Berichti= gung des Kaufpreises das Nöthige gethan. (Merkel a. a. O S. 619 Note 103). —

Anhang II.

Von der Auslobung.

Bülow, Abhandlungen über einzelne Materien des römischen
bürgerlichen Rechts. Thl. I. Abh. XI. (1817)

Jhering, in seinen und Gerbers Jahrbüchern für Dogmatik
Bd. IV. S. 93—106 (1861)

Schütze, im Jahrbuch des gemeinen deutschen Rechts Bd. V.
Abh. II. (1861)

Kuntze, in Holzschuhers Theorie und Casuistik des gemeinen
Civilrechts 3. Aufl. Bd. III. S. 296—302.

§. 41.

Einleitung.

Es ist immer eine heikle Aufgabe, eine Verkehrserscheinung
rechtlich zu beschreiben, welche in den Gesetzen eine ausdrückliche
Feststellung nicht gefunden hat und deren rechtliche Natur unmittelbar aus der Uebung im praktischen Leben zu erforschen ist.
Die Erfahrung, welche dem einzelnen Beobachter zu Gebote steht,
ist einem mehr oder weniger beschränkten Kreise entnommen;
darum glaubt der Eine unter die Ausnahmen verweisen zu dürfen,
was dem Andern als Regel erscheint. Zahlreiche Belege dessen
hat uns die vorige Abhandlung geboten. Ein Gebilde ähnlicher
Art ist die Auslobung. Wir entbehren hier überdieß fast ganz
einer Quelle, aus welcher dort so mancher Anhalt gewonnen wurde,
der Aussprüche der gerichtlichen Praxis. Rechtsstreitigkeiten über

solche Versprechen zählen zu den seltneren Vorkommnissen, und
es ist dieß gegenüber der häufigen Erscheinung von Auslobungen
im Leben wohl aus dem Umstand zu erklären, daß hier stärker
als in vielen andern Verhältnissen ein natürliches Anstandsgefühl
zur pünktlichen Erfüllung spornt. Indeß werden sich vielleicht
in nächster Zeit auch im Gerichtssaal derartige Rechtsfälle mehren,
da diejenige Art der Auslobung, welche am Ehesten zur richter=
lichen Austragung der Sache führt, die Preisausschreibung bei
Lösung von wissenschaftlichen künstlerischen oder technischen Auf=
gaben immer mehr in Aufnahme kommt.

Werfen wir zunächst einen Blick auf die Gesetzgebungen alter
und neuer Zeit, so enthalten die Quellen des römischen Rechts über
die Auslobung nahezu nichts. Zwar haben ältere Schriftsteller
sich auf manche Aussprüche der römischen Juristen bezogen; allein
diese Stellen lassen gerade den Hauptpunkt im Dunkeln, ob das
Versprechen allgemein an Jeden aus dem Volk oder an eine be=
stimmte Person gerichtet war. Dieß gilt namentlich von der ver=
hältnißmäßig erheblichsten Stelle aus Paul. R. S. II. 31 §. 24:

> Ob indicium comprehendendi furis praemium promissum
> jure debetur.

Da nun im Verkehr der Römer die Auslobung durchaus nicht
unbekannt war*), so dürfen wir aus dem Stillschweigen der
Rechtsquellen schließen, daß aus dem öffentlichen Versprechen eines
Lohns für eine bestimmte Leistung und aus deren Erfüllung eine
Obligatio nach römischer Anschauung nicht entsprang. Der frei=
willig gezahlte Finder= oder Anzeigelohn u. s. w. konnte aller=
dings nicht zurückgefordert werden, mochte die Leistung vorange=
gangen oder erst gefolgt sein (L. 4 §. 4 de condict. ob turp.
caus. 12, 5 L. 15 de praescr. verb. 19, 5).

Der Grund dieser beschränkten rechtlichen Anerkennung darf
gewiß nicht, wie man geglaubt hat, in dem Mangel einer pas=
senden Kontraktsform gefunden werden. Die Auslobung würde
sich ganz gut unter die Innominatkontrakte nach der Formel facio

---

*) Den von Jhering angeführten Stellen aus *Apuleii* Metamorphos.
lib. IV. cap. 7 und 8, sowie *Petronii* Satirar. cap. 97 kann ich noch bei=
fügen: *Phaedri* Fab. Aesop. lib. V. 5 und *Ciceron.* Tuscul. lib. V. cap.
VII. Der Gebrauch, Preise bei den Wettkämpfen auszusetzen, ist bekannt.
L. 10 de pollicitat. 50, 12.

ut des geordnet haben, und wir besitzen dafür ein sehr bestimmtes Zeugniß in L. 15 i. f. de praescr. verb. 19, 5:

> Quodsi solutum quidem nihil est, sed pactio inter-
> cessit ob indicium, hoc est, ut, si indicasset appre-
> hensusque esset fugitivus, certum aliquid daretur, vide-
> amus, an possit agere? Et quidem conventio ista non
> est nuda, ut si quis dicat, ex pacto actionem non
> oriri, sed habet in se negotium aliquid; ergo civilis
> actio oriri potest, id est praescriptis verbis, nisi si
> quis et in hac specie de dolo actionem competere
> dicat, ubi dolus aliquis arguatur. *Ulpian.* libri XLII
> ad Sab.

Die Stelle ist zugleich ein Beleg, daß des Paulus Zweifel über die kontraktliche Wirksamkeit der Verträge facio ut des (L. 5 §. 3 eod.) nicht von allen Juristen getheilt wurde (vgl. auch Gaius in L. 22 eod.). Weit wahrscheinlicher lag das Hinderniß, welches der Anerkennung der Klagbarkeit der Verträge entgegenstand, in der Unbestimmtheit der Person, welche aus der öffentlichen Zu= sage berechtigt werden soll. Zwar wurde die Anschauung, daß die Bestimmtheit der Subjekte in jedem Rechtsgeschäft und schon beim Angebot zum Vermögenserwerb ein wesentliches Moment sei (Jhering, Geist des r. R. III. S. 155), in einzelnen Anwendungen überwunden, so beim Eigenthumserwerb durch Au= erkennung des jactus missilium, im Erbrecht durch die Gestattung von Zuwendungen an personae incertae (welche übrigens erst von Justinian stammt §§. 25—27 J. de legat. 2, 20). Aber gerade im Obligationenrecht scheint man strenger an dem alten Grundsatz festgehalten zu haben (vereinzelte Ausnahmen bei Sa= vigny Obl. R. II. S. 89).

Das deutsche Recht hat von jeher den Schwerpunkt der Obliga= tion weniger in der Individualität der Subjekte als in dem Sach= lichen des Rechtsverhältnisses in der Leistung erblickt (Beseler, deutsches Privatr. Bd. II. §. 118). Das bezeugen die Reallasten, welche im deutschen Rechtsleben eine ungleich bedeutendere Rolle spielten als verwandte obligatorische Verhältnisse im römischen Recht (Obligatio zwischen Nutznießer und Eigenthümer zwischen Emphy= teuta und Eigenthümer u. s. w.). Dieselbe Anschauung hat die

Papiere auf den Inhaber die Blankowechsel Blankoindossamente ja alle Ordrepapiere hervorgerufen. (Seuffert XI. 218). Hierin haben wir auch den Grund zu suchen, warum Doktrin und Praxis in Deutschland der Auslobung schon seit langer Zeit vollkommne rechtliche Wirksamkeit zuerkannt haben.

Zwar fehlt es nicht an entgegengesetzten Stimmen. Stahl (Philosophie des Rechts Bd. II. Abth. 1 §. 51) findet die Fixirung von Gläubiger= und Schuldnerrolle auf bestimmte Personen im Naturwesen der Forderung begründet, kann daher in den actiones quod metus causa, ad exhibendum u. s. w. keine wahren Obligationen erblicken, da der Schuldner durch den das Rechtsverhältniß begründenden Vorgang nicht ein für allemal bezeichnet werde, und weiß die Inhaberpapiere nur aus ihrem „publizistischen Charakter“ zu erklären. Allein was hier zum Wesen der Obligatio gestempelt wird, ist besten Falls die besondere römische Anschauung, und wenn neuere Gesetzgebungen die Schaffung von Inhaberpapieren an eine besondere Ermächtigung durch die Staatsgewalt knüpfen oder gar dieser ausschließlich vorbehalten, so liegt darin nur eine bevormundende Beschränkung des privatrechtlichen Verkehrs aus Rücksichten des öffentlichen Wohls, über deren Berechtigung man überdieß sehr verschiedener Ansicht sein kann. Daß aber die bekämpfte Ansicht selbst von einem Meister wie Savigny getheilt wird, zeigt, wie tief wir in romanistischer und polizeilicher Befangenheit stecken. In seinem Obligationenrecht (Bd. II. S. 90 fg.) spricht Savigny demjenigen, welcher die in einer Auslobung geforderte Leistung erfüllt, jede Klage auf die zugesicherte Belohnung ab und verweist ihn auf die actio doli, um für gehabte Auslagen Vergütung zu erlangen. Die Gründe, welche S. für seine Meinung anführt, sind nichts weniger als stichhaltig. Er geht von der Unterstellung aus, daß derjenige Vertrag, aus welchem die Forderung auf Auszahlung des versprochenen Lohns entspringt, schon durch die Ankündigung des Auslobenden und durch die stillschweigende Annahme irgend eines Dritten geschlossen werde; er weist deßhalb die Analogie der Versteigerung zurück, da sich hier im Zeitpunkt der Vertragsvollendung bestimmte Personen gegenüberstünden. Nun werden wir aber unten sehen, daß die Rechtsverbindlichkeit der Auslobung sich aufrecht halten läßt, ohne daß man zu jener Auffassung Zu-

flucht nimmt, ja daß diese vielmehr mit der Wirtlichkeit im Wider=
spruch steht. S. beruft sich ferner darauf, daß das Bereich der
Obligationen als Beschränkungen der natürlichen Freiheit nicht
willkürlich erweitert werden dürfe. Allein kann dieser Standpunkt
Angesichts des heutigen Verkehrs noch behauptet werden? Hat
vielleicht bei uns in Folge der außerordentlichen Ausdehnung des
Gebiets der Obligationenrechte die Sklaverei ihre stille Aufer=
stehung gefeiert?

Von den deutschen Partikulargesetzgebungen hat zuerst das
preußische Landrecht die Auslobung wenigstens in einer An=
wendung ausdrücklich anerkannt; die Aussetzung einer Belohnung
für nützliche Geistesarbeiten oder gemeinnützige körperliche Fähig=
keiten (?) oder Unternehmungen wird genauer geregelt in Thl. I
Tit. 11 §§. 988—995.

Dem preußischen Rechte sind gefolgt das bürgerliche Gesetz=
buch für das Königreich Sachsen (§. 771) und der Entwurf
eines bürgerl. Gesetzbuchs für das Königreich Bayern (Thl. II.
Art. 753—761).

Wie verhält es sich mit der Auslobung in denjenigen Ländern,
wo die partikuläre Gesetzgebung davon schweigt, das gemeine Recht
aber nicht einmal subsidiäre Gültigkeit hat?

Im Allgemeinen kann aus dem Mangel ausdrücklicher gesetzlicher
Regelung die Nichtanerkennung einer Obligationsform nicht gefolgert
werden. Eine gesunde Gesetzgebungspolitik wird niemals versuchen,
die Gestalten des obligatorischen Verkehrs auf eine geschlossene Zahl
zu beschränken. Sie muß sich bescheiden der raschen und vielseitigen
Entwicklung des Lebens diejenigen allgemeinen Schranken zu
ziehen, welche durch das Wesen der Obligationen oder durch Rück=
sichten des öffentlichen Wohls geboten sind. Es kann sich daher
in jenen Ländern nur darum fragen, ob die Auslobung mit den
allgemeinen Grundsätzen des einheimischen Rechts über Forderungs=
rechte im Einklang steht. Namentlich wird entscheidend sein, ob
die Anschauung des deutschen Rechts Anerkennung gefunden hat,
daß die Unbestimmtheit des Subjekts, zu Gunsten deren ein
Versprechen gemacht wird, die gültige Entstehung einer Obligatio
nicht hindert. Von diesem Standpunkt wird die Rechtsverbind=
lichkeit der Auslobung für das österreichische Recht vertheidigt

von Stubenrauch im Commentar zum allg. bürgerl. Gesetzbuch
Bd. III. S. 5. Dasselbe möchte ich für das Geltungsgebiet
des Zürcher privatrechtlichen Gesetzbuchs behaupten; hier ist
nirgends der Satz ausgesprochen, daß nur das an eine bestimmte Person gemachte Anerbieten zu einem gültigen Schuldvertrag führen könne; vielmehr folgt das Gegentheil aus der
Anerkennung der Inhaberpapiere (§§. 1097 ff.).

Wissenschaftliche Behandlung hat die Auslobung bis auf die
neuere Zeit fast nur in den Lehr- und Handbüchern gefunden,
wo sie meistens mit wenigen Worten erledigt wird. Eine einge-
hendere Betrachtung haben ihr erst die an der Spitze genannten
Schriftsteller gewidmet.

§. 42.

Begriff.

Die Auslobung ist das öffentliche Versprechen eines Vermö-
genswerthes an Jeden aus dem Volke oder aus einem bestimmten
Kreise desselben, welcher eine gewisse Leistung vollführen wird.
Der ausgesetzte Lohn wird meistens in Geld bestehen, obwohl
dieß nicht wesentlich ist. Mannigfaltiger sind die Leistungen,
wofür die Belohnung zugesichert wird. Am Häufigsten sind Auslobungen für die Ueberbringung einer verlornen Sache, für die
Entdeckung eines Verbrechers oder sonstigen Uebelthäters, für die
Verschaffung einer Stelle u. s. w. Auch die sog. Preisausschreibungen d. h. die öffentlichen Zusagen für die Lösung einer Aufgabe aus dem Gebiet der Wissenschaft Kunst oder Technik fallen
unter diesen Begriff. Man hat sie der Auslobung entgegengesetzt
(Kuntze). Ohne Grund, denn die Unterscheidungspunkte sind
weniger rechtlicher als thatsächlicher Natur und gewiß nicht er-
heblich genug, um die Preisausschreibungen zu einer der Auslobung gegenüber selbständigen Rechtsform zu erheben.

Aus der gegebenen Begriffsbestimmung gewinnen wir bei
genauerer Betrachtung folgende Merkmale.

1) Die Auslobung ist nur ein Angebot und erzeugt für
sich noch keine rechtlichen Ansprüche (§§. 9 fg.). Dieß ist weit
entfernt allgemein anerkannt zu sein. Die meisten Rechtslehrer:

Puchta, Pand. §. 259

Sintenis, gem. pralt. Civilr. Bd. II §. 96 a. E.

Arndts, Pand. §. 241

Kuntze a. a. O. S. 299

stellen die Auslobung unter die Pollicitationen und lassen demnach schon aus dem einseitigen Versprechen die Obligatio entstehen. Vor diesem Fehlgriff hat schon Mühlenbruch (doctr. pand. III. §. 601 i. f.) gewarnt. Allein man wußte sich auf andere Weise nicht gegen die Gefahr zu retten, welche aus der vermeintlich nothwendigen Widerruflichkeit der bloßen Vertragsangebote entspringt. So sagt Kuntze a. a. O.: „dem Verkehrsbedürfniß entspricht durchaus nur die Auffassung der Auslobung als einer einseitigen dictio oder pollicitatio, worauf uns schon ihre Form hinführt; wir gewinnen damit ihre Unwiderruflichkeit als Regel und eine einfache prozessualische Durchführung". Läßt sich nun zeigen, daß der an sich berechtigte Zweck Schutz des Publikums gegen willkürliche Benachtheiligung durch den Auslobenden auch auf anderem Wege erreicht werden kann, so muß man jene Auffassung um so mehr fallen lassen als sie auf der andern Seite eine wesentliche Härte für den Auslobenden im Gefolge hat (S. 46 Z. 2). Die richtige systematische Stellung der Auslobung ist daher in der Lehre von den die Schuldverträge einleitenden Handlungen (so bei Windscheid P. §. 309).

Als Vertragsangebot muß die Auslobung die dafür geltenden Erfordernisse in sich vereinigen (§. 9). Insbesondere muß die geforderte Leistung möglich und mit den Geboten des Rechts und der Sitte im Einklang sein. Auch an der nöthigen Bestimmtheit darf es ihr nicht fehlen. Die Anwendungen sind zu mannigfaltig als daß in dieser Richtung allgemeinere Regeln aufgestellt werden könnten. Bei Preisbewerbungen wird z. B. eine Festsetzung über Ort und Zeit der Leistung unentbehrlich sein (arg. L. 91 L. 95 L. 115 V. O. 45. 1 vgl. auch den bayer. Entwurf Art. 758), während bei andern Auslobungen hierauf wenig ankommt. Ist nicht gesagt, wem das Urtheil über die eingelieferten Arbeiten zukommen soll, so entscheidet der Auslobende selbst (preuß. Landr. Thl. I Tit. 11 §. 994). Es darf uns nicht der Satz stoßen: Nulla promissio potest consistere, quae ex voluntate promittentis statum capit (L. 108 §. 1 mit L. 17

und L. 46 §. 3 V. O.). Das Urtheil des Ausschreibenden ist als arbitrium boni viri aufzufassen und nicht als reine Willkür, so daß dem richterlichen Ermessen bei allenfallsiger Klage gegen den Auslobenden der Boden keineswegs fehlt (L. 7 pr. C. E. 18, 1 L. 24 pr. locati 19, 2). Jedenfalls empfiehlt sich für die Ge=setzgebung die Vorschrift des bayer. Entwurfs Art. 760, wonach über die Güte und Vorzüglichkeit der eingelangten Lösungen in Ermanglung andrer Parteibestimmung ein Schiedsgericht von Sachverständigen nach Stimmenmehr entscheiden soll.

Aehnliches ist für die Bestimmtheit der versprochenen Leistung zu sagen. Da kann unter Umständen selbst die Zusicherung eines „erheblichen" oder „angemessenen" Lohns ausreichen, wenn nur in der geforderten Handlung und in der Sitte des Verkehrs genü=gende Anhaltspunkte für die Feststellung der Summe durch den Richter liegen (z. B. beim Finderlohn arg. L. 78—80 pro soc. 17. 2). Die Entscheidung in L. 59 §. 3 mand. 17, 1 und C. 17. mand. 4. 35: Salarium insertae pollicitationis peti non potest, läßt sich sehr wohl aus dem Mangel jedes Maßstabs im kontreten Fall erklären, wenn nicht vielleicht auch die Abneigung der Römer gegen die Zubilligung einer Vergütung beim Mandat dabei in Rechnung zu bringen ist. Jedenfalls scheint mir das Urtheil bei Seuffert, Arch. Bd. XVII. 124, wo die Klage aus dem Ver=sprechen „guter Bezahlung" für die Besorgung von Geldgeschäften abgewiesen wurde, allzu ängstlich und mit den freieren Anschau=ungen des heutigen Verkehrs nicht vereinbar.

b) Haben wir bisher betont, daß die Auslobung nur An=gebot ist, so muß jetzt hervorgehoben werden, daß sie Angebot ist. Hierin liegt das Unterscheidungsmerkmal gegenüber andern öffent=lichen Einladungen zu Vertragsabschlüssen durch Feilbieten von Waaren, Bekanntmachung von Preisverzeichnissen und Transport=tarifen u. s. w. Letztere sind wie früher ausgeführt nur Aufforde=rungen zur Stellung von Angeboten (§. 9). Aus demselben Grund steht der Auslobende auch mit dem Versteigerer wenigstens nach dessen regelmäßigem Auftreten nicht auf einer Linie (§. 33).

c) Die Auslobung ist ein Angebot eigenthümlicher Art; sie erfolgt an Jedermann aus dem Publikum oder aus einem be=stimmten Kreis desselben (Berufsklasse), mithin an eine unbe=stimmte Person. Darum wird fast immer die Form der öffentlichen Bekanntmachung gewählt. Der Auslobende erklärt, er wolle mit demjenigen den Vertrag abgeschlossen, sich dem gegen= über auf Auszahlung des Versprochenen verpflichtet haben, welcher die geforderte Leistung erfüllt. Aber eben deßhalb besteht hier

d) die den Vertrag vollendende Annahme in der wirklichen Leistung des Gewünschten, die Einwilligung kann nur durch die That erfolgen. Die bloße Erklärung an den Auslobenden, das Werk ausführen zu wollen, ist für ihn nicht verpflichtend. Er will Leistung nicht Zusicherung derselben, als Antragsteller bestimmt aber er die Art und Weise, wie die Annahme geschehen kann (§. 9). Es steht ihm freilich zu, eine solche Erklärung als ver= pflichtendes Angebot entgegenzunehmen. Aber die hieraus ent= stehende gegenseitige Obligatio würde in der öffentlichen Zusicherung nicht ihre Grundlage, mit derselben überhaupt keinen rechtlichen Zusammenhang haben.

Der aus der Auslobung hervorgehende Vertrag hat demnach manche Aehnlichkeit mit dem römischen Innominatkontrakt. Beide sind auf gegenseitige Leistung angelegt und hier wie dort verleiht erst die Erfüllung des einen Theils dem Geschäft rechtlichen Halt. Sie weichen aber darin von einander ab, daß der Auslobung nicht eine förmliche Uebereinkunft vorausgeht, auf deren Grund die Leistung erfolgt. Auch ist die Obligatio bei der Auslobung nicht nothwendig wenn auch regelmäßig einseitig; es kann z. B. bei einem Preisausschreiben ausbedungen sein, daß das geistige Eigenthum am preiswürdig befundenen Werk dem Auslobenden zufallen soll oder daß der Verfasser des gekrönten Bauplans auch die Leitung des Baues zu übernehmen hat.

Man hat die Auslobung ein bedingtes Versprechen genannt und daraus ihre rechtliche Wirkung zu erklären gesucht; so nach dem Vorgang von Bülow die meisten Neueren, auch Jhering (S. 97 S. 100 unten): „Ob man einer bestimmten Person 10 fl. verspricht, wenn sie den verloren gegangenen Hund wieder bringt, oder einer unbestimmten, macht abgesehen von dieser Verschiedenheit in der Person keinen Unterschied."

Dabei liegt eine Täuschung zu Grunde. Auch ein bedingtes Versprechen setzt, wenn wir von den seltenen Pollicitationen ab= sehen, zu seiner Verbindlichkeit einen Vertrag voraus. Die Er= füllung der Bedingung hat aber nicht die Wirkung, daß dadurch

erft der Vertrag als Rechtsgeschäft ins Leben gerufen werde
sondern das Rechtsverhältniß, was freilich selbst von Puchta,
P. §. 59 verkannt wird. Die Auslobung ist wie gezeigt für sich
noch kein Vertrag, auch kein bedingter. Erst die Leistung bringt
den Vertrag zum Dasein. Oder mit wem sollte der bedingte
Vertrag abgeschlossen sein? mit Allen, an welche die Aufforderung gerichtet ist? Mit demselben Recht kann man jedes Angebot
ein bedingtes Versprechen nennen; denn ob die Annahme durch
bloße Zusage oder durch wirkliche Leistung erfolgt, kann in dieser
Hinsicht von keiner Erheblichkeit sein.

Diese schiefe theoretische Zurechtlegung ist denn nicht ohne
bedenkliche praktische Folgen geblieben. Jhering selbst bringt
darauf den Satz der L. 161 R. J. 50, 17 in Anwendung: Quotiens per eum, cuius interest conditionem non impleri, fit, quo-
minus impleatur, perinde haberi debet, ac si impleta conditio
fuisset. Danach muß auch der Zweifel, ob die Entstehung des
Anspruchs auf Zahlung des zugesicherten Lohns durch die Absicht
des Leistenden, den Auslobenden zu verpflichten, bedingt sei, eine
andere Lösung finden, als sie unten gegeben werden wird (§. 45).
Und es ist zu verwundern, daß jener Satz noch nicht für die
Frage über die Zulässigkeit des Widerrufs einer Auslobung verwerthet worden ist. Ueber eine andere Folge siehe den nächsten
Paragraphen.

§. 43.

Genauere Abgrenzung des Begriffs.

Der Auslobende bezweckt durch sein Versprechen die bestimmte
Leistung hervorzurufen; er wählt ähnlich dem Versteigerer diesen
Weg, entweder weil er eine bestimmte Person, welche zu dieser
Leistung ebenso fähig als bereit ist, nicht kennt, oder weil er auf
diese Weise die tüchtigste Kraft zu gewinnen hofft, oder bestimmt durch die gemeinnützige Absicht, zu allgemeinerer Thätigkeit anzuspornen.

Im Gegensatze hiezu kommen fast täglich öffentliche Zusagen
von Belohnungen vor, bei welchen den Ankündigenden gerade der
umgekehrte Wunsch beseelt, daß die Erfüllung, von welcher die
Belohnung abhängig ist, nicht gelinge. Ein Fabrikant oder

Händler sichert eine Summe demjenigen zu, welcher die Unächtheit seiner Waare oder die Unwirksamkeit des von ihm ausgebotenen Heilmittels nachweist; Gymnasten von Beruf oder aus Liebhaberei fordern öffentlich zum Wettkampf auf und versprechen einen Preis für ihre Besiegung. Was ist von der Rechtsgültigkeit solcher Versprechungen zu halten?

Die Ansichten der Schriftsteller, welche sich bisher über diesen Punkt vernehmen ließen, gehen sehr aus einander.

Jhering stellt die Ankündigungen der letztern Art mit den zuerst betrachteten auf eine Linie: „Abgesehen davon, daß das Publikum nicht immer wissen kann, wie es sich mit diesem Interesse (des Ankündigenden) verhält, ... ist dieß (d. h. die Ansicht, welche solchen Versprechungen die Gültigkeit abspricht) mit den hier allein entscheidenden Grundsätzen über die Bedingungen (sic!) durchaus nicht verträglich."

Zu demselben Ergebniß gelangt Kuntze, wenn auch mit einiger Beschränkung: „Es ist nicht abzusehen, warum eine solche freiwillige Strafzusage oder Strafausbietung nicht rechtlich bindend soll sein können, und daß sie rechtlich binde, ist dem öffentlichen Verkehrsvertrauen und der Volkssitte unzweifelhaft gemäß, wenn auch gewisse Grenzen hier gegeben sind, und oft aus der Art der Anzeige, aus dem Mißverhältniß der Pönalsumme u. s. w. der Mangel ernstlichen Willens in einer Allen erkennbaren Weise hervorgehen mag."

Schütze dagegen erklärt solche Zusagen für rechtsunverbindlich, weil bei ihnen überall eine ernstlich gemeinte Willenserklärung fehle.

Ich schließe mich der letztern Ansicht an, aber zum Theil aus anderen Gründen.

Die Zusagen der zweiten Art tragen den Character einer Wette an sich. Der Ankündigende will entweder die Güte und Vorzüglichkeit seiner Waare in den Augen des Publikums bewähren oder eine geistige oder körperliche Ueberlegenheit zeigen. Er verpflichtet sich zur Zahlung einer Summe, wenn er Unrecht behalten sollte, er wettet gewissermaßen mit Jedem aus dem Volke, daß seine Waare die gepriesenen Eigenschaften habe, oder daß ihn Niemand besiegen werde, er macht um mit Jhering zu sprechen eine Popularwette. Nun ge-

hört zur Gültigkeit von Wette und Spiel nach gemeinen wie
partikulären Rechtsgrundsätzen ein gegenseitiger Einsatz der
betheiligten Personen; nur in dieser Gestalt hat sich die Wette
gemeinrechtlich herausgebildet (Wilda, Zeitschr. für deutsches
Recht Bd. VIII. S. 211 Note 22, Schwarze und Heyne
Untersuchungen praktisch wichtiger Materien 2. Ausg. S. 88—
91, Vangerow, Pand. §. 673, österr. bürg. G.B. §. 1270
mit Stubenrauch Commentar Bd. III. S. 477, Zürcher
privatr. G.B. § 1770, Bayer. Entwurf Art. 762 und 763;
über das preußische Recht vgl. Bornemann System §. 192:
„Wette ist ein von beiden Seiten gewagtes Geschäft," ebenso
Koch, Recht der Forderungen Bd. III. §. 364). In unserm
Fall verpflichtet sich aber nur der eine Theil zur Zahlung
einer Summe, es ist also eine halbe Wette. Solchen Vertrag
kennt das positive Recht nicht, er ist also ungültig (Senffert,
Arch. XVI. 217). Zur Rettung solcher Geschäfte darf man sich
nicht auf die allgemeine Verbindlichkeit der Verträge im heutigen
Recht und auf die Freiheit der Bewegung berufen, welche der
Verkehr in Erzeugung neuer Obligationsformen besitzt. Die
hier in Frage stehenden Verträge haben keine innere Rechtfertigung in den Bedürfnissen des Gemeinlebens, sie sind entweder
marktschreierische Anpreisungen zur Verlockung der großen Menge
oder leere Prahlereien oder der Lust an Wagniß und Gefahr
entsprungen. Das positive Recht hat keinen Grund sie mit
seinem Schutz zu bekleiden. Wenn auch die meisten Gesetzgebungen der Neigung der Menschen zu Wagniß und Gefahr einige
Zugeständnisse gemacht haben, so sind wir doch nicht berechtigt,
über die ausdrücklich anerkannten Fälle der reinen Glücksverträge
hinauszugehen. Dagegen spricht auch noch folgende Erwägung.
Der Gesetzgeber hat für nothwendig gefunden, die Spiele und
Wetten in ihrer regelmäßigen Gestalt beschränkenden Bestimmungen zu unterwerfen: sollen nun ihre Abarten unbeschränkt
gültig sein? oder will man singuläre Rechtssätze in analoge Anwendung bringen?

Man hat die fraglichen Ankündigungen unter dem Gesichtspunkt eines Angebots zu einer Strafverabredung aufrecht zu erhalten versucht. Mit Unrecht. Zwar ist zuzugeben, daß ein
Strafversprechen nicht nothwendig eine rechtsgültige Obligatio

zur Voraussetzung hat. Es dient dasselbe auch dazu, um Ver=
sprechungen rechtlichen Nachdruck zu verschaffen, welche wegen
mangelnden Vermögensinteresses nicht Gegenstand einer Obligatio
sein können (L. 38 §. 17 V. O. 45. 1). Aber ein wesentliches
Merkmal der Strafverabredung bleibt immer, daß die Erfüllung
einer Verpflichtung sei es des Versprechenden selbst oder eines
Dritten gesichert werde, und gerade dieses Moment findet sich
bei den in Frage stehenden Zusagen nicht. Aus diesem Grund
gewinnt die Sache eine andere rechtliche Gestalt, wenn ein Kauf=
mann beim Abschluß eines Kaufvertrags dem Käufer eine be=
stimmte Summe verspricht für den Fall daß die Waare die zu=
gesicherten Eigenschaften nicht haben sollte; auf diesen Vertrag
würden allerdings die allgemeinen Grundsätze über Strafver=
sprechen in Anwendung kommen. Nur darf aus der öffent=
lichen Ankündigung eines Kaufmanns allein ein stillschweigender
Sondervertrag mit jedem Einzelnen seiner Abnehmer nicht ge=
folgert werden.

Die bisherige Ausführung ist nur gegen die Ableitung eines
Anspruchs auf Erfüllung aus öffentlichen Versprechungen
dieser Art gerichtet. Wird die versprochene Summe freiwillig
gezahlt, so steht eine Rückforderungsklage nicht zu, es sei denn
daß die unverhältnißmäßige Höhe der Summe oder sonstige Um=
stände das Geschäft zu einem unerlaubten stempeln. Es ent=
scheiden hier die Grundsätze der condictio indebiti und ob in=
justam causam.

Für die rechtliche Wirksamkeit von öffentlichen Lohnzusiche=
rungen ist also die Absicht ihres Urhebers maßgebend; nur wenn
er die Erfüllung der Leistung, wovon seine Zusage abhängt,
herbeiführen will, ist diese gültig. Nicht immer wird die Absicht
auf den ersten Blick erkennbar sein, und nur umsichtige Prüfung
kann vor Täuschungen bewahren. Auch bei der Aufforderung
zum Nachweis eines Fehlers kann ein löblicher vom Rechte zu
schützender Zweck zu Grunde liegen, wie er z. B. nicht bezwei=
felt werden wird, wenn der Herausgeber von Vega's Logarithmen=
tafel für jede Unrichtigkeit im Buch dem Entdecker einen Dukaten
zusichert. Zieht nur der Richter sämmtliche Umstände des ein=
zelnen Falls in genaue Erwägung, so wird in der überwiegenden
Mehrzahl der Fälle der Boden für die rechtliche Beurtheilung

kann so schwankend bleiben, daß man Grund hätte, mit Jhering die ganze Unterscheidung zu verwerfen.

§. 44.
Erfüllung der geforderten Leistung.

Wie eine Handlung beschaffen sein muß, wenn sie als
Leistung des vom Auslobenden Geforderten gelten und den Anspruch auf den versprochenen Lohn oder Preis begründen soll,
bestimmt sich in erster Linie durch die in der Bekanntmachung
selbst enthaltene nähere Beschreibung. Fehlt es hieran oder ist
dieselbe nicht ausreichend, so hat wofern dadurch die Auslobung
nicht ganz rechtlich bedeutungslos wird (S. 202) die allgemeine
Natur der in Frage befindlichen Leistung den Maßstab zu geben.
Die mannigfaltigen Punkte, welche hiebei möglicherweise in Berücksichtigung fallen, lassen sich selbstverständlich nicht erschöpfend
aufzählen. Nur wenige Bemerkungen sollen hier Platz finden.

Die Auslobung ist für den Urheber nur das Mittel, um
den geforderten Dienst zu erlangen; wenigstens darf dieß als die
überwiegende Regel betrachtet werden. Daß der Auslobende nur
die Thätigkeit vieler Personen anregen will, bildet die seltene
Ausnahme. Hieraus folgt aber, daß die Auslobung ihre verpflichtende Kraft verliert, sobald der Auslobende den gesuchten
Zweck erlangt hat, gleichviel ob durch Einen, welcher dadurch den
ausgesetzten Preis erworben hat, oder auf sonstige Weise. Ist
für die Entdeckung eines Verbrechers ein Lohn versprochen, so
kann die Anzeige nur dann als Erfüllung gelten, wenn nicht
der Auslobende oder die Obrigkeit den Thäter schon anderweit
in Erfahrung gebracht hat. Bei der Aussetzung eines Preises
auf eine Erfindung wird die Bewerbung durch jede vorgängige
Bekanntgabe derselben, von wem sie auch immer erfolge, ausgeschlossen. Nicht einmal für den Aufwand an Mühe und Geld
kann Ersatz gefordert werden, wie Koch (Recht der Forderungen
Bd. III. §. 362) meint; denn die Gefahr, daß Zeit Arbeit und
Kosten in Folge der Ueberholung durch einen Andern vergebens
geopfert werden, nimmt Jeder in den Kauf, welcher sich durch
die Aufforderung zur Bewerbung bestimmen läßt. Gehen doch
auch in den Fällen, wo die zu krönende Arbeit durch freie Wahl

bestimmt ist, alle diejenigen Bewerber leer aus, welchen nicht geglückt ist sich die Anerkennung zu erringen.

Sollte es sich treffen, daß Mehrere zu gleicher Zeit mit der Erfüllung einkommen, so scheint es am Angemessensten, das Loos entscheiden zu lassen, wofern die Betheiligten nicht übereinstimmend vorziehen, den Lohn unter sich zu theilen. Wirken mehrere Personen zur Erfüllung zusammen, so entspringt daraus für Jeden der Anspruch auf einen verhältnißmäßigen Antheil an der Gesammtsumme, wenn sie sich nicht über die Zutheilung des Ganzen durch das Loos vereinigen. Der Auslobende ist auf keinen Fall zur mehrfachen Bezahlung des ausgesetzten Preises verpflichtet; wie sich mehrere berechtigte Ansprecher über die Verabfolgung desselben verständigen, kann ihm gleichgültig sein. Wenn die Zusammenwirkung Mehrerer zur Herbeiführung des gewünschten Erfolgs nicht auf Uebereinkunft beruht, entsteht häufig Streit über den Anspruch auf den Preis und wird richterliche Entscheidung angerufen. Ein interessanter Rechtsfall dieser Art lag vor wenigen Jahren einem bayerischen Gerichte vor. Die Münchner Hypotheken- und Wechselbank hatte 1000 Gulden Belohnung demjenigen zugesichert, welcher den Verfertiger der damals in Umlauf befindlichen falschen Zehnguldennoten zur Anzeige bringt oder sichere Anhaltspunkte zu seiner Entdeckung liefert. Bald nach dieser Bekanntmachung erscheint bei einem Krämer in H. ein Mann, um eine Zehnguldennote wechseln zu lassen. Der Krämer durch das Ausschreiben vorsichtig gemacht weiß den Fremden unter dem Vorgeben, daß er erst kleines Geld zusammensuchen müsse, auf einige Zeit zu entfernen, eilt sofort zu seinem Nachbar, einem erfahrenen Kaufmann und zugleich Bürgermeister des Orts, und befragt ihn über die Aechtheit des Papiers. Eine genauere Untersuchung ergab die Fälschung nicht blos dieser Note sondern mehrerer anderer, welche der Bürgermeister selbst an jenem Tage in unverdächtiger Weise vereinnahmt hatte. Dieß gab dem Letzteren Anlaß, sofort den Fremden durch einen Polizeidiener in Gemeindehaft bringen und dann durch einen Gensdarmen an das zuständige Untersuchungsgericht abliefern zu lassen. Um die versprochenen 1000 Gulden bewarben sich nun nicht weniger als vier Personen, der Krämer, der Bürgermeister, der Polizeidiener und der Gensdarm. Die Sache wurde bei dem Gerichte anhängig gemacht. Indeß ist es zu einem richterlichen Spruch nicht gekommen, indem die Streittheile für gerathen fanden einen Vergleich dem unsichern Ausgang des Prozesses vorzuziehen. Hienach erhielt jeder Ansprecher an der glücklichen Beute einen Antheil.

Ueber die hier berührten Punkte enthält der bayerische Entwurf Thl. II. folgende Bestimmungen:

Art. 758 Abs. 2: Bei gleicher Preiswürdigkeit mehrerer Werke findet im Zweifel eine Theilung des Anspruches statt. Ist der Preis untheilbar, so entscheidet das Loos. Art. 759. Außer dem Fall des Art. 758 (d. h. außer den Preisbewerbungen) hat im Zweifel derjenige Anspruch auf die ausgesetzte Belohnung, welcher die geforderte Leistung zuerst bewirkt. Bei gleichzeitiger Leistung Mehrerer entscheidet das Loos.

§. 45.
Erfüllung der geforderten Leistung. — Fortsetzung.

Es ist eine sehr bestrittene Frage, ob die Bewerkstelligung der geforderten Leistung den Anspruch auf den ausgesetzten Preis nur dann begründe, wenn sie mit Rücksicht auf die Auslobung d. h. um der darin enthaltenen Aufforderung zu entsprechen, geschieht, oder ob der sachliche Erfolg d. h. daß das Gewünschte erbracht wird, genügt. Kann z. B. derjenige, welcher der Obrigkeit den Urheber eines Verbrechens anzeigt oder eine verlorne Sache zurückstellt, die zugesicherte Belohnung auch dann verlangen, wenn er bei der Anzeige oder der Ablieferung von der Aussetzung eines Lohns keine Kenntniß hatte? Oder nehmen wir an, daß für eine bestimmte Erfindung öffentlich ein Preis versprochen ist: kann der Erfinder noch zwei zehn zwanzig Jahre nach der Veröffentlichung seiner Entdeckung den Preis beanspruchen, welcher ohne sein Wissen schon damals ausgesetzt war?

Die Entscheidung würde keinem Zweifel unterliegen, wenn die Ansicht richtig wäre, welche in der Auslobung nur ein bedingtes Versprechen erblickt. Für die Erfüllung einer Bedingung kommt beim Vorliegen des sachlichen Erfolgs die Gesinnung des

Leistenden nicht weiter in Betracht, es müßte denn das Gegentheil besonders gefordert sein. Aus den oben (§. 42 a. E.) erörterten Gründen können wir uns dieser Lösung nicht anschließen.
Damit scheinen wir aber in einen Widerstreit zwischen dem
juristischen Gewissen und dem menschlichen Gefühl getrieben zu
werden. Nach einem allgemeinen Rechtsgrundsatz ist für die
Entstehung eines Schuldvertrags die Absicht zu verpflichten ein
wesentliches Moment. Diese Absicht fehlt offenbar, wenn der
Leistende von der Ausschreibung kein Bewußtsein hatte. Und
doch sträubt sich die natürliche Anschauung dagegen, daß der Auslobende, obwohl er seinen Zweck vollständig erreicht hat und obwohl die Mühewaltung auf Seite des Erfüllenden dieselbe ist,
die Verwirklichung seines Versprechens soll verweigern können.
Darf durch den reinen Zufall, daß der Leistende von der Auslobung keine Kenntniß besaß, der Eine gewinnen der Andere um
den Lohn kommen? Ja noch mehr: soll derjenige, welcher aus
freiem Antrieb eine Sache dem Eigenthümer zustellt, nichts erhalten, wohl aber der Andere, welcher sich erst durch die Aussicht auf Belohnung zur Rückgabe bewegen ließ?

Die Mehrzahl unserer Schriftsteller (u. A. Schütze, Kuntze)
schrecken vor dieser strengen Folgerung nicht zurück. Ich glaube
indeß, daß sich die mildere Meinung auch juristisch rechtfertigen läßt.

Man muß zugeben, daß aus der Leistung an sich ein Anspruch auf den ausgelobten Preis nicht entspringt. Die aus der
Auslobung hervorgehende Obligatio beruht auf Vertrag; Angebot
wie Annahme haben aber die Verpflichtungsabsicht zur nothwendigen Voraussetzung. Es scheint demnach, daß die strengere
Ansicht gerade von unserm Standpunkt geboten ist. Allein kann
denn nicht der Leistende noch hinterher, nachdem er von der Auslobung Kenntniß erlangt hat, die von ihm schon gelieferte Leistung
als Erfüllung der Auslobung geltend machen? Kann er nicht
sagen: was du gefordert hast, habe ich gethan; ich benütze diese
Leistung jetzt dazu um dein Angebot anzunehmen?

So viel ich sehe, lassen sich hiegegen nur die zwei Ein-
wände erheben, daß das in der Auslobung enthaltene Versprechen
seine verbindliche Kraft verloren habe, weil die vom Auslobenden
gewünschte Wirkung bereits vorliegt (§. 44), und daß in der

Leistung ohne Verpflichtungsabsicht ein Verzicht auf das An=
gebot liege.

Auf den ersteren Grund kann sich der Auslobende gewiß
nicht demjenigen gegenüber berufen, von welchem die Leistung
herrührt. Es wird Niemand beanstanden, daß bei der Aus=
schreibung eines Erfindungspreises derjenige als berechtigter Er=
werber auftrete, welcher zur Zeit der Erlassung der Auslobung
die Erfindung bereits gemacht vielleicht schon veröffentlicht hat,
was nur dem Auslobenden unbekannt geblieben ist. Nun kann
es aber keinen Unterschied begründen, ob die Erfindung und deren
Bekanntmachung der Auslobung vorhergieng oder nachfolgte.

Was den zweiten Einwand anlangt, so ist er nur begründet,
wenn der Leistende im Bewußtsein der Auslobung und gleichwohl
ohne die Absicht sich den Auslobenden auf Bezahlung des Lohns
zu verpflichten erfüllt hat. Nur muß man sich hüten, den Ver=
zicht überall zu unterstellen, wo der ausgelobte Preis nicht sofort
bei der Leistung gefordert wird. Häufig hält der Leistende mit
der förmlichen Geltendmachung seines Anspruchs aus Anstands=
rücksichten zurück in der Erwartung daß der Auslobende aus
freiem Antrieb sein Versprechen erfüllen werde.

Wer nun auch durch die vorstehende Ausführung nicht über=
zeugt sein sollte, daß aus der Geltendmachung der Erfüllung,
welche der Leistung nachgeht, ein klagbar zu verfolgender Anspruch
nicht entspringt, der wird doch mit uns eine Rückforderung des
freiwillig Gezahlten in solchem Falle versagen, zum Mindesten
aus dem Gesichtspunkt der L. 32 §. 2 condict. indeb. 12, 6.

§. 46.

Vom Widerruf der Auslobung.

In der Erbringung desjenigen, was der Auslobende suchte,
liegt die Annahme seines Angebots, vorausgesetzt daß sie mit
Rücksicht auf die geschehene öffentliche Zusicherung erfolgt. Es
kann der Auslobende die Leistung nicht zurückweisen und wird
durch die Verhinderung der anerbotenen Erfüllung in Verzug
der Annahme versetzt ähnlich dem Gläubiger, welcher dem Schuld=
ner die Entgegennahme der Zahlung weigert.

Wie aber wenn der Auslobende seine Zusage zurücknimmt,

bevor noch die Erfüllung von irgend einer Seite vorliegt oder
die Vollendung lediglich von seiner Mitwirkung abhängt z. B.
durch Ueberlieferung der eingesandten Lösung einer Preisfrage
an das Schiedsgericht? Wird durch solchen Widerruf jede verbindliche Kraft des Angebots aufgehoben? Und ist dieß auch dann
noch der Fall, wenn sich bereits eine Person an die Erstellung
der gewünschten Leistung gemacht, Zeit und Kosten aufgewendet hat?

Wir berühren damit vielleicht den schwierigsten jedenfalls
den bestrittensten Punkt in dieser Lehre, und wenn irgendwo so
macht sich hier der Mangel einer positiven Entscheidung fühlbar.
Man kann bei Beantwortung der aufgeworfenen Frage mit ziemlich gleicher Berechtigung einen ganz verschiedenen Standpunkt
einnehmen und damit zu sehr abweichenden Ergebnissen gelangen.

1) Die Auslobung — so kann man folgern — ist vor der
Erfüllung ein bloßes Angebot, begründet als solches weder für
den Auslobenden eine Verpflichtung noch für irgend einen
Dritten ein Recht und unterliegt deßhalb in diesem Stadium
unbedingt dem Widerruf mit Ausschluß jeder weiteren Verbindlichkeit. Zwar kann dadurch ein Dritter in Nachtheil kommen,
welcher der ergangenen Aufforderung Folge gebend an die Ausführung Mühe und Geld gewendet hat. Allein diese vorbereiten-
den Handlungen begründen keinerlei Anspruch. Sie bieten vor
Allem keine Gewähr, daß sie zum Erwerb der ausgesetzten Belohnung geführt hätten, mindestens daß nicht die betreffende
Person durch einen Andern überholt worden wäre. Dann aber
weiß ja Jeder, welcher sich durch eine Auslobung zu einer Arbeit
bestimmen läßt, daß er ein gewagtes Geschäft beginnt, ein Unternehmen, dessen Erfolg höchst unsicher ist; er nimmt also von
vornherein die Gefahr der Nutzlosigkeit von Arbeit und Auslagen in den Kauf. So kann auch ein Spieler weder auf den
Gewinn noch auf Schadenersatz klagen, wenn der Andere vom
beschlossenen Spiel absteht und seine Mitwirkung zur Herbeiführung der Entscheidung verweigert.

In der That findet sich diese strenge Ansicht bei einigen
Rechtslehrern (Schweppe, römisches Privatr. Bd. III. §. 504
a. E.; Wening-Ingenheim, Lehrb. des gemeinen Civilr.
Bd. II. §. 238). Es scheint dieß auch der Standpunkt des

neuen bürgerlichen Gesetzbuchs für das Königreich Sachsen zu sein, wenn es am Schlusse des §. 771 heißt:

> „Ein solches (d. h. öffentlich bekannt gemachtes Versprechen an eine unbestimmte Person für eine genauer bezeichnete Leistung) kann auf gleich öffentliche Weise so lange widerrufen werden, als die demselben entsprechende Leistung noch nicht erfolgt ist."

Das natürliche Rechtsgefühl vermag sich damit nicht zu befreunden. Allerdings steht noch dahin, ob die erst begonnene Arbeit vom Erfolg gekrönt werden wird. Aber es ist doch ein wesentlicher Unterschied, ob dem Arbeiter dieser Vortheil durch einen in seiner Person liegenden Grund (z. B. Unfähigkeit zur Ausführung) oder durch Zufall (Zuvorkommen einer andern Person) entgeht oder ob ihm dieser Vortheil oder auch nur die Aussicht darauf durch die Willkür des Auslobenden entzogen wird. Dieser hat ihn durch die öffentliche Ankündigung zum Aufwand an Zeit Mühe und Geld veranlaßt: darf sein Wankelmuth dem zum Schaden ausschlagen, der im Vertrauen auf das gesprochene Wort gehandelt hat?

Solche und ähnliche Erwägungen haben

2) Andere zum entgegengesetzten Rechtssatz gedrängt; so die Verfasser des preußischen Landrechts, unter den Schriftstellern Kuntze. Thl. I. Tit. 11 §. 989 jenes Gesetzbuchs schließt den Widerruf der Auslobung innerhalb der zur Erfüllung gesetzten Frist ganz aus, und §. 990 räumt selbst das Recht der nähern Bestimmung der Preisfrage nur für die erste Hälfte dieses Zeitraums ein.

An dem Maßstab auch nur der Zweckmäßigkeit und Billigkeit gemessen erscheint diese Entscheidung von mehr als zweifelhafter Berechtigung. Zwar hat sie den Vorzug der Einfachheit, es werden damit eine Reihe von Schwierigkeiten abgeschnitten, welche mit jeder anderen Lösung verbunden sind. Sie sorgt ferner in der wünschenswerthesten Weise für das Interesse des Publikums gegenüber dem Auslobenden. Aber in einseitiger Berücksichtigung dieses Interesses enthält sie eine ungerechtfertigte Belästigung des Auslobenden. Dafür daß dieser bei seinem Versprechen behaftet werde, läßt sich dann kein genügender Grund auffinden, wenn noch Niemand an die Ausführung der geforderten Leistung ernstlich

Hand angelegt hat. Es wird also durch die Zulassung des Widerrufs in diesem Umfange kein berücksichtigenswerthes Interesse
verletzt, wohl aber durch den Ausschluß der Auslobende, da ihm
triftige Beweggründe für den Widerruf zur Seite stehen können,
z. B. seine Vermögensverhältnisse haben sich so sehr verschlimmert,
daß ihm jede Ausgabe zu einem nicht gerade nothwendigen Zweck
sehr empfindlich wird, oder durch Veräußerung eines bestimmten
Geschäfts fällt sein Interesse an der Lösung der gestellten Aufgabe
hinweg. So lange daher auf Seite des Publikums kein gerecht-
fertigter Grund zur Aufrechterhaltung des Versprechens vorliegt,
wird man dem Auslobenden den Widerruf nicht versagen dürfen.

3) Diesen Mittelweg haben denn auch die meisten Rechtslehrer eingeschlagen. Hienach schließt der Widerruf nur dann
jede Verbindlichkeit des Versprechenden aus, wenn zur Zeit seiner
Erlassung noch Niemand die Ausführung des Geforderten be-
gonnen hat. Die bloße Aussicht durch künftige Thätigkeit einen
Gewinn zu machen, begründet für sich keinen Anspruch auf rechtlichen Schutz. Das Rechtsgefühl verlangt nur, daß durch die
Sinnesänderung des Auslobenden Niemand um die Frucht seines
Fleißes gebracht oder in positiven Vermögensschaden versetzt werde.
Wer also trotz des Widerrufs den Auslobenden aus seinem Versprechen in Anspruch nimmt, muß beweisen, daß er bereits solche
Handlungen vorgenommen hat, welche zur Vollführung der Leistung
nothwendig oder dienlich sind. Dazu genügen allgemeine Schritte
wie das Einziehen von Erkundigungen über die Ausführung keineswegs, während hingegen das bloße Anschaffen von Materialien,
wenn es nachweisbar nur zu diesem Zweck geschieht, die Wirksamkeit des Widerrufs hindern kann. Bestimmter läßt sich diese
Grenze nicht bezeichnen; den besonders freien Spielraum, welchen
hier das richterliche Ermessen hat, mag derjenige beklagen, welcher
das Ideal eines Richters in einem mechanischen Registerzieher
erblickt. Gerade eine freiere Stellung ermöglicht dem Richter,
die abstrakte Vorschrift des Gesetzes mit den Anforderungen der
Billigkeit in Einklang zu setzen.

Insoweit gehen die Anhänger der Mittelmeinung zusammen.
Darüber aber wie dieser Schutz gegen den Widerruf zu ver-
wirklichen sei, haben sie sehr verschiedene Ansichten.

a) Die Mehrzahl (Bülow, Unterholzner, Lehre von

den Schuldverhältnissen Bd. I S. 53, Puchta, P. §. 259 a. E., Sintenis, gem. Civilr. §. 96 Anm. 58, Arndts, P. §. 241 a. E. und Anm. 3) erklärt den Widerruf für wirkungslos von dem Augenblick an, wo Jemand mit Rücksicht auf die Auslobung an die Lösung der Aufgabe Hand angelegt hat. Ein solcher mag des Widerrufs ungeachtet ruhig fortarbeiten; gelingt ihm die Ausführung innerhalb der bestimmten Zeit, so kann er den ausgesetzten Preis fordern wie wenn die Zurücknahme gar nicht erfolgt wäre. Das ihm zu Gebote stehende Rechtsmittel ist die Klage aus dem Auslobungsvertrag. Der Grund, worauf diese Ansicht gestützt wird, findet sich bei Unterholzner so ausgesprochen:

„Bei den Auslobungen ist zu erwägen, daß es schon als
„eine Annahme gelten muß, wenn Jemand etwas thut,
„um die Belohnung zu verdienen, obgleich er das, worauf
„die Belohnung gesetzt ist, noch nicht vollbracht hat: es
„kann also von nun an kein Zurücknehmen der Aus-
„lobung weiter Statt finden, außer insofern auch ein
„einseitiges Abgehen von Verträgen gerechtfertigt werden
„kann.“

Mit Recht wurde dagegen eingewendet, daß bei der Auslobung die Annahme nur in der vollendeten Arbeit besteht, daß es mithin willkürlich ist, blos vorbereitende Schritte als Annahme gelten zu lassen. Ferner würde dieser Ansicht zufolge dieselbe Handlung nach einer Seite hin Annahme sein nach der andern nicht. So scheint es denn weit folgerichtiger

b) die Zurücknahme der Auslobung für gültig anzuerkennen, aber dem dadurch Geschädigten eine Klage auf Ersatz zuzugestehen. Der Anspruch würde sich auf Vergütung der baaren Auslagen und des Zeitverlusts beschränken, mithin nur das sog. negative Vertragsinteresse umfassen.

Wie läßt sich aber solcher Anspruch rechtlich begründen?

aa) Savigny verweist auf die actio doli. Nach den bestimmten Grenzen, welche dieser Klage im gemeinen Recht gezogen sind, wird mit ihr der Verletzte nur in seltenen Fällen Schadloshaltung erlangen. Der Erfolg ist durch den Nachweis bedingt, daß der Auslobende in der rechtswidrigen Absicht widerrufen habe, den Kläger, welcher schon mit der Ausführung be-

schäftigt war und an Kosten und Zeit Aufwand gemacht hatte,
zu schädigen, eine Absicht, welche sehr häufig fehlen und noch öfter
unerweislich sein wird. Zwar könnten zwei Stellen des römischen
Rechts zu der Meinung verführen, es sei hier überall dieser Nach=
weis nicht nothwendig; es genüge, daß durch Zurücknahme des
gegebenen Worts der andere Theil in Schaden versetzt sei. Diese
Stellen sind:

L. 34 de dolo malo 4, 3 — Ulp. lib. XLII ad Sab.
— Si quum mihi permisisses saxum ex fundo tuo
eiicere vel cretam vel arenam fodere, et sumtum in
hanc rem fecerim, et non patiaris me tollere, nulla
alia quam de dolo malo actio locum habebit.
L. 16 §. 1 de praescr. verb. 19. 5 — Pompon. lib.
XXII ad Sab. — Permisisti mihi, ut sererem in fundo
tuo et fructus tollerem; sevi nec pateris me fructus
tollere: nullam juris civilis actionem esse Aristo ait;
an in factum dari debeat, deliberari posse; sed erit
de dolo.

Allein in beiden Stellen wird nur gesagt, daß nicht die Kon=
trakts= sondern nur die Delictsklage zustehe, keineswegs aber daß
letztere bei diesem Thatbestand immer und ohne Rücksicht auf ihre
sonstigen Voraussetzungen zum Ziele führe. Ferner liegt die rechts=
widrige Absicht in den Fällen, worauf sich die angezogenen Ent=
scheidungen beziehen, ungleich näher als bei der an das ganze
Publikum eröffneten Aussicht auf einen immerhin nur möglichen
Erwerb, wo der Zurücknehmende vielleicht gar nicht weiß, daß
Jemand schon zur Ausführung Schritte gethan hat.

bb) Ein anderer Schriftsteller (Schütze) sucht der actio
de dolo den weiteren Begriff zu unterlegen, welchen der dolus
in der exceptio doli generalis wirklich hat. Es sei dolus
von Seite des Auslobenden, den Schaden nicht vergüten zu
wollen, den er durch Verleitung zur Thätigkeit und durch Ver=
eitlung des Ergebnisses selbst veranlaßt habe. Aber auch diese
Erweiterung liegt über das positive Recht hinaus. Ist der Aus=
lobende nicht schon vorher zum Ersatz verpflichtet, so kann auch
die Verweigerung der Entschädigung keine rechtswidrige Handlung
sein. Man vergegenwärtige sich nur die Tragweite solcher De=
lictsklage. Damit könnte Jeder behaftet werden, welcher durch

eine beiläufige Aeußerung in einem Andern den Entschluß zu einer vergeblichen Thätigkeit hervorgerufen hat. Hiebei ist noch ganz abgesehen davon, daß die actio doli nur beschränkt auf die Erben des Verpflichteten übergeht.

cc) Ungleich ansprechender ist die Begründung, welche der Ersatzklage Jhering gibt. Er findet in unserm Fall ein Beispiel der von ihm näher entwickelten culpa in contrahendo. Der Auslobende verleitet durch sein Versprechen einen Andern zur Vornahme einer Handlung, welche auf den Abschluß des anerbotenen Vertrags abzweckt. Diese Wirkung seiner Aufforderung mußte er sich zum Bewußtsein bringen, als er sich zum Widerruf entschloß. Hat er denselben gleichwohl erlassen, so macht er sich mindestens einer Verletzung der beim Kontrahiren zu beobachtenden Vorsicht schuldig und hat für den daraus entstehenden Schaden aufzukommen. Der Benachtheiligte braucht nicht den Beweis zu erbringen, daß seiner Arbeit auch der Peis zuerkannt worden wäre; es ist nur dem Beklagten der deßfallsige Gegenbeweis offen zu halten.

Jhering geht also von der Unterstellung aus, daß der Auslobende durch seine Anzeige mit Jedem in kontraktliche Unterhandlungen tritt, welcher die Ausführung des geforderten Werks versucht. Ich halte diesen Gesichtspunkt keineswegs für verwerflich, werde ihn vielmehr unten selbst zu Grunde legen. Aber Jhering scheint mir durch diese Erklärung des Ersatzanspruchs mit seiner eignen Theorie von der culpa in contrahendo ins Gedränge zu kommen. Als wesentliches Merkmal derselben wird von ihm der Umstand geltend gemacht, daß äußerlich der Schein eines vollkommnen Vertrags vorliege (vgl. a. a. O. S. 14. 43). Dieß ist aber hier nicht der Fall. Nun will ich auf dieses Bedenken gar kein besonderes Gewicht legen, da vielleicht von diesem Gesichtspunkt aus die Lehre von der culpa in contrahendo einer Berichtigung fähig ist. Erheblicher scheint mir folgende Erwägung. Dem Kläger soll der Nachweis erlassen sein, daß er ohne den Widerruf den Preis wirklich erworben hätte, und ich begreife wohl, daß man sich zu dieser Vergünstigung verstehen mußte, wenn nicht der ganze Ersatzanspruch praktisch werthlos werden sollte. Aber entbehrt dann nicht die Verpflichtung des Auslobenden jedes festen Bodens? Man verurtheilt ihn zu einer Schadloshaltung, ohne daß man Sicherheit hat, ob nicht ohne den Widerruf derselbe nachtheilige Erfolg eingetreten wäre, m. a. W. man stellt eine Vermuthung für den ursächlichen Zusammenhang auf. Ja noch mehr: da nur Einer von sämmtlichen Bewerbern den Preis erhalten kann, so ist, wenn im Fall des Widerrufs Mehrere Ersatzanspruch erheben, sogar gewiß, daß Alle bis auf Einen keinen wirklichen Nachtheil erlitten haben, und doch muß ihnen sämmtlich Entschädigung geleistet werden. Oder will man die unsichere Aussicht auf einen Erwerb für einen wirklichen Vermögenswerth erklären, dessen Entziehung ersatzpflichtig mache? Zwar kann sich nach Jhering der Auslobende die grundlosen Ansprecher durch den Gegenbeweis vom Halse schaffen, daß ihre Handlungen auch ohne die Rücknahme der Auslobung den erwünschten Erfolg nicht gehabt haben würden. Allein welchen Grund haben wir zu dieser Verschiebung der Beweislast, welche doch ordentlicher Weise dem Ansprecher obliegen würde? Keinen andern als die Noth d. h. daß außerdem in den meisten Fällen die in Aussicht gestellte Hilfe keine sein würde. Ist dieß ein Rechtsgrund? Und liegt darin nicht eine ebenso große Unbilligkeit gegen den Auslobenden, welchem der Gegenbeweis kaum leichter fallen dürfte als der Hauptbeweis dem Ansprecher? Ferner scheint mir in der ganzen Ansicht ein Mangel an Folgerichtigkeit zu liegen. Aus der Zulassung des Gegenbeweises ergibt sich, daß der Anspruch auf der Unterstellung beruht, Kläger hätte ohne den Widerruf die Leistung erfüllt und den Preis erworben. Dann darf man aber seinen Anspruch nicht auf das sog. negative Vertragsinteresse beschränken (Ersatz der Auslagen u. s. w.); man muß ihm das Recht auf den geforderten Preis selbst zugestehen. Soll diesen dann jeder fordern dürfen, welcher nur einen Versuch zur Ausführung gemacht hat, während ohne den Widerruf der Auslobende das Versprochene nur einmal zu leisten brauchte? Aber bleiben wir auch dabei, daß jeder Ansprecher blos seine Auslagen u. s. w. vergütet verlangen könne, der widerrufende Auslobende würde gleichwohl nach der Schadenersatztheorie unter Umständen nicht mit Ruthen sondern mit Skorpionen gezüchtigt. Nehmen wir an, ein Seidenfabrikant habe auf die Entdeckung einer neuen blauen Farbe einen namhaften Preis ausgeboten. Zwanzig dreißig oder vierzig Chemiker stellen in Folge dessen Versuche an. Bevor die Lösung einkommt, nimmt der Fabrikant, welcher mittlerweile sein Geschäft aufgegeben hat, die Auslobung zurück. Soll er nun alle Chemiker für die verwendeten Materialien und den etwaigen Zeitverlust entschädigen, so weit er nicht dem Einzelnen nachzuweisen vermag, daß sein Bemühen ein vergebliches geblieben wäre? Ist dieser Beweis überhaupt möglich?

Nach dieser Ansicht steht der Auslobende weit schlimmer als wenn er bei seinem Worte behaftet würde (vgl. auch Arndts in der neuesten Auflage seines Pandektenlehrbuchs §. 241 Anm. 3); es ist daher sehr zu bezweifeln, daß solche Theorie in der Praxis je Anerkennung finden werde.

Die hier erörterten Bedenken stehen im Ganzen auch der Begründung der Schadenersatzklage entgegen, welche sich bei Windscheid (P. §. 309 Note 7 mit §. 307 Note 2) findet. Sie wird von ihm auf einen stillschweigenden Garantievertrag des Auslobenden mit jedem einzelnen Unternehmer der Ausführung gestützt, worin jener für die Folgen des durch seine Erklärung in dem Gegner erweckten Vertrauens auf das Zustandekommen des Vertrags sich verpflichtet, insofern das Zustandekommen durch einen Grund ausgeschlossen wird, welchen dieser nicht kennt und dessen Kenntniß ihm auch billiger Weise nicht zuzumuthen ist.

Gleichwohl hat die Schadenersatztheorie, welcher auch Seuffert (P. §. 256 Note 13) jedoch ohne genauere Begründung das Wort redet, Aufnahme in den bayerischen Entwurf gefunden. Thl. II Art. 755 Abs. 2 bestimmt:

> Hat Jemand vor dem Widerruf der Auslobung in Folge derselben bereits Arbeit oder Kosten aufgewendet, so ist ihm der Auslobende zum Ersatz verpflichtet.

Fast scheint es als ob die Wissenschaft hier an einem Problem stehe, dessen Lösung ihr nicht gelingen kann und wo nur ein Machtspruch des Gesetzgebers aus dem Wirrsal der widerstreitenden Erwägungen zu befreien vermag. Läge die Sache wirklich so, dann würde selbst ein sic jubeo der rechtschaffenden Gewalt den Knoten nur zu durchhauen nicht zu lösen vermögen; damit wäre noch keineswegs dem natürlichen Rechtsgefühl Befriedigung gewährt. Ich kann indeß die Sache nicht für so verzweifelt ansehen, glaube vielmehr, daß es einen Ausweg gibt, welcher ebensosehr dem Bedürfniß des Lebens entspricht, als er sich juristisch rechtfertigen läßt.

§. 47.
Vom Widerruf der Auslobung. — Fortsetzung.

Wir haben in früherer Betrachtung (§. 13) eine Reihe von Fällen kennen gelernt, wo das Angebot schon vor der Annahme den Anbietenden verpflichtet. Es wurde dieß dahin erklärt, daß mit dem Angebot auf den Hauptvertrag ein ausdrückliches oder stillschweigendes Angebot des Verzichts auf den Widerruf verbunden sei, welches letztere im Moment der Kenntnißnahme durch den Anerbotenen in Ermanglung gegentheiliger Willenserklärung als angenommen gelte. Hieraus folgerten wir ferner, daß ein Widerruf, welcher vor oder gleichzeitig mit dem Angebot bei dem Anerbotenen eintrifft, jede verbindliche Kraft des Antrags ausschließt.

Ein Angebot dieser Art ist die Auslobung. Das Versprechen des Preises kann allerdings nur durch die vollendete Leistung des geforderten Werks angenommen werden. Aber in jeder Auslobung geht jenem Angebot stillschweigend parallel die Zusicherung des Auslobenden, daß er sich bei diesem Versprechen behaften lassen, daß er dasselbe nicht widerrufen wolle. Da die Auslobung selbst kein Angebot auf ewige Zeit ist, vielmehr bald ausdrücklich bald stillschweigend eine zeitliche Begrenzung in sich trägt (§. 14), so kann in dem von uns unterstellten Behaftungsangebot nicht eine maßlose Bindung des Auslobenden gefunden werden. Wie nun aber die Annahme des Hauptversprechens nur durch reale Handlung nicht durch bloße Willenserklärung möglich ist, so auch die Annahme des damit verbundenen Behaftungsangebots; es besteht diese thatsächliche Handlung dort in der Vollendung hier in dem Beginn der geforderten Leistung. Das Bedürfniß des Verkehrs drängt uns also zu folgender Auslegung jeder Auslobung: „Ich Unterzeichneter verspreche demjenigen, welcher die und die Erfindung macht, die Summe von so und so viel und sichere zugleich jedem, welcher die Ausführung beginnt, zu, daß ihm die Aussicht auf den Erwerb dieses Preises durch einen von mir ausgehenden Widerruf nicht entzogen werden soll." Die Wirkung des anerbotenen und angenommenen Widerrufsverzichts ist hier wie in andern Fällen Unwirksamkeit der Zurücknahme des erlassenen Angebots nicht bloßer Schadenersatz.

Auf diese Weise werden die berechtigten Interessen des Auslobenden und des Publikums gleichmäßig gewahrt, jenem der Widerruf nicht unbedingt entzogen, dieses gegen wirkliche Benachtheilung aus dem geschenkten Vertrauen in Schutz genommen. Danach mag Jeder auf eine Auslobung hin die Ausführung der geforderten Leistung an Hand nehmen; er ist sicher, daß ihm für das Gelingen des Werks der zugesicherte Lohn nicht entgeht, soweit nicht thatsächliche Hindernisse z. B. Zahlungsunfähigkeit des Auslobenden der Auswirkung desselben entgegentreten. Er braucht sich durch den Widerruf der Auslobung in der Fortsetzung seiner Arbeit nicht stören zu lassen; nur muß er sich den Beweis sichern, daß er zur Zeit, da der Widerruf veröffentlicht wurde, die Ausführung des geforderten Werks bereits begonnen hatte. Daß dieser Beweis unter allen Umständen leicht sei, will ich nicht behaupten; doch begegnet er gewiß nicht solchen Schwierigkeiten wie der Nachweis, daß die Fortsetzung der begonnenen Handlungen den gewünschten Erfolg bewirkt haben würde.

Unsere Entscheidung zeigt zugleich den rechtlichen Grund, warum der Auslobende die eingelieferte Leistung nicht zurückweisen und ihre Zulassung zur Mitbewerbung nicht hindern kann.

Noch ist ein Wort über die Bekanntmachung des Widerrufs zu sagen. Bei einem unter bestimmten Personen verhandelten Vertrag muß der Anerbotene die Zurücknahme seines Antrags an den Anerbotenen persönlich erklären, sei es mündlich oder schriftlich, sei es in eigner Person oder durch einen Boten. Diese Form der Erklärung ist bei der Auslobung regelmäßig nicht möglich, da der Auslobende die Personen nicht kennen wird, welche auf seine Aufforderung einzutreten gesonnen sind. Es genügt deßhalb, daß der Widerruf auf demselben Wege erfolgt wie die Auslobung, daß er in denselben Blättern und durch gleiche Anschläge veröffentlicht werde. Bleibt er gleichwohl Jemandem unbekannt, so hat den daraus entspringenden Nachtheil nicht der Auslobende zu vertreten. Wer erst einige Zeit nach der Auslobung die Ausführung des Werks beginnen will, hat sich vorher zu vergewissern, daß nicht mittlerweile das Versprechen zurückgenommen worden ist.

Meine Ansicht vom Widerruf der Auslobung geht also dahin:

Der Widerruf ist an sich zulässig, aber nicht wirksam gegenüber demjenigen, welcher zur Zeit, da jener bekannt gegeben wurde, mit der Ausführung der geforderten Leistung begonnen hatte.

Der Widerruf muß auf dieselbe Weise zur Kenntniß des Publikums gebracht werden wie die Auslobung.

§. 48.

Schluß.

Als Art der Angebote steht die Auslobung im Ganzen unter den Regeln, welche im ersten Abschnitt für jene erörtert wurden. Hienach sind die einzelnen Fragen zu entscheiden. Allein einige derselben beziehen sich auf Eigenthümlichkeiten dieses Geschäfts und können aus jenen Grundsätzen ihre Lösung entweder nicht oder nicht vollkommen finden. Sie sollen hier betrachtet werden.

1) Bei der Stellung von Preisaufgaben pflegen regelmäßig in der Bekanntmachung die Personen bezeichnet zu werden, welche über die Ertheilung des Preises entscheiden sollen. Hieraus kann sich ein störender Zwischenfall ergeben, wenn ein Preisrichter vor Ausübung seines Amts stirbt oder sich dessen weigert. Ist für diesen Fall in der Ausschreibung selbst Vorsorge getroffen, so bleibt jeder Zweifel fern. Wo nicht, fällt dann die Auslobung selbst dahin oder wer hat nun das Urtheil zu fällen?

Es liegt nahe an die Analogie des Kompromisses zu denken, das bekanntlich durch den Wegfall auch nur eines Arbiter auf=gehoben wird. Das galt schon nach römischem Recht (arg. L. 17 §. 7. L. 18. L. 32 §. 13. L. 45 de receptis 4, 8); ausdrücklich ausgesprochen ist es im kanonischen (cap. 42 X de offic. jud. deleg. 1, 29). Eine genauere Betrachtung der beiden Fälle aber, des Schiedgerichts zur Entscheidung eines Rechtsstreits und des hier in Rede stehenden zur Beurtheilung der Preiswürdigkeit eines Werks, ergibt eine gerade für unsere Frage erhebliche Verschieden=heit. Durch ein Kompromiß soll eine Sache dem gewöhnlichen Rechtsweg entzogen und einer außerordentlichen Erledigung zu=

geführt werden. Zerschlägt sich diese Austragung, so bleibt die Sache keineswegs ohne Richter, sie gelangt nur in die gewöhnliche Bahn. Darum darf angenommen werden, daß die Parteien nur bei vollständigem Eintreffen aller verabredeten Voraussetzungen die Abweichung wollen. Anders bei dem in einer Auslobung angeordneten Preisgericht. Wenn hier die Mitwirkung sämmtlicher ursprünglich ernannter Personen unerläßliches Erforderniß für den Bestand wäre und der Wegfall auch nur eines Preisrichters die Anordnung hinfällig machte, so würde dadurch jedes Urtheil über die Preiswürdigkeit abgeschnitten. Dieß kann im Zweifel nicht als Absicht der hiebei betheiligten Personen angesehen werden, des Auslobenden so wenig als der Preisbewerber.

Sofort entsteht die weitere Frage, durch wen dann die Entscheidung zu fällen sei. So lange die Auslobung sich noch ganz im Stadium des Angebots befindet, kommt die Bestimmung einseitig dem Auslobenden zu, welcher sogar ohne dringenden äußern Grund zu Aenderungen in der ursprünglichen Anordnung befugt ist. Tritt aber der Wegfall eines Preisrichters zu einer Zeit ein, wo nach den frühern erörterten Grundsätzen die Auslobung unwiderruflich geworden ist, so sehe ich vom Standpunkt des positiven Rechts keinen andern Ausweg, als den Vorschlag über die Ergänzung dem Auslobenden zuzuerkennen mit dem Recht jedes Bewerbers gegen die vorgeschlagene Person etwaige richterlich zu bescheidende Einwendungen vorzubringen. Nur dann dürfte eine Ergänzung entbehrlich und das Urtheil den Uebrigbleibenden zu überlassen sein, wenn sie wenigstens noch drei sind, so daß ein Mehrheitsbeschluß möglich bleibt. Die Analogie des Kompromisses ist freilich auch dieser Meinung nicht günstig (vgl. L. 7 §. 1. L. 17 §. 7 de receptis 4, 8).

2) Der Tod kann noch in anderer Weise in unser Rechtsverhältniß eingreifen, sei es daß der Auslobende oder ein Bewerber vor der wirklichen Einreichung der Leistung stirbt. Nur der letztere Zeitpunkt und nicht die Fällung des Urtheils durch die Preisrichter ist entscheidend, da mit der Zuerkennung des Preises durch die letzteren nicht erst der Vertrag zwischen dem Auslobenden und dem Preisträger entsteht sondern nur gezeigt wird, daß und von wem die die Annahme der Lohnzusage enthaltende Leistung erfolgt ist.

Wir haben früher gesehen, daß die Annahme eines Angebots nach dem Tod des Anbietenden nicht immer wirkungslos ist; es müsse, hieß es, der Vertrag als entstanden angenommen werden, wenn der Anerbotene zur Zeit der Annahmeerklärung den Tod des Antragstellers nicht kennt (§. 20 a. E.). Dieser Grundsatz findet auf die Auslobungen seine volle Anwendung und beugt einer offenbaren Unbilligkeit vor, welche aus dem Erlöschen des Versprechens durch den Tod des Auslobenden für die im gerechtfertigten Vertrauen auf den Bestand der Auslobung Arbeitenden entspringen könnte. Man muß aber schon dem Beginn der Ausführung diese Wirkung beilegen, nicht erst der Vollendung, mit andern Worten: der Tod des Auslobenden hebt die Bewerbung um den Preis für denjenigen nicht auf, welcher bei dem Beginn der Ausführung von jenem Umstand keine Kenntniß hatte. Alle Andern können von den Erben zurückgewiesen werden. Nur steht ihrer Zulassung durch diese nichts im Wege. Ich wüßte wenigstens nicht, wie die anderen Bewerber den Ausschluß jener rechtlich beanspruchen könnten, da unter der Beschränkung der Konkurrenz höchstens das Interesse der Erben leidet. Selbstverständlich haben diese auch das Recht des Widerrufs, jedoch nur innerhalb der Grenzen, welche oben für den Urheber selbst angegeben worden sind. Uebereinstimmend ein Erkenntniß des O.A.G. zu Lübeck bei Seuffert, Arch. IX. 275.

Die Wirkungen des Todes auf der andern Seite bedürfen keiner besonderen Erörterung. Nur die Bemerkung mag Platz finden, daß die Erben eines Bewerbers in den von diesem erworbenen Anspruch auf Unwiderruflichkeit eintreten.

3) Für die Frage, ob der Auslobende gegen Bezahlung des ausgesetzten Preises das vollkomme Verfügungsrecht über die preiswürdig erklärte Arbeit namentlich das sog. geistige Eigenthum erhalte, ist in erster Linie der Inhalt der Ausschreibung maßgebend. In Ermangelung klarer und ausreichender Bestimmungen wird sich die Beantwortung nach Beschaffenheit des einzelnen Falls sehr verschieden gestalten. War der Plan zu einer beabsichtigten Anlage oder einem Gebäude u. s. w. Gegenstand der Auslobung, so gewinnt der Auslobende die Befugniß, diesen Plan bei der Ausführung seines Unternehmens zu Grunde zu legen, ohne dafür weitere Entschädigung zu leisten; er hat aber nicht

das Recht denselben anderweit zu verwerthen. Das Gegentheil ist anzunehmen, wenn die Auslobung von dem Verleger einer Sammlung von Musterzeichnungen ausgeht. Ferner: wenn ein Freund der Wissenschaft z. B. für die beste Abhandlung über den Bauernkrieg einen Preis aussetzt, so behält der preisgekrönte Verfasser das geistige Eigenthum; der Auslobende kann nicht einmal die Veröffentlichung rechtlich beanspruchen, wenn er unterlassen hat der Ausschreibung eine hierauf gerichtete Bestimmung einzuverleiben. Ein Anderes gilt wieder für die öffentlichen Ausschreibungen, welche die historische Kommission in München erläßt, da deren Streben ausgesprochener Maßen auf Verbreitung der geschichtlichen Kenntnisse gerichtet ist. Genug eine sachgemäße Antwort auf unsere Frage läßt sich nur mit Berücksichtigung aller Umstände des einzelnen Falls geben. Im Grunde läßt diesem Ermessen die vom bayerischen Entwurf (Thl. II Art. 761) adoptirte Regel des preußischen Landrechts (Thl. I Tit. 11 §. 995) Raum, welche lautet:

> Das Eigenthum der von einem jeden Mitbewerber gelieferten Arbeit bleibt ihrem Urheber; und der Aussetzer des Preises kann sich darüber keiner andern Verfügung anmaßen, als die er sich bei der Bekanntmachung ausdrücklich vorbehalten hat, oder die aus dem erklärten Zwecke der Aufgabe von selbst folgt.

Verzeichniß der Belegstellen.

—